LETTRES

SUR

L'ESPAGNE.

LETTRES
SUR
L'ESPAGNE,

PAR

ADOLPHE GUÉROULT.

> .... *Quid leges sine moribus
> Vanæ proficiunt.*   HORACE.
>
> Il faut surtout imposer silence à ces flatteurs de la multitude, qui s'efforcent de persuader à chaque peuple qu'il est le premier des peuples, et que tout ce qu'un autre est capable de faire, à plus forte raison il le fera lui-même. — SISMONDI, *Études sur les constitutions des peuples libres.*

PARIS,
LOUIS DESESSART, ÉDITEUR,
RUE DES BEAUX-ARTS, 15.

—

1838

Bien que ces lettres, insérées pour la plupart dans le journal des *Débats*, ne fussent pas originairement destinées à former un corps d'ouvrage, nous avons cru néanmoins utile de les publier. Les évènements ne vont pas tellement vite en Espagne, que des documents et des aperçus vrais en 1837 aient pu vieillir en quelques mois. Nous voudrions d'ailleurs rappeler un instant l'attention publique sur une question trop oubliée. La consomption politique à laquelle l'Espagne est en proie n'a plus cet intérêt dramatique qui passionne les esprits. Je voudrais que la triste énumération des difficultés contre lesquelles l'Espagne se débat pût faire comprendre en France le besoin qu'elle a de notre appui. Je voudrais surtout qu'au moment où la question d'Orient, à grand'peine endormie, commence à remuer de nouveau, où la question belge ramène les nuages sur notre frontière du Nord, la France comprît le besoin de purger sa frontière méridionale, insultée par la présence des bannières carlistes; je voudrais qu'elle comprît combien l'Espagne a peu de chances d'en terminer par elle-même, et combien la dignité et le crédit du nom français souffrent, en Europe, de la prolongation d'une lutte qui n'est pas moins qu'une attaque indirecte contre le principe même de notre révolution.

Je ne veux pas terminer sans offrir mes remerciments aux personnes qui ont bien voulu m'aider de leurs bons conseils et de leurs lumières, soit dans la recherche des documents, soit dans l'intelligence des faits; je dois à ce titre un témoignage particulier de ma reconnaissance à M. Andres Borrego, à M. Llanos, et surtout à M. le marquis d'Espeja, aujourd'hui ministre plénipotentiaire d'Espagne auprès du gouvernement français.

Je prie aussi M. de Pouqueville, consul de France à Carthagène, et surtout M. Gautier d'Arc, consul de France à Barcelonne, et M. de Nion, consul de France à Malaga, de recevoir ici mes bien sincères remercîments pour l'obligeance infatigable et pour l'affectueuse hospitalité qui m'ont fait retrouver la France aux extrémités de la Péninsule.

LETTRE

I

Sarragosse, 10 juillet 1836.

Lorsque Louis XIV après l'acceptation du testament de Charles II, disait à son petit-fils, Philippe V, élu roi d'Espagne : « Il n'y a plus de Pyrénées, » ces mots, devenus si célèbres, suffiraient, à défaut de l'histoire, pour prouver que le grand Roi n'avait jamais vu l'Espagne ni traversé les Pyrénées. Jamais, en effet, la nature ne sépara plus nettement deux pays et n'écrivit sur le sol même, en caractères plus éclatants, les signes et les motifs de leur séparation. Les Pyrénées, cette immense muraille de vingt-cinq lieues d'épaisseur, présentent, en effet, sur les deux versants opposés et à quelques pas de distance, les contrastes les plus tranchés. Quand on gravit les montagnes du côté de la France, et qu'on s'élève d'étage en étage jusqu'au sommet de cette chaîne imposante, on chemine au milieu de continuels enchantements. La route d'Oloron, la seule que les bandes de Navarre aient laissée libre, remonte une gorge rapide, creusée sur le Gave, où toutes les richesses de la nature sauvage sont déployées à profusion. L'étroit sentier suit le cours du torrent; au dessus de sa tête, le voyageur voit s'élever les cimes couvertes de neige; la croupe des montagnes est garnie d'une végétation abondante, tantôt d'arbres à chevelure pendante, tantôt de buissons épais qui la revêtent comme une toison courte et serrée; du haut de ces sommets neigeux, les cascades écumantes descendent à grand bruit, l'eau tombe à vos côtés, débouche et jaillit sous vos pieds; des cabanes suspendues sur les pentes et environnées de culture attestent à la fois la présence et l'industrie de l'homme au milieu de ces beautés sauvages. Je ne crois pas qu'il puisse exister ailleurs rien de plus grandiose, de plus gracieux et de plus varié tout ensemble. Mais à peine a-t-on touché le sommet des montagnes, et redescend-on du côté de l'Espagne, que le spectacle change; partout une nature sauvage, aride, inhabitée; c'est la vie et la mort, le désert et l'oasis à vingt pas de distance. Deux torrents fraient la route : du côté de la France, le Gave; du côté de l'Espagne, le Gallego : le chemin suit leurs mille détours au milieu de précipices profonds. Quelques lieues avant d'arriver à la frontière, on quitte la voiture pour prendre des mulets, véritable monture prédestinée au milieu de ces gorges scabreuses. Pour un novice, cette manière de voyager a quelque chose d'imposant; au moment surtout où l'on commence à redescendre du côté de l'Espagne, il y a un passage étroit pratiqué au milieu de blocs énormes de granit, bordé à gauche de précipices de trois à quatre cents pieds de profondeur dont rien ne vous sépare ; il n'y a rien à faire alors que de lâcher la bride et de s'abandonner à la prudence de sa monture : c'est, d'ailleurs, une chose merveilleuse à voir que la fermeté et l'aplomb de ces incomparables animaux. La pente est raide, le sol inégal ; mais toujours leurs pieds de derrière viennent prendre la place qu'abandonnent leurs pieds de devant, et, s'ils se sentent fléchir, on les voit ramener leurs pieds de derrière sous le ventre et s'arrêter court jusqu'à ce qu'ils aient recouvré leur aplomb. On va de la sorte d'Urdos à Canfran, le premier jour; de Canfran à Ayerbe, le second jour; et l'on peut se figurer ce que doivent être dix-neuf heures consécutives passées à cheval par une température de trente degrés. Depuis que la route de Bayonne et celle de Catalogne sont interceptées, il n'y a pas d'autre moyen d'entrer en Espagne. Ajoutez des auberges détestables où l'on vous sert de l'huile rance et du vin conservé dans des peaux de bouc, des chambres ou plutôt des dortoirs à quatre et cinq lits, et vous vous ferez une idée des agréments du voyage.

La seule chose intéressante à voir de ce côté, c'est la race des muletiers, tous grands, vigoureux, lestes, marcheurs infatigables, cavaliers intrépides qui poussent leurs mules au grand trot dans des chemins pierreux, le long des précipices; leurs belles proportions, leurs jambes musculeuses, leurs pieds nus, largement étalés dans des sandales de chanvre, annoncent déjà la race vigoureuse des Aragonais, dont ils ne diffèrent que par une humeur plus active et un caractère plus obligeant. De temps en temps, nous rencontrions quelques habitants des montagnes, qui, assis sur un mauvais cheval, à la manière des femmes, et le fusil en bandoulière, s'en allaient à la chasse chercher leur dîner du soir; ces hommes, aux habitudes indépendantes, sont les auxiliaires-nés de toute faction qui voudra secouer le joug de l'autorité centrale dont ils n'ont aucun besoin et dont la surveillance les gêne et les ennuie.

A mesure qu'on avance dans l'Aragon, la misère espagnole, cette misère à part, se déploie dans tout son luxe hideux. A Jaca, place fortifiée qui commande les gorges des montagnes ; à Gurrea, mauvaise bicoque où l'on s'arrête pour déjeuner, on est assailli par des légions de mendiants ; on voit sur les places des enfants tout nus qui se roulent dans la poussière et qui s'épluchent réciproquement leur vermine. Parcourez Lyon, Rouen, et, dans ces villes, les quartiers les plus sales et les plus misérables, et vous n'aurez pas encore l'idée de cette misère squalide et dégoûtante. Nos mendiants semblent souffrir de la misère et de la saleté ; ceux-là en vivent ; ils y demeurent, ils y sont nés, ils y mourront ; c'est pour eux une seconde nature. Du reste, aux aventures et à la poésie près, vous retrouvez, dans les sales auberges de ces pays, la physionomie des hôtelleries du temps de don Quichotte : de grandes salles soutenues par des piliers, pas de chaises, mais un banc de pierre circulaire ménagé dans le mur ; le foyer est au milieu de la salle ; le plafond, en forme de cône, reçoit la fumée et sert de tuyau. Inutile de parler des infames *ratatouilles* qu'on vous y donne à manger. Vous êtes à vingt lieues de la France, vous pourriez vous en croire à deux mille. L'amour du gain lui-même n'a pu vaincre cette paresse traditionnelle, cette insouciance du lendemain qui élèvent entre l'Espagne et la France une barrière plus haute et plus difficile à franchir que les Pyrénées.

Une chose qui étonne encore le voyageur à son début, c'est la vénalité, j'allais presque dire la mendicité des douaniers. Les réglements ne sont pas ici moins scrupuleux qu'en France; les passeports et les bagages sont l'occasion d'une multitude de petites avanies; heureusement qu'on sait de longue date ce qu'il faut pour apaiser le zèle des douaniers; il y a une transaction à faire avec eux, moyennant laquelle vous ferez entrer en Espagne le royaume de France tout entier s'il vous en prend envie; mettez-leur une piécette[1] dans la main et tout sera dit, et, si vous oubliez de le faire, ils vous le rappelleront, et vous pourrez, sans effaroucher la pudeur de ces honnêtes fonctionnaires, leur faire votre aumône publiquement, en présence de vingt personnes; ils ne broncheront pas.

La beauté du sol de l'Espagne est une chose classique et consacrée, les romances en retentissent, les ballades ne tarissent pas sur les bois de citronniers et sur la fertilité de ce climat aimé du ciel; allez même aux ouvrages sérieux, lisez l'*Histoire de la guerre d'Espagne*, par M. le comte de Toreno, et le grave historien vous en-

[1] Vingt et un sous, monnaie de France.

tretiendra des champs fertiles des bords de l'Èbre, des bois d'oliviers et de la verdure qui pare ces campagnes fortunées. Que ces descriptions aient pu être exactes autrefois, je veux bien le croire; mais aujourd'hui on chercherait vainement dans toute la France, les Landes comprises, quelque chose d'aussi nu, d'aussi aride et d'aussi dépeuplé que la vallée du Gallego, qui conduit à Saragosse. Dans une étendue de plus de vingt-cinq lieues, il n'y a pas un arbre : ceci est à la lettre; un sol poudreux où gisent clair-semées quelques touffes de romarin, voilà tout ce qu'on rencontre d'Ayerbe à Saragosse; quelques petites villes telles que Gurrea et Zuera, d'ailleurs pas un seul village; l'œil découvre un horizon de deux à trois lieues de rayon, et, dans ce vaste espace, pas une habitation, pas le moindre bouquet d'oliviers; un terrain semé de galets; des romarins à perte de vue, une poussière épaisse suspendue dans une atmosphère stagnante, voilà tout. Ce terrain si aride en apparence serait, dit-on, susceptible de recevoir des plantations utiles; beaucoup d'arbres, tels que le sapin, le chêne, le châtaignier, y viendraient à merveille et attireraient de plus une humidité dont le sol a grand besoin : mais il en est de cela comme de beaucoup d'autres choses en Espagne : on peut, mais on ne veut pas; l'homme a la richesse à ses pieds, mais il ne prendra pas la peine de la ramasser.

Enfin, après un trajet de quarante lieues au travers de ces campagnes tristes et dégarnies, on découvre Saragosse. Longtemps avant d'arriver, on aperçoit les clochers et les dômes innombrables qui donnent de loin à cette cité célèbre l'aspect d'une ville orientale. Saragosse, qui compte environ cinquante mille ames, possède quarante-huit églises ou couvents maintenant déserts, depuis la récente expulsion des moines. La célèbre cathédrale de Notre-Dame del Pilar se fait remarquer surtout par plusieurs petits dômes recouverts d'une mosaïque en carreaux jaunes qui font de loin l'effet du cuivre ou de l'or. La ville n'est pas belle; les rues sont étroites, mal pavées; les maisons, mal bâties, sont d'une couleur grise qui rappelle le sol poudreux de la campagne; mais il y a dans cette ville un charme qui ne tient pas seulement aux souvenirs qu'elle rappelle et qui lui imprime un cachet d'originalité particulière; ce qu'il y a de beau, de magnifique dans Saragosse, de plus beau que les souvenirs et que les édifices, c'est la population. A voir ces hommes aux proportions athlétiques, à l'œil africain, à la barbe épaisse, à la démarche grave, on se croirait en Orient, et l'on s'explique comment Saragosse, située dans une plaine, sans muraille, sans fossés, dominée par l'éminence du Torrero qui était au pouvoir des Français, put soutenir contre nos armées deux siéges dont le second dura soixante-deux jours. Les passions des Aragonais s'allument vite et s'éteignent lentement; leur opiniâtreté, comme celle des Biscayens, est proverbiale. Pour en donner une idée, on représente ordinairement le Biscayen enfonçant un clou dans un mur avec sa tête; mais l'Aragonais, lui, enfonce la tête du clou dans le mur en frappant du front contre la pointe. Quand on lit la campagne de 1808, on voit que le proverbe n'a pas menti. C'est là une histoire que tout le monde connaît. Serrés par les Français, bombardés à outrance, débusqués du Torrero où les Français avaient établi des batteries formidables, Saragosse, qui n'a pour toute défense qu'un mur d'enceinte de dix-huit pouces d'épaisseur, trouva, dans l'invincible opiniâtreté de ses habitants, des ressources inespérées. Les rues barricadées étaient devenues inaccessibles ; il fallait un siége en règle pour chaque maison. On avait pratiqué de l'une à l'autre des communications intérieures à travers les murs mitoyens, et de là les habitants à l'abri foudroyaient nos troupes quand elles avaient l'imprudence de dépasser la vaste rue du *Coso*. Le zèle suppléait à l'expérience ; les bourgeois étaient devenus artilleurs, les femmes portaient des munitions aux combattants, les moines fabriquaient des cartouches. Vers la fin du siége, la garnison se trouvait réduite de vingt-huit mille à quatre mille hommes. La disette était telle, qu'une poule coûtait jusqu'à 30 francs, et la nécessité où l'on était de s'entasser dans les caves pour éviter les effets terribles du bombardement avait engendré une épidémie qui dépeuplait la ville plus activement encore que le feu des Français : et pourtant, réduits à une telle extrémité, ils se montrèrent difficiles sur les termes d'une capitulation que le vainqueur, une fois la ville rendue, ne sut pas respecter ; car il était dit que, dans cette déplorable campagne, tous les genres de gloire seraient pour les ennemis de la France.

Les glorieux souvenirs de 1808 n'ont pas peu contribué à augmenter encore la fierté et l'indépendance naturelles des Aragonais. On sait en quels termes le grand-justicier d'Aragon faisait autrefois sa soumission au Roi le jour de son avènement [1]. Bien que les anciens priviléges de cette province, réduits par Philippe II et définitivement abolis par Philippe V après la guerre de la succession, ne soient plus aujourd'hui qu'un souvenir historique, l'esprit d'indépendance qui leur avait donné naissance vit toujours dans le cœur des Aragonais. Ainsi, dans la crise qui agite aujourd'hui l'Espagne, ils sont jusqu'ici demeurés fidèles au parti de la Reine; et, à les en croire, jamais les bandes qui infestent le royaume de Valence et le Haut-Aragon n'oseront se montrer devant Saragosse; jamais ils ne se soumettraient au prétendant. Cela n'empêche pas que, quelques jours avant mon arrivée, le général Narvaes s'étant pré-

---

[1] Nous qui, individuellement, sommes autant que vous, et qui, réunis, pouvons plus que vous, nous vous faisons notre Roi, sous la condition que vous respecterez nos droits; sinon, non.

senté devant Saragosse au nom de la Reine, le capitaine-général, d'accord avec la portion active de la population, lui refusa l'entrée de la ville, disant fièrement que Saragosse saurait se défendre elle-même et n'avait pas besoin de secours. San Miguel avait parlé selon le cœur des habitants. Ils ne recevront pas don Carlos, parce qu'ils veulent être maîtres chez eux; le même motif leur fait repousser les auxiliaires royaux; c'est un zèle tout négatif. Et sous toutes les apparences et les dénominations officielles dont les choses sont recouvertes, il y a vraisemblablement avant tout un grand désir d'indépendance et d'isolement.

Parmi les nombreuses églises de Saragosse, deux surtout sont intéressantes à visiter, l'église de la Seo et Notre-Dame del Pilar. La première est plus riche et construite dans un meilleur goût d'architecture; la seconde est célèbre par le miracle qu'y opéra le bienheureux apôtre saint Jacques, alors qu'il se rendait en Galice. S'étant mis en prière, la Vierge, touchée de son invocation, descendit du ciel et se posa sur un pilier qui a donné son nom à l'église, et qui est resté doué d'une vertu miraculeuse. Une

statuette très petite, représentant la mère du
Christ, et habillée avec une grande magnifi-
cence, repose sur le pilier sacré, qui est lui-
même enfermé dans un des immenses piliers
qui supportent la voûte de l'édifice; mais une
ouverture ménagée dans la pierre permet aux
fidèles de baiser pieusement le pilier intérieur,
et de participer aux grâces qui sont attachées à
cette dévotion populaire. Chaque dimanche, depuis six heures du matin jusqu'à une heure de
l'après-midi, on dit des messes dans la chapelle
de la Vierge, sans désemparer. La classe bourgeoise ne s'y voit pas, mais le peuple y fait
foule. Des voiles tendues aux vitraux répandent
dans l'église une obscurité pleine de recueillement; hommes et femmes sont à genoux sur la
pierre nue, et l'on n'entend, avec les paroles du
prêtre, que le bruissement perpétuel des éven-
tails qui s'agitent dans l'obscurité comme une
volée d'oiseaux de nuit. Bien que le scepticisme
ait gagné du terrain en Espagne, ces hommes
rudes, à la poitrine velue, à la carrure puissante, paraissent prier avec une ferveur qui a
quelque chose de formidable pour qui se souvient de l'action terrible qu'ont autrefois exercée

des croyances qui semblent sommeiller aujourd'hui.

La beauté des Aragonaises n'est pas proverbiale comme celle des Andalouses ou des Valenciennes, et pourtant il est impossible de ne pas admirer le genre de beauté qui leur est particulier, et auquel les yeux, dans nos climats plus septentrionaux, ne sont pas habitués. Ce qui frappe dans les Aragonaises, c'est la richesse et l'ardeur de la constitution, la pureté de leur teint, le feu de leurs yeux qui brillent sous leurs mantilles noires; car, par une singularité digne de remarque, le noir est, dans ce climat brûlant, la seule couleur portée par les femmes dont la contagion des modes françaises n'a pas encore défiguré le costume. Ce voile noir, posé sur la tête nue, et tombant sur les épaules et sur les bras, a quelque chose de monastique qui donne aux jeunes femmes un air de nonnes agitées de passions profanes, et aux vieilles un air de prophétesses et de sibylles qui parle à l'imagination.

Je m'arrête, monsieur; je n'ai pu guère, aujourd'hui, vous retracer que quelques impressions rapides et sans ordre, et, cependant, ces premiers pas que l'on fait en Espagne ne font-ils pas, dès l'abord, entrevoir la gravité des questions qui s'agitent aujourd'hui dans ce pays malheureux ? Ces hautes montagnes qui le séparent de la France, qui tournent vers la France toute leur richesse et toute leur parure, et qui ne montrent à l'Espagne qu'un front sévère et dégarni ; cette barrière opposée par la nature aux relations de deux peuples qui ont tant besoin l'un de l'autre ; ces communications pénibles, et plus loin ce sol à la fois fertile et inculte, ce désert créé par l'insouciance et la paresse aux portes de la France, ces populations si belles et si misérables, si favorisées de la nature et si abandonnées de la Providence humaine, cette opiniâtreté de caractère, cet attachement au passé chez des hommes qui ne semblent eux-mêmes qu'une génération du xiie siècle égarée dans le nôtre, cet esprit d'individualité et d'isolement à une époque où les individus semblent tous devoir être absorbés au profit de je ne sais quelle unité gigantesque, toutes ces observations courantes qu'on recueille ici sur les grands chemins ne mettent-elles pas sur la voie du mal intérieur qui désole l'Espagne ? N'est-ce pas là le problème vivant dont il faut étudier les termes et scruter le caractère, si l'on veut connaître la nature intime d'une révolution qui ne ressemble guère à celle dont notre siècle a déjà été témoin, que par des noms et des costumes d'emprunt?

LETTRE

II

Madrid, 6 août 1836.

Depuis quelques jours, nous avons ici des nouvelles importantes. Le 23 et le 24 juillet, les carlistes font une pointe du côté de la Granja, jettent l'alarme dans Madrid; la Reine pense à revenir, sans que pour cela la paisible population de Madrid songe un instant à s'ébran-

1er. Le 30 juillet, on apprend que Malaga s'est soulevé, que le gouverneur civil et le commandant militaire ont été massacrés et la constitution de 1812 proclamée. Le 3 août, des nouvelles venues du midi annoncent que Séville, Cadix, Cordoue et Xérès ont suivi l'impulsion. Le soir même, une émeute éclate à Madrid, et le lendemain on reçoit une déclaration de l'Aragon qui, tout en protestant de son respect pour la Reine, se proclame indépendant en attendant la décision des futures cortès, qui, pour le dire en passant, ne paraissent pas devoir s'ouvrir de si tôt. En ce moment, Madrid est en état de siége, plusieurs personnes sont arrêtées, plusieurs journaux suspendus, et chacun attend la conclusion que doit amener un semblable début.

Avant d'aller plus loin, permettez-moi de vous dire quelques mots de notre émeute du 3; car je lis dans les journaux français des détails si formidables sur l'émeute du 19, qu'il ne sera pas, je crois, hors de propos de vous mettre au courant de ce que c'est qu'une émeute espagnole.

Depuis quelque temps, il régnait ici, dans les

rangs de ceux qui s'occupent de politique, un mécontentement assez vif fondé sur l'inaction de l'armée du Nord. On se demandait ce que faisait Cordova[1] avec ses 100,000 hommes; par quelle fatalité, tandis que les carlistes courent de tous côtés et viennent comme par insulte jusqu'aux portes de Madrid, ce malencontreux général ne trouvait moyen ni de les battre, ni de se faire battre, ni de les atteindre, et ne réussissait qu'à éviter un ennemi qui est aujourd'hui partout. Quand on sut les nouvelles de Malaga, le bruit se répandit qu'un mouvement allait éclater, et que la garde nationale y donnant les mains, la constitution serait proclamée. Le 3 au soir, la promenade du Prado était déserte, symptôme grave dans un pays où l'on ne se dérange pas volontiers de ses habitudes; à la fin du jour, les mécontents s'étant procuré des tambours, la générale battit par les rues, les gardes nationaux, le fusil sur l'épaule, se rendaient précipitamment à leurs quartiers respectifs. Enfin, vers les huit heures, un rassemblement de quel-

[1] Un mémoire justificatif, publié depuis par le général Cordova, a fait voir que cette armée de 100,000 hommes n'a jamais existé que sur le papier.

ques centaines de personnes, drapeau en tête, se présenta aux cris de : *Vive la constitution!* devant le poste de la *plaza Mayor*. Les soldats du poste tirèrent en l'air, dit-on, quelques coups de fusil, après quoi chacun s'en alla souper. Les gardes nationaux interpellés déclaraient qu'on les avait trompés, que des généraux connus devaient se mettre à leur tête. Bref, c'est partie remise. Dans la nuit, le général Quesada, auquel sa fermeté donne ici un grand ascendant, fit ordonner aux postes de garde nationale de se retirer; les régiments de ligne les relevèrent; le lendemain matin, Madrid était en état de siége, et depuis ce moment personne ne souffle plus.

Tout ceci, monsieur, ne ressemble guère à nos formidables émeutes de Lyon et de Paris. Cependant, quelque ridicules que soient par elles-mêmes de semblables échauffourées, elles peuvent avoir et elles auront sans aucun doute les plus graves conséquences. Napoléon employait 300,000 hommes dans telle campagne qui ne se terminait par rien de décisif; dans d'autres temps, Henri IV gagnait la mémorable bataille d'Arques avec 3,000 hommes et reconquérait un royaume avec 5,000. Ce qui donne ici une importance réelle au mouvement insurrectionnel, c'est l'apathie et la neutralité du grand nombre, du peuple. Le sort de l'Espagne se décidera ici par les mains de ceux qui voudront bien s'en occuper; le reste se laisse faire. Ainsi, dans les insurrections d'Andalousie, dont on fait grand bruit, et avec raison, tout s'est fait d'accord avec la troupe; jamais la population n'aurait agi par elle-même. En plusieurs endroits, les insurgés se sont trouvés si faibles, si incapables, si destitués de chefs et d'hommes de tête, qu'ils n'ont rien trouvé de mieux que de supplier les autorités déléguées par la Reine de gouverner pour le compte de l'insurrection. Et comme le gouverneur civil de Séville leur objectait que la constitution de 1812 qu'ils venaient de proclamer ne reconnaissait pas de gouverneurs civils, mais seulement des chefs politiques, ils l'ont nommé chef politique; et l'ancien gouverneur civil, *mutato nomine*, a consenti à garder le commandement.

Voilà donc, quant à présent, le gouvernement de la Reine maître absolu dans Madrid; en revanche, le midi est pour la constitution de 1812;

l'Aragon est indépendant, ainsi que Valence, dit-on; car ici on ne sait guère les nouvelles qu'à peu près; le Nord est carliste : voilà l'état de l'Espagne.

L'Espagne politique est le royaume des ombres, le pays des fantômes, il n'y faut point prendre les choses au pied de la lettre, mais chercher toujours, sous peine de mystification, la réalité sous l'apparence, la personne sous le masque. Voici trois ans qu'on parle en France de la constitution espagnole, de la révolution espagnole, des partis en Espagne, de la presse, des doctrines, des vœux du peuple, etc., etc.; ce sont là des mots français que nous entendons à merveille en France, mais qui, appliqués à ce qui se passe dans ce pays, ne forment qu'un non-sens ridicule. Voilà, je le sais, des assertions bien tranchantes; mais les preuves ne me manqueront pas. D'abord, et avant toutes choses, il faut bien se convaincre que les masses, que le peuple reste ici complètement étranger aux questions politiques, que d'ailleurs il ne comprend pas. Le paysan en Castille a besoin de travailler peut-être une semaine ou deux dans l'année pour préparer la terre, ensemencer et

récolter; encore, la plupart du temps, sont-ce des Valenciens qui viennent faire la récolte. Le reste du temps, il dort, il fume, il mange et ne s'inquiète pas de ce qui ne le concerne pas personnellement. Au fond du cœur, il est pour don Carlos, parce que son curé le prêche dans ce sens; mais il ne se révoltera que s'il voit don Carlos entrer en Castille; jusque-là il ne bougera pas. Les prêtres d'ailleurs ont conservé ici une influence immense, dans les campagnes surtout. Ils ne vivent point retirés comme les nôtres; ils passent leurs journées avec le paysan, on les voit sur les routes, fumer dans les auberges, et causer des petits évènements de l'endroit. Leur dignité morale y perd, mais leur autorité y gagne; leur domination est plus certaine, plus intime, plus profondément assise. Quant au peuple de Madrid, par d'autres raisons peut-être, par indifférence, par expérience de l'inutilité des mouvements politiques, ou pour toute autre cause, il ne se mêle à rien. P*
notre émeute du 3, les gens du peuple *
assis sur leurs portes, et respiraient
soir, sans s'embarrasser du gouver
de la constitution de 1812.

Quant aux hommes instruits, et il y en a ici plus qu'on ne croit, parmi ceux qui sont attachés au parti de la Reine, l'insouciance des masses semble avoir remonté jusqu'à eux. Ils seront bien aises que la Reine triomphe; mais si le ciel se couvre, si les nuages s'amoncellent, ils prendront bravement leur parti, feront leurs malles et gagneront la France qu'ils ont déjà visitée pour la plupart. Ce n'est pas l'intelligence qui pèche en eux, c'est la volonté. En France, il y a quelques années, lorsque le parti républicain voulait pousser à leurs dernières limites les espérances qu'il avait conçues en juillet, il fut arrêté par des hommes dont la pensée plus modérée sut cependant, dans l'action, avoir recours aux expédients extrêmes pour assurer le triomphe d'un système moyen. Leur modération fut dans la pensée, non dans l'acte; ils repoussèrent la force par la force, et surent, au besoin, faire preuve de virilité. N'attendez rien *blable des modérés de ce pays; il se peut *t du courage et de la volonté dans quel- *; mais la classe modérée est, en géné- *e et fataliste en politique, et le pre- *n peu fort qui soufflera la fera

courber jusqu'à terre ou prendre son vol vers
l'étranger [1].

Il faut bien que je vous dise aussi quelque
chose des constitutionnels, puisque aussi bien
voilà tout le midi de l'Espagne qui se fait constitutionnel. La constitution de 1812 joue ici le
rôle historique qu'a joué chez nous la défunte
constitution de 91. Excepté ceux qui l'ont faite,
je ne crois pas qu'on pût trouver facilement à
Madrid cinquante personnes ayant lu la susdite
constitution. Il n'y a pas un homme de sens,
même parmi les constitutionnels, qui ne sache
très bien que c'est là un vieux drapeau usé et
hors de service, un squelette impuissant qu'on
ne mettra jamais sur les pieds. L'expérience en
a été faite deux fois, et la constitution de 1812
aurait d'ailleurs tous les mérites imaginables,
qu'aux yeux des hommes sensés elle aurait toujours le tort grave et irréparable d'être morte
sans avoir jamais vécu. En somme, la constitution
est ici le mot d'ordre de tout ce qui, sans être
carliste, est mécontent du gouvernement; c'est

[1] Ceci était écrit le 6 août; le 15, éclata l'émeute de la Granja,
et huit jours après, presque tous les chefs du parti modéré étaient
en France. Il faut excepter M. Martinez de la Rosa, qui, bien
que fortement compromis, eut le courage de rester à son poste.

un cri de protestation qu'on emploie avec d'autant plus de confiance, qu'il y a peu à craindre que l'expérience vienne jamais donner un démenti à la merveilleuse efficacité qu'on veut bien lui attribuer[1].

Il est à remarquer que ce qui a surtout contribué à mettre en vogue la constitution, c'est l'étude et la préoccupation excessive des idées françaises et de la révolution de 89. Les hommes les plus influents du parti libéral ont émigré sous Ferdinand, ils ont vu la France et l'Angleterre, et, à leur retour, ils ont cru que le gouvernement de ces deux pays pouvait s'appliquer à l'Espagne. La France joue en ce moment, vis à vis de l'Espagne, au moins aux yeux d'un certain nombre, le rôle que l'Amérique du nord jouait, par rapport à la France, dans les premières années de notre révolution de 1830. Jusqu'à ce que des esprits sérieux et des yeux exercés eussent montré combien le caractère de la civilisation américaine s'éloigne de notre caractère et de nos mœurs, l'Amérique apparaissait dans le lointain comme le type du gouvernement

---

[1] Depuis lors, la constitution a cependant été proclamée; mais exécutée, jamais.

promis à nos neveux. Il y a de même ici une préoccupation des idées françaises, de la révolution française, des formes politiques françaises, qui entretient les esprits dans de fâcheuses erreurs et qui détourne dans des voies fausses une ardeur qui pourrait plus utilement s'employer. Permettez-moi de vous en citer un exemple.

Le parti exalté dans ce pays ne jure guère que par la révolution française; il semblerait, à l'entendre, que l'Espagne en est aux premiers jours d'un nouveau 89, et qu'elle aura à suivre fidèlement chacun des pas que la France a parcourus dans cette voie.

Or, il est bien vrai que l'Espagne, engourdie depuis trois siècles par un régime d'ignorance, soumise à deux dynasties étrangères dont l'une débuta par la cruauté pour finir par l'impuissance, et dont l'autre fut presque toujours absorbée dans des intrigues de palais, il est bien vrai que l'Espagne cherche aujourd'hui à briser, avec mille douleurs, cette croûte d'ignorance sous laquelle elle gémit depuis trop longtemps; mais cela une fois accordé, quel rapport entre les deux pays? Lorsque la révolution française éclata, la France avait été préparée, depuis cinquante ans, par les prédications philosophiques. Les idées de liberté et d'égalité étaient descendues jusqu'au fond de l'ordre social. Grâce à Louis XV, grâce aux désordres du clergé, la déconsidération du pouvoir était complète, la hiérarchie sociale n'était plus qu'une fiction, et le jour où l'intelligence et la volonté qui résidaient plus bas voulurent se lever, la révolution fut faite, les hommes et les choses prirent leur niveau naturel et ne pesèrent plus dans la balance que pour leur valeur propre. Ici tout est au rebours ; il n'y a jamais eu d'autres prédications que celles du clergé, lesquelles n'allaient pas, bien entendu, au renversement d'un état de choses où le clergé dominait. La révolution, ici, ne peut pas sortir des masses qui n'en ont pas même l'idée ; il faut qu'elle descende du pouvoir sur les masses. Il y a, d'ailleurs, dans ce peuple un sentiment de subordination incompréhensible pour nous autres habitants des contrées libérales. La vie de Ferdinand VII tout entière en a été le plus frappant exemple. Aucune idée générale, aucune notion abstraite de cause commune, d'intérêt d'avenir ne leur est accessible; il faut qu'ils voient, qu'ils touchent. Pour eux, le pouvoir est un homme, c'est Ferdinand, Carlos ou Christine; que ce puisse être une charte, une constitution, un code politique, c'est ce dont il est au moins permis de douter, et c'est ce qui a fait et fera encore, en dépit de toutes les proclamations solennelles, l'irrémédiable impuissance de la constitution de 1812.

Autre complication. Le parti libéral, comprimé à Madrid par la présence du gouvernement, prend sa revanche dans les provinces. Déjà, l'an passé, sous M. de Toreno, vous avez vu éclater le mouvement provincial des juntes, mouvement plus menaçant que redoutable, parce que, encore une fois, le peuple n'est pas de la partie. Les évènements de ces jours passés montrent également que le parti libéral porte toujours son effort de prédilection à la circonférence; ce n'est qu'en s'appuyant sur l'esprit provincial qu'il peut espérer le succès; or, qu'y a-t-il de plus opposé à l'esprit de cette révolution française tant préconisée que l'esprit provincial? Quel rapport, je vous prie, entre la Convention, mettant hors la loi soixante départements fédérés, et le libéralisme espagnol ranimant, dans ce malheureux pays rongé par le génie de la division, le souvenir de tous ces anciens royaumes, de ces vieilles cortès provinciales, tradition mal éteinte qu'un rien peut réveiller, et qui, du premier choc, peut rompre et disperser en mille pièces l'assemblage incohérent de la monarchie espagnole?

Le fédéralisme est, en effet, un des deux écueils entre lesquels oscille la fortune de l'Espagne. Il ne faut pas s'y tromper, la constitution de 1812 n'est que le masque du fédéralisme. Derrière cette création moderne qui n'a pour elle ni la magie des souvenirs, ni la puissance des traditions, ni la consécration de l'expérience, s'abrite le vieux fédéralisme appuyé sur toute l'histoire de l'Espagne, sur les intérêts provinciaux, les seuls vivants, sur les rivalités de provinces, forts surtout de l'absence d'un centre commun, d'une capitale prépondérante dont l'influence puisse rallier et discipliner toutes ces sympathies divergentes. Singulière destinée que celle de l'Espagne! Tandis que toutes les nations européennes emploient au moyen-âge toute la sève de leur adolescence à se constituer une unité forte et homogène, l'Espagne, distraite par une croisade de sept cents ans contre les Maures, se trouve, sans préparation, ramenée à l'unité par l'étreinte violente de Charles-Quint et de Philippe II, s'abandonne, avec son insouciance fataliste, à cette direction nouvelle, et ne se souvient qu'aux jours de crise et d'angoisse, de sa vie d'autrefois et des traces profondes qu'elle en a conservées. Ainsi, lors de l'invasion française en 1808, n'est-ce pas une chose remarquable que cette impuissance du conseil de Castille, de la junte centrale, de tout ce qui voulut imprimer à l'insurrection un caractère d'ensemble et d'unité? Et où était alors la vie de l'Espagne? dans ses *miquelets*, dans ses *somatènes*, dans ses *guerillas*. Quels furent alors ses héros? Mina, Porlier, Lempecinado; et aujourd'hui, quels sont les hommes qui s'élèvent au dessus de la médiocrité générale? C'est Zumalacarreguy, c'est Villaréal, des chefs de bandes. Aux jours du danger d'autres s'uniraient, les Espagnols se divisent, leur force est dans l'isolement, comme pour d'autres elle serait dans l'union. C'est qu'ici, en réalité, l'unité n'est que factice. Le Valencien parle une langue que l'Andalou ne comprend pas, le Catalan et le Castillan ont presque besoin d'interprète, les intérêts ne sont pas mêlés, les destinées ne sont pas solidaires, et quand les circonstances deviennent graves, chacun s'empresse de rompre une alliance qui entrave sans aider, et qui gêne la liberté et la rapidité des mouvements sans leur communiquer la puissance du nombre et de la discipline.

Ce moment-ci, monsieur, est, pour l'Espagne, de la dernière gravité. Que vont faire les provinces? tout est là. Si quelques hommes énergiques se mettaient à leur tête, le gouvernement aurait beau faire, il ne mettrait pas la moitié de l'Espagne en état de siége. Cela est bon pour Madrid, ville sans ressort, sans intérêts commerciaux; ville étrange qui n'est ni le chef-lieu de la Castille, ni la capitale de l'Espagne; ville d'employés, de rentiers et de grandesse. Si le mouvement des provinces se consolide et s'étend, l'Espagne offrira peut-être le spectacle singulier dans ce siècle, mais assez conforme à son histoire, d'un empire qui se démembre et qui se dissout.

LETTRE

III

Madrid, 16 août 1836.

Encore une révolution à ajouter à la liste déjà si longue des révolutions de l'Espagne. Pour la troisième fois depuis vingt ans, la constitution de 1812 vient d'être proclamée : M. Calatrava remplace M. Isturitz dans la présidence du conseil; vous devez savoir déjà les noms de ses collègues; cet évènement qui fera sans doute en France une profonde sensation, et qui agitera diversement les partis, mérite d'être connu dans ses détails les plus significatifs, détails dont la presse de Madrid, affranchie de la censure légale, mais soumise à la censure bien autrement lourde d'une opinion victorieuse, se gardera bien de vous entretenir.

Depuis le commencement des chaleurs, la Reine avait établi sa résidence à la Granja (Saint-Ildefonse), à quatorze lieues de Madrid. Vainement l'avait-on conjurée maintes fois de revenir à Madrid où la présence du général Quesada la garantissait de toute insulte, rien n'avait pu la faire changer de résolution, ni l'alarme donnée le 23 par les carlistes, ni les troubles de Madrid. Cette circonstance, peu importante en elle-même, a décidé des évènements de ces jours derniers. L'état de siége et le désarmement de la garde nationale ordonné par suite des évènements du 3 n'avaient point découragé les exaltés; seulement, comprimés à Madrid par l'énergie du capitaine-général, ils comprirent que c'était sur la Granja qu'il fallait porter tous leurs efforts. Vendredi 12 août, à huit heures du soir, les bataillons provinciaux qui formaient une partie de la garde de la Reine à la Granja se soulèvent aux cris de : *Vive la constitution!* Vainement les officiers essaient-ils de s'interposer, les soldats ne veulent entendre à rien ; et comme la nuit ne permettait pas à la Reine de paraître au balcon, une députation composée de sergents, de caporaux et de soldats monte dans les appartements royaux, et signifie à la Reine qu'elle ait à jurer la constitution. La Reine répondit qu'elle en référerait aux cortès ; mais cette réponse ne leur suffisant pas, ils la contraignirent, après des pourparlers assez longs, à signer la constitution. Tout cela s'exécuta d'une manière assez brutale, et la jeune Reine Isabelle fut prise comme otage.

Il faut ajouter, pour l'intelligence du texte, qu'on avait distribué de l'argent aux troupes qui, depuis deux jours, avaient le pain et la viande à discrétion, et se festoyaient sans que les officiers s'en aperçussent ou voulussent s'en apercevoir.

A la première nouvelle de ce mouvement, quelques groupes, assez inoffensifs d'ailleurs, se formèrent dans Madrid ; ce ne fut que le dimanche 14 que les cris de : *Vive la constitution!* se

firent entendre d'une manière plus menaçante.
Le capitaine-général avait à sa disposition fort
peu de troupes : il avait dirigé quelques bataillons
sur la Granja; d'autres étaient occupés à garder
le parc d'artillerie, le palais et autres points
importants; de telle sorte qu'il n'y avait peut-être
pas 200 hommes de troupes disponibles. Toutefois, cette poignée d'hommes suffit à Quesada
pour maintenir Madrid; il allait à la tête de quatre
cuirassiers seulement, dissipant les groupes,
essuyant les coups de fusil qu'on lui tirait des
fenêtres et de derrière les bornes, sans jamais riposter. Quand on le serrait de trop près, il faisait
front, et son seul aspect suffisait pour mettre
en déroute la foule qui le poursuivait de ses cris.
Quesada tint de la sorte jusqu'à six heures.
Alors, ayant à sa disposition plus de monde, il
fit braquer du canon à la *Puerta del Sol* et à la
plaza Mayor; les postes furent renforcés, et il
devint évident que l'autorité n'avait rien à craindre des manifestations, assez molles d'ailleurs,
de la foule. Cependant, le soir, quelques gardes
nationaux, s'étant hasardés à reparaître en uniforme, s'emparèrent du couvent de *los Basilios*.
On crut qu'ils allaient s'y défendre; point du

tout : à la première sommation, ils se rendirent et furent faits prisonniers sans coup férir. Vers les neuf heures, Quesada fit afficher une proclamation par laquelle il suppliait les habitants de Madrid de rester calmes, et les prévenait que le ministre de la guerre était allé à la Granja prendre les ordres de la Reine.

La nuit fut tranquille; mais le matin, à huit heures, le ministre de la guerre étant arrivé avec l'ordre de proclamer la constitution, tout changea de face. La veille, l'insurrection se composait de quelques centaines de personnes, la plupart enfants de douze à quinze ans; la population n'y prenait aucune part, non plus que la garde nationale, qui avait pourtant une belle occasion de se montrer. Mais à peine la constitution fut-elle proclamée, que vous eussiez vu une foule nombreuse, saisie d'une tardive exaltation, proférer des cris de mort contre ce même Quesada, dont le regard les épouvantait la veille. Ils se dirigèrent vers la fabrique de tapis où on le disait réfugié. Par une inconcevable imprudence, le malheureux Quesada, qui connaissait bien pourtant le jeu qu'il jouait, et qui avait fait son testament l'avant-veille, Quesada fut aperçu fuyant à cheval dans la direction d'Hortaleza. Ici commence une de ces scènes effroyables que la plume ne devrait jamais retracer, s'il ne fallait l'imprimer comme une brûlure d'infamie au front des lâches qui assassinent et des lâches qui laissent assassiner.

J'avais suivi cette foule sanguinaire : hommes et femmes marchaient avec le plus grand sang-froid. « Mais, » dis-je à l'un d'eux, « Quesada n'a fait que son devoir; comme militaire, il a dû résister tant qu'il n'a pas eu d'ordre, et après tout, il n'a pas fait verser de sang[1]. » — « Non, » me répondit-il, « il faut qu'il soit assassiné. »

A Hortaleza, le capitaine-général, déguisé et suivi, les uns disent d'un domestique, les autres du commandant Lavalette, fut reconnu; toute-

---

[1] Quesada n'était pas moins connu par la générosité de son caractère que par sa fermeté. Dans les derniers temps du règne de Ferdinand, chargé, comme capitaine-général, de réprimer une émeute à Séville, il avait reçu les insurgés à composition, en leur garantissant la vie sauve. Cependant la nouvelle de son succès était à peine arrivée à Madrid, que Ferdinand lui envoie l'ordre exprès de fusiller les prisonniers. Quesada répond qu'il lui est impossible d'obéir, qu'il leur a promis la vie. Nouvel ordre de Ferdinand; nouveau refus de Quesada, qui, cette fois, envoie au roi sa démission. Sa généreuse résistance finit par triompher des appétits sanguinaires du monarque, et sauva la vie à un grand nombre de libéraux. On raconte de lui une foule de traits semblables que je passe sous silence, faute de renseignements suffisamment authentiques.

fois l'alcade du lieu le fit cacher de son mieux. Mais bientôt arrivèrent les assassins qui le cherchaient. « Y a-t-il des gardes nationaux avec eux? » demanda Quesada.— « Oui, » lui répondit-on. — « Alors, je suis perdu. » On enfonce la porte, il est percé de deux coups de baïonnette, son compagnon de fuite est massacré; mais ce n'est pas assez; ces misérables, qui ne pouvaient lui pardonner la terreur qu'il leur avait causée, le coupèrent par morceaux, chacun en prit un lambeau, et le soir, le dirai-je! les oreilles de Quesada, étalées sur une table, furent montrées en grande pompe au café Nuevo, et d'infernales harpies criaient au Prado des lambeaux de sa chair.

Disons encore que, quand on apprit à Madrid l'arrestation du malheureux Quesada, Seoane, qui le remplaçait, ayant résolu, après délibération, d'envoyer quarante cuirassiers pour le protéger, l'ordre donné à deux heures et demie ne fut exécuté qu'à cinq heures et demie : aussi ce ridicule et tardif simulacre de bonne volonté ne put-il empêcher le crime.

Voilà sous quels effroyables auspices vient d'être inaugurée la troisième édition de la constitution de 1812; voilà le prélude de ce régime d'ordre et de légalité après lequel on dit que l'Espagne soupire.

Maintenant, laissons de côté toutes ces atrocités; jetons le voile sur le meurtre de Quesada, sur les assassinats qui ont complété la journée, et cherchons à comprendre. Voilà une constitution proclamée par des sergents et des caporaux qu'on régalait depuis deux jours, un gouvernement renversé comme par hasard, une capitale qui laisse crier : *Vive la constitution!* deux jours durant, comme si elle n'en voulait pas, et qui ensuite la reçoit avec acclamation comme si elle l'avait demandée; des gardes nationaux qui se laissent licencier sans résistance; qui, le jour de l'émeute, croient avoir assez fait que de se promener paisiblement en uniforme par les rues, et qui ne retrouvent leurs sabres et leurs fusils que pour assassiner désarmé l'homme auquel, vivant, ils n'osèrent jamais résister; un ministère qui, sachant qu'il n'y a pour la Reine de sûreté qu'à Madrid auprès de Quesada, la laisse résider à la Granja, au milieu de troupes infidèles et d'officiers sans crédit : au milieu d'un semblable tissu de misères, à qui nous intéresseronsnous? pour qui réserver nos sympathies et nos vœux? Pour la malheureuse nation sans doute qui se tient soigneusement en dehors de ce triste mélodrame.

Si l'on pouvait croire que toutes ces convulsions amèneront peu à peu l'Espagne à cet état de délire, en quelque sorte prophétique, où les nations puisent quelquefois des lumières et des forces inespérées, on pourrait se féliciter, malgré tout, d'un évènement qui rapprocherait le terme de ses maux; mais plus on va, plus on est forcé de se convaincre que l'Espagne n'est pas en proie à une révolution politique, mais à une décomposition sociale. Le pouvoir qui vient de succomber, on peut dire qu'il n'a pas été renversé; il est mort d'impuissance et de consomption, il est mort parce qu'il était seul au milieu de l'indifférence publique, et que le moindre souffle a dû jeter bas un arbre qui n'était que posé sur le sol, mais qui n'y avait point enfoncé ses racines; il est mort parce que l'apathie et l'insouciance sont arrivées ici à un tel point que nul, si ce n'est par motif d'ambition personnelle, ne se croit intéressé dans les affaires publiques; il est mort parce qu'il n'y a plus de pouvoir, plus de subordination en rien, parce que le premier employé civil ou militaire se croit juge de la convenance qu'il y a d'exécuter les ordres qu'il reçoit ; parce qu'isolé entre ses chefs et ses inférieurs, chaque fonctionnaire ne compte sur personne, de même que personne ne compte sur lui. Si quelque chose faisait ici de Quesada un homme à part, c'est que, ne comptant, lui, sur personne, il avait donné à tout le monde le droit de compter sur lui. Il était le gardien de ses propres soldats dont la faiblesse ou la corruption n'osait éclater devant lui; il était admiré du peuple, haï du bourgeois, estimé des hautes classes : abandonné ici, seul, sans secours, sans ordres, il avait tout maintenu sans verser une goutte de sang ; en brave militaire, il a fait son devoir jusqu'au bout, et il est le seul qui l'ait fait ; sa mort est plus que la mort d'un homme, c'est le dernier soupir de l'autorité et de la subordination en Espagne. Où trouver aujourd'hui un capitaine-général qui ose faire son devoir avec l'assassinat en perspective ? Les nouveaux dépositaires du pouvoir qui l'ont laissé frapper, qui ont laissé, à leur honte, étaler et vendre ses membres dans les cafés de Madrid, auront peut-être lieu de s'apercevoir, avant peu, qu'ils ont frappé là un de ces coups qui manquent rarement de rejaillir.

Si quelque chose pouvait égaler l'odieux qui s'attache à de pareilles indignités, ce serait le ridicule des fastueuses proclamations dont les murs sont tapissés, et les fictions poétiques des journaux à qui la terreur des chevaliers du couteau ferme la bouche. Ainsi, l'un vous dira que la Reine a juré la constitution avec une entière spontanéité; une proclamation du capitaine-général portera jusqu'aux nues cette héroïque garde nationale qui n'a pas brûlé une amorce pour la constitution, et dont une douzaine d'assassinats compose le glorieux butin. Ajoutez les innombrables contradictions qui résultent du fait seul de la proclamation de la constitution, qu'il faudra refaire d'un bout à l'autre; ajoutez qu'il va falloir, au milieu du relâchement général des ressorts de l'autorité, procéder à de nouvelles élections conformes au nouveau code politique; ajoutez la terreur générale, la crainte de l'assassinat qui domine tout, et vous aurez une idée de la liberté dont jouit aujourd'hui l'Espagne et de celle qu'on lui prépare. Croiriez-vous qu'à l'heure qu'il est les misérables qui ont assassiné Quesada procèdent impunément à la recherche de son fils, à qui pareil sort est promis? Croiriez-vous que les assassins sont connus par leur nom et restent impunis? Croiriez-vous qu'il a été permis à la plus sale canaille d'aller vociférer d'immondes refrains toute la nuit sous les fenêtres de sa veuve? Croiriez-vous qu'ils ont voulu assassiner la mère de Cordova qui a été obligée de fuir et de changer de demeure? Croiriez-vous enfin que le pouvoir qui tolère de semblables excès a le front d'afficher des exhortations et des phrases sur l'ordre public, des félicitations à la ville qui s'est conservée pure au milieu du glorieux événement de la révolution, et que, grâce à la complicité de la presse, de semblables mystifications courent risque de s'accréditer en Europe?

Tout cela est un déplorable spectacle; c'est une grande pitié de voir le gouvernement d'une nation, comme la nation espagnole, renversé par une conspiration de sergents et de caporaux gagnés à prix d'argent, et un nouveau gouvernement s'élever sur les épaules de ces ridicules prétoriens. Pour comble de malheur, tout ici

repose sur des bases fictives et mensongères;
personne ne dit vrai, ni les journaux qui s'accordent pour conserver à l'événement des dehors honnêtes, ni les chefs du mouvement qui savent mieux que personne ce qu'on peut attendre de la constitution de 1812 ; et la dupe de tout cela, c'est ce malheureux peuple qui, ballotté d'expérience en expérience, accepte avec joie toute nouveauté accompagnée de promesses pompeuses. J'entendais l'autre jour, au milieu de la foule qui cherchait Quesada pour le mettre en pièces, une femme du peuple qui faisait aussi son programme : « Enfin, » disait-elle, « tout est fini maintenant, chacun va pouvoir rester tranquille et s'occuper de ses affaires, le commerce va reprendre et l'on va reconnaître l'indépendance de l'Amérique. » Sauf l'indépendance de l'Amérique qui n'était évidemment pas de son cru, le reste montrait bien quelles sont ici les dispositions des masses. Il y a dans ce pays d'immenses ressources, par quelle fatalité s'est-il donc trouvé depuis si longtemps jeté hors de ses voies ? On veut à toute force en faire une monarchie constitutionnelle, on veut le mouler sur le patron de la France et de l'Angleterre, et on

n'aboutirait qu'à le rendre ridicule sous cette fausse décoration, si une nation tout entière pouvait devenir ridicule. On veut établir des chartes chez un peuple qui ne comprend que l'autorité vivante, chez un peuple qui ne se conduit pas par principes, mais par intérêt dans les petites choses, et par passion dans les grandes; chez un peuple qui n'a pas le sentiment de la légalité, qui s'est toujours fait juger par ses alcades, comme les Arabes par leur cadi, et dont le génie apathique et impétueux par intervalles n'entend rien à la procédure politique. Tout ce beau plan porte ses fruits; on a une constitution, mais personne n'y croit ni ne la connaît; on fait des lois, mais personne n'y obéit; on fait des proclamations que personne n'écoute; on fait des compliments au peuple sur sa modération, au moment où il vient de tolérer d'infames atrocités; de telle sorte qu'il s'est formé deux Espagnes, l'une, pays-modèle, peuple libre, puissant, héroïque, indomptable, peuple de grands hommes conduit par des chefs plus grands encore et auquel tout réussit : c'est l'Espagne des journaux et des proclamations. Mais allez plus loin, percez plus avant, et vous toucherez alors l'Espagne véritable, l'Espagne ruinée, engourdie, fataliste, l'Espagne disloquée, sans administration, sans finances, sans esprit public, rongée par la guerre civile, fatiguée de diplomatie, de protocoles, de constitutions, et demandant au ciel qui le lui refuse un homme, non pas même un grand homme, mais un homme intelligent, vigoureux et probe.

Enfin attendons; voici les constitutionnels à l'œuvre, toute l'Espagne va maintenant recevoir la Constitution que Madrid vient de proclamer; les hommes de leur choix sont au pouvoir, où une arrière-garde plus jeune et plus impétueuse s'occupe déjà du soin de les remplacer. Maintenant que rien ne s'oppose plus l'élan national, nous allons voir, sans doute, des levées en masse contre don Carlos; des dons volontaires viendront suppléer à la pauvreté du Trésor, et l'insurrection qui occupe le nord et qui, il y a quelques jours, envoyait ses lieutenants insulter la Granja, qui occupait Medina-Celi et interceptait les communications avec la France; l'insurrection qui court à travers l'Aragon, Valence, la Catalogne, qui inquiète la Vieille-Castille, sans que l'armée de Cordova ait pu réussir à l'atteindre ; l'insurrection va sans doute céder à l'énergie de l'Espagne régénérée. Pour nous, nous le désirons sincèrement sans l'espérer ; car rien dans ce que nous avons vu ne ressemble à un mouvement national. Attendons toutefois la fin de la guerre civile, ce sont là la tâche et l'épreuve imposées à tout gouvernement qui voudra diriger l'Espagne autrement que sur le papier ; c'est à ce signe de virilité qu'on reconnaîtra si les hommes du pouvoir sont destinés à grossir la liste déjà si longue des théoriciens constitutionnels, ou si l'Espagne a enfin trouvé les guides intelligents qui sauront faire vibrer la vieille fibre nationale et remettre en mouvement les ressorts d'une organisation fatiguée, mais riche encore et pleine de sève.

LETTRE

IV

Madrid, 6 octobre 1836.

Depuis bientôt deux mois que s'est accomplie la dernière révolution, rien de ce qu'on pouvait raisonnablement prévoir n'est arrivé. Les uns croyaient que don Carlos, mettant à profit le trouble et l'indiscipline du premier instant, allait enfin sortir de ses montagnes, faire une pointe sur Madrid et essayer, par un coup hardi, de terminer la guerre. Don Carlos est resté en Navarre, et si quelques bandes se sont rapprochées de la capitale, la direction de leur course n'a semblé déterminée par aucun but sérieux. Quelques combats partiels s'en sont suivis, les succès ont été à peu près balancés, et les choses n'ont pas fait un seul pas vers une solution définitive. D'autres, en plus petit nombre, croyaient ou disaient que l'enthousiasme révolutionnaire allait communiquer à l'armée, aux milices un élan irrésistible, et que de brillants avantages en seraient infailliblement la conséquence. Rien de pareil ne s'est vu; au contraire, les engagements qui ont immédiatement suivi la révolution, tels que celui de Lopez, par exemple, ont été funestes aux troupes constitutionnelles; les succès ne sont venus que plus tard, alors que la ferveur tumultueuse des premiers jours paraissait complètement dissipée. D'autres enfin croyaient, d'après les actes qui avaient signalé l'avènement du nouveau pouvoir, qu'une désorganisation croissante allait paralyser les ressources du nouveau gouvernement et hâter le dénouement de ce drame bizarre. Divisés sur le reste, tous semblaient s'accorder pour croire que l'issue de la guerre, quelle qu'elle dût être, allait être rapprochée, et que le contre-coup d'un évènement politique aussi grave devait promptement réagir sur les évènements militaires. Rien de tout cela ne s'est vérifié ; deux mois se sont écoulés sans que ni l'un ni l'autre des deux partis ait mis à profit la nouveauté de la situation. Maintenant les pluies commencent, l'hiver qui s'approche va nécessairement ralentir les opérations militaires, de telle sorte que si, après tant de prévisions déçues, on voulait encore se mêler de prévoir, on pourrait penser que, d'ici au printemps, rien de grave et de décisif n'aura lieu. La guerre se poursuit sur l'ancien pied; Madrid est parfaitement calme, les emprunts s'exécutent tant bien que mal, sans enthousiasme comme sans trop grande difficulté, la cause constitutionnelle n'est dans un état ni pire ni meilleur qu'auparavant. Combien de temps tout cela durera-t-il ? comment et quand les choses prendront-elles fin ? C'est ce dont il est difficile de se faire une idée, et je dois dire que je ne vois personne ici, Espagnol ou non, qui se flatte d'en deviner quelque chose.

Il y a, dans le caractère français, une certaine ardeur d'imagination mêlée de logique qui nous pousse irrésistiblement vers la réalisation de l'idée que nous avons une fois conçue. Théoriquement, nous menons vite un système à ses dernières conséquences ; et dans la pratique, une fois l'œuvre entreprise, nous n'avons point de repos qu'elle ne soit menée à fin. Dans nos guerres, la victoire est vite décidée ; vainqueurs ou vaincus, on sait vite à quoi s'en tenir, et l'incertitude n'est jamais longue. Aussi, quand nous jugeons les évènements d'Espagne, il nous faut une continuelle surveillance sur nous-mêmes pour ne pas prêter aux Espagnols notre caractère et nos allures, et pour ne pas décider de ce qu'ils vont faire par ce que nous ferions nous-mêmes si nous étions à leur place. C'est ainsi, par exemple, que dans ce moment, si grave que soit la situation de ce pays, on peut dire qu'on s'en occupe dix fois plus à Paris qu'à Madrid, que les imaginations en sont bien plus inquiétées, et que les Français, qui voient de près la crise espagnole, mettent, dans leurs conjectures et dans leurs vœux, une vivacité et une action plus grandes en quelque sorte que les intéressés eux-mêmes, que ceux dont la sécurité, la fortune, la vie enfin peuvent, à chaque instant, se trouver compromises.

Cette ténacité espagnole, cette faculté de se faire une habitude de son mal, de vivre avec son ennemi ont beau nous être certifiées par l'histoire du passé comme par le spectacle du présent, c'est une chose à peine intelligible pour nous. Les Arabes avaient conquis l'Espagne en deux ans ; les Espagnols ont mis près de huit cents ans à la leur reprendre. Lorsqu'on lit les dissensions perpétuelles des Arabes, leurs discordes intestines, on s'étonne que leurs adversaires n'aient pas poussé leurs succès et rejeté bien vite la race asiatique et africaine hors de la Péninsule ; mais il en était alors comme aujourd'hui, on remportait un avantage pendant l'été, et, au lieu de le suivre, on retournait dans ses foyers consommer le butin pendant l'hiver, en attendant la campagne prochaine. Que, pendant ce temps, l'ennemi réparât ses forces, on s'y attendait bien ; qu'on eût pu, profitant de la première terreur, le réduire et le subjuguer, c'est une idée qui ne paraît guère leur être venue que fort tard, lorsque l'empire arabe, réduit aux murs de Grenade, semblait ne devoir plus coûter que l'effort d'une campagne. La guerre contre les infidèles était entrée dans les mœurs, je dirais presque dans les besoins des Espagnols; les courses contre les Arabes revenaient périodiquement comme la moisson, sans qu'on puisse rencontrer, dans le cours de tant de siècles, un plan d'opération, une combinaison suivie plusieurs années, dans le but de les exterminer; sans que jamais non plus la présence menaçante de l'ennemi ait empêché la discorde, les querelles d'héritages et les guerres civiles d'éclater dans le camp espagnol. Quelque chose de ces mœurs de tribus primitives, de ces habitudes d'aventures s'est perpétué jusqu'à nos jours; de là un décousu, une absence de volonté persévérante qui laissent au hasard, aux évènements, à l'imprévu, la grande et la meilleure part, l'influence la plus décisive. On cite ici le mot d'un général carliste qui résume parfaitement bien, ce me semble, la position respective des deux partis belligérants. « Si don Carlos, » disait-il, « est encore en Espagne, c'est la faute des christinos; et si nous nous ne sommes pas encore à Madrid, c'est la faute de nos généraux. »

Sous le rapport de la guerre, enfin, comme sous beaucoup d'autres, l'Espagne appartient encore autant au moyen-âge qu'à notre époque, c'est là une chose dont il importe de se bien persuader.

Il ne faudrait pas toutefois s'exagérer la difficulté qu'on trouve à s'expliquer ce pays, il ne faudrait pas surtout s'autoriser de sa singularité pour rejeter bien loin tout espoir de salut et de progrès. Oui, ce pays est singulier, mais il est loin d'être incompréhensible; il est arriéré, mais il n'est pas atteint, comme quelques uns semblent le croire, d'une sorte de pétrification morale qui doive faire désespérer de son avenir; et l'on peut même dire, qu'eu égard aux circonstances exceptionnelles et fatales qui ont si longtemps comprimé son essor, il y a plutôt lieu de s'étonner qu'il ne soit pas encore mille fois plus arriéré qu'il ne l'est en effet.

Les peuples comme les individus vivent d'emprunts et d'échanges. C'est le commerce des idées, ce sont les mouvements de races, les grandes secousses guerrières qui développent et fortifient le tempérament d'un peuple. Or, quel peuple fut jamais moins favorisé, sous ce rapport, que le peuple espagnol? Sans reprendre ici son histoire depuis le commencement, arrêtons-nous seulement quelques instants à considérer un homme dont deux siècles et demi n'ont pu complètement effacer la funeste empreinte, je veux parler de Philippe II. Sous son règne, il est vrai, l'Espagne a semblé atteindre l'apogée de sa puissance; mais on peut dire aussi qu'il a consommé et détruit, au profit de sa stérile grandeur, tous les éléments de prospérité, tous les germes de développement qui depuis ont si visiblement manqué à l'Espagne. Quand Philippe II monta sur le trône, l'Espagne se trouvait dans une de ces époques climatériques, en quelque sorte, qui décident du sort de plusieurs siècles et qu'on ne manque jamais impunément. Il y avait soixante ans environ que, par la réunion des couronnes de Castille et d'Aragon, l'Espagne se trouvait ramenée à l'unité; le premier résultat de ce grand évènement avait été la soumission définitive des Maures de Grenade; Charles-Quint avait comprimé la révolte des Communes, l'Espagne se trouvait donc forte et unie, toute prête pour les grandes entreprises, capable de jouer son rôle et un rôle prépondérant dans les affaires de l'Europe qu'agitait alors le puissant esprit de la réforme. Malheureusement cette puissance, cette unité de pouvoir tomba aux mains du génie le plus absolu, le plus égoïste, le plus stérile, le plus opposé au mouvement dont l'histoire peut-être fasse mention ; et l'Espagne, riche, forte, l'Espagne qui venait de soumettre ses vieux ennemis, qui achevait de conquérir l'Amérique, devint, entre les mains de Philippe, un instrument de lutte contre l'esprit moderne, contre les idées de liberté, d'examen, d'affranchissement qui faisaient explosion de toute part, et, dans cette lutte insensée, elle eut le malheur d'être victorieuse. La vie de Philippe II, considérée de ce point de vue, offre une unité vraiment singulière et dont on trouverait difficilement un autre exemple : à l'intérieur, établissement du despotisme politique et de l'inquisition religieuse; à l'extérieur, lutte contre le principe libéral et protestant partout où il essaie de se montrer.

L'administration de Philippe en Espagne, pendant les dernières années de Charles-Quint, l'avait fait aimer; il n'était pas étranger, Flamand comme son père; il était Espagnol de naissance, de langage et d'humeur, et son administration avait été signalée par quelques mesures utiles. Mais une fois monté sur le trône, on le vit déployer un de ces caractères entiers et tout d'une pièce, qui ne manquent jamais d'exciter l'admiration, quand ils ne sont pas, comme le sien, employés au malheur et au retardement de l'espèce humaine. Ainsi l'on vit Philippe, guidé par un esprit de superstition barbare, poursuivre les malheureux débris de l'empire de Grenade, persécuter les Mauresques, leur imposer mille vexations, mille avanies, jusqu'à les contraindre de changer de vêtements et de langage, et finir par exterminer la meilleure partie de cette race industrieuse. L'inquisition, jusque-là restreinte dans ses attributions, prit sous son règne un accroissement formidable. Les idées de la réforme qui avaient commencé à germer en Espagne en furent extirpées par le fer et par le feu; et quant à ceux qui font à Philippe un mérite d'avoir ainsi préservé l'Espagne des guerres de religion, nous leur ferons seulement remarquer que la France, l'Angleterre et l'Allemagne, si profondément travaillées par les guerres de religion, sont aujourd'hui à la tête de la civilisation, et que l'Espagne et les États pontificaux, préservés par l'inquisition, sont les deux pays les plus arriérés de l'Europe. Enfin, pour compléter son œuvre au dedans, Philippe, pour dérober au public la connaissance d'une double infamie, confisque au profit de la couronne les priviléges des Aragonais, priviléges exorbitants, il est vrai, mais qu'on est fâché de voir succomber au profit d'un pareil système.

Il n'est pas moins remarquable de le suivre dans sa politique extérieure et de voir avec quelle invariable logique Philippe se constitue partout l'adversaire implacable des intérêts et des idées nouvelles, et comment son ambition elle-même plie et cède parfois devant l'intérêt de ses préjugés. Champion déclaré de l'orthodoxie, lorsque le pape Paul IV, désireux de procurer des établissements à ses neveux, excite la France contre lui, c'est à peine si l'orgueilleux monarque peut se résoudre à se défendre, tant il sent la solidarité qui lie ses intérêts à ceux de la vieille couronne de Saint-Pierre. Quand enfin il est forcé de prendre les armes, il ne croit jamais mettre assez de ménagements; ses généraux ont ordre d'user d'égards infinis envers le Père des Fidèles, et dès qu'il peut poser les armes, il s'empresse de rentrer en grâce ; mais, en revanche, que de cruautés contre les protestants des Pays-Bas ! Il aime mieux s'aliéner ces belles provinces et les détacher de son empire que de transiger avec l'hérésie. Suivons-le dans toutes ses guerres, il ne s'en prend qu'aux infidèles et aux hérétiques. Ce sont les Mauresques de Grenade, les États barbaresques, les Turcs de Lépante, les Pays-Bas hérétiques, l'Angleterre hérétique, la France menacée de voir l'hérésie monter sur le trône dans la personne de son légitime souverain. Sauf la conquête du Portugal, inspirée par la pure ambition, ne dirait-on pas un inquisiteur sur le trône ? Au moment où l'Europe subissait tout entière une crise régénératrice, Philippe se fit, contre l'esprit moderne, le champion de tous les vieux pouvoirs, le champion de l'autorité antique contre la liberté nouvelle, de l'ignorance contre l'esprit d'examen. Ce fut dans cette lutte qu'il employa et dissipa les immenses richesses de l'Espagne. L'Espagne eut le malheur de vaincre, et ne s'est pas encore relevée de sa victoire.

L'Espagne, qui, par l'isolement de sa position et la singularité de son développement au moyen-âge, avait plus besoin que tout autre peuple d'être fécondée, remuée, renouvelée par l'esprit moderne ; qui, plus que toute autre nation, avait besoin d'entrer en rapport avec l'Europe, avec ses lumières, avec sa civilisation ; l'Espagne, depuis Philippe II, est restée fermée et impénétrable au mouvement commun des esprits. L'esprit monacal et despotique s'y est longtemps conservé dans l'ignorance, sans puiser de force au dehors, il est vrai, mais aussi sans permettre que l'intelligence nationale empruntât au dehors des armes contre lui.

Jusqu'à la fin de la dynastie autrichienne, la tradition de Philippe II s'est conservée aussi fidèlement qu'on pouvait l'attendre d'un Philippe III, d'un Philippe IV, qui n'avaient rien de l'énergie de leur aïeul, et d'un Charles II, espèce de crétin couronné qui passa sa vie dans les oraisons, assiégé par la crainte de l'enfer. Sous ces faibles princes, les arts, profitant du calme qui succédait aux tempêtes du règne de Philippe II, jetèrent un vif éclat ; mais l'Espagne, dès lors, décline et disparaît presque entièrement de la scène européenne.

Certes, il serait difficile de faire honneur de grands talents à la dynastie française d'Espagne. Philippe V, qui passait sa vie entre son confesseur et sa femme, ne peut être donné pour un grand rénovateur. Charles III lui-même, le meilleur souverain et le plus intelligent, sans aucun doute, qu'ait eu l'Espagne moderne, était loin d'être un génie : c'était seulement un roi sage, honnête, ami du bien, et qui, sans vouloir se lancer dans les grandes entreprises, se montrait généralement favorable aux améliorations partielles. Nous ne donnerons pas non plus Charles IV ni Ferdinand comme de grands civilisateurs, et pourtant, sous la dynastie française, a commencé pour l'Espagne une ère distincte et meilleure : beaucoup de monuments utiles, on pourrait dire tous les monuments utiles datent du règne de Charles III ; la population a augmenté ; quelques lumières se sont développées ; l'Espagne, enfin, sans pouvoir se relever de sa longue déchéance, a marché quelque peu, et cela seulement par sa force propre, par son instinct naturel ; le jour où elle s'est senti la gorge un peu moins étroitement serrée, elle a hasardé de se mouvoir, et l'essai, quoique inachevé, ne lui a point mal profité. C'est qu'aussi c'est seulement à partir de l'arrivée des Bourbons en Espagne que l'esprit français a commencé à filtrer goutte à goutte à travers les Pyrénées. Philippe V avait amené de France Orry, surintendant des finances, qui rétablit quelque ordre dans l'administration. Les rapports, suivis des cours de France et d'Espagne, amenèrent peu à peu quelques résultats incomplets et chétifs, sans doute, mais qui cependant forment toute la tradition progressive de ce pays. L'espèce d'école française que formaient en Espagne le comte d'Aranda, Olavide, Campomanès, Florida Blanca, Jovellanos, ne dut porter que d'assez maigres fruits, parce que tout se passait dans le cercle de quelques esprits éminents, sans doute, mais dont l'action devait se trouver bien restreinte dans un pays où la presse n'existait pas et où toute manifestation de principes un peu explicite amenait presque inévitablement le philosophe devant l'inquisition pour être revêtu du *san-benito*, entendre lire sa condamnation et aller de là expier, dans les prisons du Saint-Office, ses indiscrètes espérances, ainsi qu'il advint à Olavide, par exemple, que sa belle et utile fondation des colonies de la Sierra-Morena ne put défendre de la proscription. Le peuple, la masse, ne soupçonnait pas même les questions qui pouvaient s'agiter dans son intérêt; rien ne faisait écho aux novateurs ; et cependant, je le répète, c'est à cette introduction clandestine de l'esprit français que l'Espagne doit de n'être pas restée absolument ce qu'elle était sous le règne de Philippe III.

Presque entièrement environnée par la mer, ayant des ports magnifiques sur l'Océan et sur la Méditerranée, l'Espagne n'a en face d'elle que la côte d'Afrique, où la civilisation ne fait que de mettre le pied ; aussi semble-t-il qu'elle ne puisse attendre son avancement sérieux et rapide que de ses rapports avec la France, son seul voisin d'Europe, le seul auquel elle ait pu jusqu'à ce jour emprunter et de toutes les nations du continent la plus capable, par sa proximité, par la fraternité de sa langue et par le besoin d'expansion continuelle qu'elle éprouve, de l'aider à se dégager des entraves qu'a multipliées sur sa route le génie systématiquement et énergiquement rétrograde de Philippe II, génie qui a inspiré ses successeurs, sans qu'une réaction également franche et décidée ait encore ouvert à l'Espagne une route meilleure. Il faut dire aussi que, sur ce point, les esprits, en Espagne, n'ont point pris le change; la France est, pour tous les hommes éclairés, un objet d'études continuelles. Les émigrations occasionnées par les agitations intérieures du pays ont poussé vers la France un bon nombre d'intelligences distinguées, et si, pour le moment, la préoccupation des idées françaises exerce quelquefois une influence nuisible, si l'on ne distingue pas toujours, autant qu'il serait à souhaiter, les modifications que la différence des deux pays doit introduire dans l'application des mesures empruntées à la France, toujours peut-on dire que la voie est bonne, largement ouverte, et que le temps et la discussion feront justice des engouements irréfléchis. Une remarque encore doit contribuer à bien faire espérer de l'avenir de la nation espagnole : c'est la rare intelligence de ses populations. On est surpris, quand on a affaire aux gens du peuple les plus dénués de culture, du bon sens, de l'esprit et de la facilité avec laquelle ils s'expriment. Sous ce rapport, ils sont bien supérieurs à nos paysans ; ils n'ont rien de leur lourdeur et de leur embarras ; leur cercle n'est pas large, la sphère de leurs idées n'est pas étendue ; mais ce qu'ils comprennent, ils le comprennent bien, et l'on peut croire que si l'éducation, si l'habitude de préoccupations plus générales avaient développé leur intelligence, ils porteraient dans des notions plus élevées cette rectitude et cette netteté qui semblent innées chez eux, mais qui, aujourd'hui, ne s'exercent guère en dehors de leurs intérêts immédiats.

Au milieu de la lutte interminable qui déchire l'Espagne et de l'incertitude qui enveloppe les évènements prochains, on a besoin de regarder en arrière, ne fût-ce que pour décharger le présent des fautes et des malheurs que le passé lui a légués, et aussi pour bien espérer d'un peuple qui, en dépit de toutes les causes de corruption et d'abrutissement accumulées contre lui depuis près de trois siècles, a su conserver de belles et précieuses facultés naturelles.

LETTRE

V

Madrid, 26 octobre 1836.

L'ouverture des cortès dont les travaux ont, comme vous le savez, commencé cette semaine, n'a point fait ici grande sensation; on prévoyait à peu près les fâcheuses nécessités mentionnées dans le discours du trône. On savait que le gouvernement se trouve dans les plus graves embarras financiers. S'il est dans l'impossibilité de payer la dette extérieure, il n'est pas, vis à vis de ses engagements intérieurs, dans une situation beaucoup plus heureuse. Les débiteurs nationaux n'ont pas été payés plus que les étrangers ; seulement on a estampillé leurs titres et on les a renvoyés au mois d'avril prochain ; mais il est au moins douteux que l'estampille soit considérée par les porteurs comme argent comptant. Les pensions de l'État ne sont pas payées non plus ; bref, le gouvernement en est aux expédients ; on a fait saisir une partie des trésors appartenant aux églises, et on a inventorié le reste ; mais ce n'est là qu'une ressource bien précaire et bien insuffisante. Quant aux opérations militaires, elles n'amènent non plus aucun résultat ; Rodil, Alaïx, Espinosa et Quiroga, dont les divisions réunies forment environ 48,000 hommes, ne peuvent venir à bout d'atteindre Gomez. Nous recevons ici, environ tous les deux ou trois jours, un message de Rodil qu'on publie dans un supplément extraordinaire de la *Gazette de Madrid*, et dans lequel le général en chef, ministre de la guerre, annonce chaque fois, non pas ses victoires, mais les combinaisons qui doivent infailliblement amener la ruine entière des factieux, lesquels ont eu, jusqu'à ce jour, l'extrême impudence d'échapper à la pressante logique du général. Jamais, certes, assemblée nationale ne se réunit au milieu de conjonctures plus graves, et ne dut éveiller plus puissamment les espérances, les vœux et la sollicitude publics, et cependant l'ouverture des cortès n'a point fait ici l'impression qu'on était en droit d'attendre. Est-ce conscience de leur impuissance, est-ce injustice? C'est ce qu'on verra plus tard.

La seule manifestation significative qui soit encore sortie de l'assemblée, c'est une proposition signée par la majorité des membres présents, tendant à ce que la régence soit conservée à la Reine Marie-Christine, et le pouvoir concentré dans ses mains sans partage. En d'autres circonstances, cette modération aurait pu sembler généreuse; mais laisser à la Reine tout le fardeau et toute la responsabilité du pouvoir au milieu d'une situation presque inextricable, quand on n'a pas craint, en d'autres temps, de lui forcer la main, c'est une démarche qui semble indiquer que le parti du mouvement a peu de confiance dans ses forces, et cela donne assez bien la mesure de cette démocratie bruyante, qui ne devient prudente et discrète qu'à l'heure du danger.

On a nommé aussi une commission chargée d'aviser, de concert avec le gouvernement, aux moyens de terminer la guerre, et l'on peut espérer que, libre désormais de toute distraction fâcheuse, l'assemblée va se vouer sans partage à l'achèvement du grand œuvre de la constitution. C'est une chose vraiment admirable que la bonne foi avec laquelle ministres et députés s'occupent de la constitution, et non seulement de la constitution, mais encore de mille améliorations intérieures, toutes plus magnifiques les unes que les autres. Ainsi, l'autre jour, M. Lopez, ministre de l'intérieur, lut à l'assemblée, qui l'écoutait en grand silence, un long mémoire sur son administration et sur les nombreuses mesures d'utilité dont il compte doter le royaume : par exemple, il se propose de mettre en exploitation les mines de plomb qui sont ou qui pourraient devenir une des richesses de l'Espagne; il est question aussi de creuser des canaux, d'établir des ponts et une ligne de chemins de fer (je parle très sérieusement). On a l'espoir que, dans l'espace de moins de trente-cinq ans, ces glorieux travaux seront achevés, et alors on n'aura plus sans doute à s'occuper que du soin de payer sa dette et de terminer la guerre civile; ce qui est une bagatelle. On se reprocherait, en vérité, de parler légèrement d'un gouvernement placé dans des conjonctures aussi pénibles; mais un pareil aveuglement, une telle naïveté ne sont justiciables que du ridicule.

Un autre fait non moins extraordinaire, porté à la connaissance du public par un rapport lu aux cortès par le ministre de la guerre, c'est qu'il y a aujourd'hui, en Espagne, deux cent quarante mille hommes sous les armes[1]. Où sont-ils et que font-ils? Les Espagnols sont de bons soldats, braves, sobres et grands marcheurs; comment donc de semblables forces sont-elles commandées, que rien ne se fait, que depuis le commencement de la guerre il n'y a pas eu, à proprement parler, une seule bataille, mais seulement des rencontres et des escarmouches de parti où l'on se tue des deux parts quatre à cinq cents hommes sans résultat; pour recommencer quinze jours après?

[1] Toujours sur le papier.

Puisque j'en suis aujourd'hui à faire la litanie de toutes les misères du gouvernement et du peuple espagnol, il faut aussi que je vous dise un mot d'un travers qui, à force d'être général et exagéré, produit plus de mal qu'un fléau ; je veux parler de l'emphase habituelle du discours, qui dénature les faits à force de les grossir, qui induit de loin les étrangers dans l'erreur, et qui rend les Espagnols dupes de leurs propres amplifications. Lisez un journal espagnol, celui que vous voudrez, fût-il le plus sincère et le plus honnête des journaux ; lisez une proclamation du gouvernement, un *parte* d'un général racontant une reconnaissance ou une escarmouche, et dites si l'on ne se croit pas transporté dans le pays des géants. Tous ces hommes-là ont dix pieds de haut, ils ne font que des choses extraordinaires, et les expressions les plus fortes de la langue sont insuffisantes pour rendre la prodigieuse énergie de leurs sentiments. Ce n'est pas de l'attachement qu'ils ont pour la Reine régente, c'est de l'*enthousiasme*, et ils ne prononceront pas son nom, n'importe à quelle occasion, sans dire, au lieu de Marie-Christine tout court, l'immortelle

Marie-Christine. On nomme une ville, n'importe laquelle, ne croyez pas qu'on dira tout simplement Madrid ou Valence, il faudra que ce soit l'héroïque ville de Madrid ou l'héroïque ville de Valence; tous les gardes nationaux sont des preux, tous les soldats des héros. Napoléon, après la campagne d'Italie, disait à ses soldats : « Soldats, vous vous êtes bien conduits, mais vous êtes encore loin des Romains, vos maîtres et vos modèles. » Ici, un général, envoyant au ministre de la guerre le récit d'une rencontre, écrivait qu'il avait *pleuré d'admiration* à la vue des exploits de ses intrépides soldats. Il s'agissait de deux cents hommes tués à l'ennemi. Rassemblez maintenant tous ces mots pompeux, ne dirait-on pas que voilà une nation qui sue l'enthousiasme par tous les pores, dont l'ardeur déborde, et qui fait son ordinaire des sentiments les plus chauds, les plus indomptables, les plus énergiques? Puis, interrogez les faits; suivez, si vous en avez la patience, cette histoire toute pleine de velléités stériles, de tentatives et d'essais avortés; contemplez cette apathie, cette indifférence profonde, cette neutralité où chacun se renferme, ce silence et cette solitude qui environnent le gouvernement, cette impéritie des généraux, qui épuisent dans des coups de main l'ardeur et les forces de leurs troupes, sans savoir combiner un plan, ni le suivre, ni utiliser un succès; comparez, dis-je, les mots aux choses, et concluez. Une fois monté à ce ton de dithyrambe perpétuel, le gouvernement, qui fait sonner bien haut le moindre avantage, et qui fait publier des gazettes extraordinaires pour deux factieux pris et huit blessés, ne peut plus redescendre du ciel sur la terre, pour apprendre au peuple espagnol que ses défenseurs ont été battus; on garde donc sur les revers un profond silence; en sorte que voilà un peuple adulé, adoré, prôné, vanté dans ses moindres actions, qu'on remplit perpétuellement de la haute opinion de lui-même, et auquel personne ne parle le langage sévère de la vérité; personne ne lui dit que c'est une honte que l'insurrection soit sortie de la Navarre; que c'est une honte d'avoir laissé entrer et de laisser courir en Andalousie les bandes de Gomez; que c'est une honte que Cordoue se soit laissé prendre; qu'il est honteux qu'à Séville, la seconde ville d'Espagne, les autorités aient pris la fuite devant six mille pillards; qu'il est honteux que ces habitants de Malaga, si fameux et si vaillants pour proclamer la constitution ou même la république, et pour assassiner leur gouverneur et leur commandant militaire, soient venus, comme un troupeau en désordre, se faire battre par Gomez à je ne sais combien de lieues de leur ville, qu'ils ne sauraient peut-être pas défendre au besoin.

Voilà le langage qu'on devrait tenir, voilà ce qu'il faudrait dire aux Espagnols; et, s'ils sont fiers comme on le dit, ils rougiraient peut-être de leur mollesse, de leur apathie, ou tout au moins ils ne se donneraient pas le ridicule de prendre des airs de vainqueurs pour de misérables avantages qu'un orgueil mieux entendu ne prendrait même pas la peine de mentionner. Mais on n'en fait rien, et les discussions publiques, prenant toujours pour point de départ ce monde métaphorique qui n'existe que dans les bulletins et dans les proclamations, effleurent à peine les questions réelles qui, après trois ans de révolution et de guerre civile, ne sont pas encore posées d'une manière précise.

De toutes ces infirmités, de ce défaut de vérité, d'énergie, de volonté, il ne faudrait pourtant pas tirer contre le gouvernement de la Reine des conséquences trop défavorables. C'est à peine si les embarras très réels du Trésor doivent alarmer, car il semble que, par un privilége particulier à ce pays, les faits les plus graves ne tirent point à conséquence. Certes, il n'y a pas, en Europe, un gouvernement qui eût pu, sans succomber, supporter une situation meilleure de moitié que celle du gouvernement espagnol. Sans argent, pouvant à peine payer ses soldats, et ne payant pas du tout ses créanciers, sapé par la guerre civile, miné intérieurement par un esprit révolutionnaire qui n'a tout juste que la force de détruire, ne trouvant d'ailleurs dans les masses qu'une sorte d'adhésion assez tiède, par quel miracle ce gouvernement vit-il, se soutient-il? Si jamais, ce qu'à Dieu ne plaise, la France pouvait arriver à un pareil état de ruine et d'humiliation, il y aurait au dedans d'effroyables désordres. Le malheur public serait la faute de quelqu'un, serait le fait d'un parti, et, dans ce cas, malheur à lui et aux siens! Ici, personne ne bouge, personne ne s'en prend à personne, et, en attendant mieux, l'on va toujours. L'existence presque miraculeuse du gouvernement et le calme parfait des masses au milieu de pareilles circonstances tiennent, je le crois, à deux causes qui méritent d'être signalées avec quelques détails.

Quant au fait de la guerre civile en elle-même, on s'empresse généralement beaucoup trop de désespérer de la cause de la Reine et de conclure de ses embarras au triomphe de don Carlos. On parle beaucoup plus des fautes et des impossibilités qui entravent le gouvernement de Madrid, parce qu'à Madrid il y a des étrangers qui voient et qui observent ; il y a des ambassadeurs qui suivent de l'œil et comptent les fautes ; parce qu'enfin Madrid est un lieu public où chacun peut venir, pour son argent, regarder et censurer. Mais, à n'en juger que par les résultats, il me semble que, si l'on pouvait étudier d'aussi près et aussi commodément la petite cour du prétendant, on y verrait aussi des obstacles et des impossibilités qui rétabliraient pour le moins l'équilibre. Les armées de la Reine ne font rien ; mais que font celles de don Carlos ? Si l'on en excepte Gomez, auquel je vais arriver tout à l'heure, que font les autres ? Sont-ils sortis des provinces, ont-ils de beaucoup arrondi les domaines de leur maître, ont-ils rapproché de beaucoup la couronne de son front? Comment se fait-il qu'ils n'aient point profité du trouble amené par le mouvement du 15 août? Si ce sont là de la tactique et de l'habileté, il faut convenir qu'elles procèdent d'une façon singulière. Quant au *général* Gomez, comme disent certains journaux français qui le représentent, installant à la course, dans les villes, l'autorité de son maître, il ne faut pas se méprendre sur le caractère et le résultat de ses excursions. Gomez est un chef de bandes hardi qui, mourant de faim en Navarre, a eu l'heureuse idée de faire contribuer le reste de l'Espagne. Il va pillant les villes et les bourgs, usant à ce métier plus de sandales que de cartouches, et déconcertant, à force de rapidité, les très peu savantes manœuvres essayées contre lui, ne s'établissant d'ailleurs nulle part, ne s'emparant d'aucun point militaire, ne soulevant nulle part les populations pour Charles V, mais enlevant à ses infidèles sujets de bons et nombreux réaux et tous les chevaux qu'il rencontre, et dont il a besoin pour remplacer ceux qu'il crève dans la rapidité de sa course. Sur les 6,000 hommes dont sa bande se compose, il n'y aurait, au dire d'un témoin oculaire, qu'environ 2,000 Navarrais, bons soldats, bien armés et bien équipés. Le reste serait formé de pillards sans discipline, mal équipés, armés les uns de fusils, d'autres de piques, d'autres de sabres, d'autres enfin de bâtons, et tout cela allant pêle-mêle à cheval, à mulet, à âne, à pied. Vous comprenez, j'espère, que le *général* Gomez a mieux à faire qu'à s'arrêter en route pour former des organisations politiques, et que, quand il se sent de bons soldats aux trousses, il n'a rien de plus pressé que de déguerpir avec son butin, qui est immense.

Une observation qui ne vous échappera pas non plus, c'est que, fût-il en mesure de tenter un coup décisif, Gomez s'en gardera bien. Le métier qu'il fait aujourd'hui vaut cent fois mieux pour lui et pour les siens que tous les emplois que pourrait lui conférer Charles V restauré. Outre le profit, qui est énorme, il y a le charme de la guerre des partisans, si chère aux Espagnols, sans parler du bruit que fait son nom; car, aujourd'hui, tout le parti de don Carlos s'efface et s'éclipse devant le nom de Gomez. C'est là, je le sais, expliquer la prolongation de la guerre par des moyens peu épiques; mais je n'ai pas promis d'écrire un roman de chevalerie.

Si don Carlos ne passe point l'Èbre, s'il n'essaie pas de chasser de Madrid un gouvernement qui chancelle, s'il reste dans ses provinces, malgré tous les avantages que lui font les fautes de ses adversaires, nous pouvons nous en rapporter à lui et croire qu'il a, pour agir ainsi, d'excellentes raisons. Et quant à Gomez, si les généraux de la Reine ne peuvent empêcher ses promenades à travers l'Espagne, on peut croire, d'après les renseignements que je viens de vous donner, qu'il n'est pas, après tout, si dangereux qu'il en a l'air.

Quant au calme dont jouit Madrid, quant à cette soumission singulière de la population à un gouvernement faible, nouveau (grand crime en ce pays), qui demande toujours de l'argent et des hommes sans pouvoir terminer la guerre, et qui contracte de nouveaux emprunts sans payer l'intérêt des anciens, cela ne peut guère s'expliquer que par un caractère de subordination vis à vis du pouvoir de fait, qui est un des traits distinctifs du peuple espagnol. Tant que le gouvernement existera, et quelles que soient la forme et la nature de ce gouvernement, on lui obéira, d'abord parce qu'il est gouvernement, et ensuite parce qu'il est le seul boulevart qui rassure contre les réactions qu'amenerait le retour de don Carlos. Il y a, dans toute l'Espagne, un nombre considérable d'hommes compromis; et si le prétendant revenait, en dépit de toutes les amnisties, il faudrait s'expatrier. Dans un pays où l'on ne pardonne pas, et où *toute loi écrite est nulle par le fait,* personne n'attendrait l'effet des promesses de clémence; en sorte que la guerre, qui devrait ruiner le gouvernement, est, au contraire, une des causes qui le font vivre. C'est là une de ces choses qu'on oserait à peine dire partout ailleurs que dans ce pays, qui, sous plus d'un rapport, semble un paradoxe organisé. Enfin, il faut trouver la cause principale de cette tranquillité dans un autre trait de caractère propre encore au peuple espagnol, et qui établit, à mon sens, la démarcation la plus nette entre la race de ce pays et celle qui habite la France ou l'Angleterre, par exemple.

L'Espagne, on l'a souvent répété, est le pays

de l'égalité. Cela est vrai ; mais l'égalité n'y est point entendue comme nous l'entendons en France. Nous autres Français aussi nous aimons passionnément l'égalité ; mais l'égalité, pour nous, n'est pas un mot abstrait ; nous croyons que cela veut dire la faculté d'arriver aux honneurs, à la puissance, à la richesse. Il y a, chez nous, un insatiable besoin de s'élever. Depuis que des soldats sont devenus maréchaux de France et des hommes de lettres ministres, tout soldat peut s'imaginer qu'il gravite vers le bâton de maréchal, et tout écrivain vers le ministère. Il résulte de cette idée un effort permanent et universel par lequel chacun tend à monter, à s'élever, à sortir de son rang, à améliorer sa position. De là aussi une impulsion intellectuelle immense qui est, pour la France, une garantie certaine de force et de prospérité, mais qui, lorsqu'elle ne s'emploie pas dans de grandes entreprises nationales, devient volontiers menaçante pour le pouvoir, qui, comme sommet de la société, se trouve le point de mire de toutes les ambitions. La société française forme, de la sorte, une espèce de pyramide dont chacun s'efforce, même ceux partis du plus bas, d'escalader tous les degrés. Ce sont cette force et cette activité mêmes qui font que la France a essentiellement besoin d'être gouvernée et conduite avec fermeté.

En Espagne aussi, le sentiment d'égalité est profond; mais le porteur d'eau, le mendiant même a une telle foi dans son égalité avec tout le monde, qu'il ne se croit pas obligé de se témoigner à lui-même par des actes cette égalité qu'il a reçue en naissant. Le mendiant aveugle qui veut allumer son cigare dira au grand d'Espagne, comme je l'ai entendu, il y a quelques jours, à l'Escurial : *Tiene usted lumbre, marques* (avez-vous du feu, marquis)? et le marquis lui passera son cigare sans s'étonner; mais le mendiant ne cessera point de rester mendiant; son fils ne songera point à devenir marquis ou propriétaire. En un mot, personne ici, sauf dans les rangs de la bourgeoisie francisée, ne cherche à s'élever au dessus de son rang. C'est pour cela, sans doute, que l'industrie, que les sciences, que les arts, que tout ce qui sert de marchepied à l'ambition des hommes reste stationnaire; et c'est aussi par la même raison, sans doute, que ce peuple, qui ne demande rien que du pain et du repos, est si facile à gouverner; c'est pour cela enfin que l'Espagne est un si mauvais terrain pour les révolutions, et que des évènements, dont le demi-quart mettrait la France en feu, ne peuvent l'arracher à sa somnolence habituelle. Si donc, en dépit de sa situation critique, le gouvernement se maintient, c'est que personne, hormis une poignée d'hommes sans racine dans le pays, n'a intérêt à le renverser. Ce serait encore ici le lieu de vous parler de l'action exercée sur l'esprit espagnol par ses vieilles institutions municipales ; mais il est trop tard aujourd'hui, ce sera pour un autre jour.

LETTRE

VI

Madrid, 12 novembre 1836.

Les discussions des cortès ont présenté, cette semaine, un intérêt assez vif. La commission spéciale de la guerre avait, comme vous le savez, proposé, d'accord avec le gouvernement, la formation de tribunaux exceptionnels destinés à prononcer sur tous les cas de conspiration politique et à abréger, pour ce genre de délits, les lenteurs de la juridiction ordinaire. Le ministère, s'exprimant par l'organe de M. Lopez, avait dit qu'il fallait frapper de terreur les ennemis du gouvernement. Et, en effet, plusieurs des dispositions proposées étaient bien de nature à atteindre ce but; il ne s'agissait de rien moins que de punir de mort les conspirateurs, et le soin de les juger devait être confié, suivant les uns, aux commissions militaires, suivant d'autres, à des juges nommés dans chaque province par les juntes d'armement et de défense. Après une discussion chaleureuse qui a été signalée par plusieurs discours éloquents, le gouvernement, qui avait senti sans doute combien il s'était avancé, proposa, par l'organe de M. Landero, ministre de grâce et de justice, plusieurs restrictions atténuantes, qui lui valurent une verte semonce de M. Olozaga, chef de la commission; enfin le projet vient d'être repoussé, au moins dans ses dispositions les plus extrêmes, par une forte majorité. Ce vote est important et de bon augure, en ce qu'il annonce, de la part de l'assemblée, un esprit de modération et de sagesse qui est une garantie contre les extravagances révolutionnaires imitées de 93, qui ont, à ce qu'il paraît, un attrait tout particulier pour quelques têtes ardentes de ce pays.

Bien que ce projet puisse être, dès aujourd'hui, considéré comme manqué, vous me permettrez, monsieur, de m'y arrêter un instant; nous trouverons, dans l'esprit qui l'a dicté, quelques indications qui nous aideront peut-être à débrouiller un peu l'espèce de *quiproquo* dont ce pays me paraît être la victime.

Depuis que les cortès se sont réunis, on a déjà fait beaucoup de choses; on a nommé une commission spéciale de la guerre, des juntes d'armement et de défense; on a présenté nombre de projets de loi; on a demandé et donné des explications sur la conduite de la guerre, sur les actes et les projets des généraux qui sont à la tête de l'armée. Croyez-vous que tous ces travaux aient avancé de beaucoup la solution de la crise? Enfin, on vient tout récemment de proposer l'établissement de tribunaux révolutionnaires, et, à cette occasion, on a cité la France et la révolution française, Robespierre et Danton. On a argué de la nécessité de moyens extraordinaires pour des circonstances extraordinaires, et l'on a exprimé à ce sujet des vérités générales incontestables qui, pourtant, n'ont pas touché l'assemblée; le projet a été rejeté, beaucoup moins parce qu'il répugnait à l'assemblée d'abandonner la vie des citoyens à l'arbitraire d'une juridiction exceptionnelle, que parce que le bon sens de la majorité a compris instinctivement que la question n'était pas là, et que la mesure, dangereuse pour une foule de cas particuliers, avait, par dessus tout, l'irréparable tort d'être complètement inutile et inefficace.

Quand on réfléchit à l'état réel de l'Espagne, à la situation militaire des partis belligérants et au fonds même du caractère espagnol, on est saisi d'un étonnement dont on ne sort qu'en rapprochant ce fait de tant d'autres du même genre, qui montrent, jusqu'à la dernière évidence, que les partis, en Espagne, ne se comprennent plus eux-mêmes, ne comprennent plus leur pays, et qu'ils travaillent dans le vide, à côté de la question.

Je crois vous avoir déjà dit, monsieur, que les hommes qui mènent aujourd'hui l'Espagne la traitent par la méthode anglaise et française, et non par la méthode espagnole. La France et l'Angleterre, qui croient reconnaître quelque chose d'elles-mêmes dans cette imparfaite imitation, prennent la chose au pied de la lettre, et, de cette erreur admise et partagée qui, du dedans, se répand au dehors, où elle s'accrédite et se fortifie, il résulte qu'on tourne en cercle dans un labyrinthe de déceptions sans fin. Je suis fâché de reprendre sans cesse les choses au déluge; mais il faut bien attaquer l'erreur à sa source : si on la laisse grossir, elle vous entraîne. Qu'est-ce donc que l'Espagne? Quel est le sens de cette imperturbable inertie dans laquelle elle s'enveloppe? Que veut-elle, et quel rapport y a-t-il entre ses besoins et les efforts qu'on tente pour les satisfaire? Voilà trois ans que la guerre croît et grossit sans avancer, que les constitutions se succèdent sans rien améliorer; quel est donc le mot de cette énigme qui, tous les jours et le lendemain de l'évènement qui devait tout expliquer et terminer, se représente toujours la même?

Toutes les nations n'ont pas au même degré le don des facultés abstraites et philosophiques. En Angleterre, en France, chez les nations européennes en général, la politique est une science; chez d'autres, en Orient, par exemple, elle est un fait. Nous avons refait nos codes je ne sais combien de fois, et tous les jours deux Chambres, assemblées presqu'en permanence, y ajoutent de nouvelles lois. Depuis Mahomet, le Coran, librement interprété par les cadis, suffit aux besoins judiciaires des Arabes. Chez ces peuples, la décision du juge est toujours arbitrale et arbitraire, le juge et la loi se confondent. Or, il est bon de se souvenir qu'il y a du sang arabe dans les veines espagnoles. Le peuple espagnol, on l'a dit souvent, est un peuple d'un bon sens très positif, positif jusqu'au matérialisme. Il est matérialiste dans ses passions, dans ses croyances, dans ses institutions. Pour lui, la religion sans moines, sans processions et sans cérémonies, la religion n'existe pas; il lui faut des reliques, des miracles; il lui faut des religieux au costume pittoresque; il lui faut des couvents où il puisse trouver, non seulement des prières, mais du pain et de la soupe. Dans ses passions privées, l'Espagnol est le même; il ne comprendrait pas Werther ni les sentimentalités allemandes; il est violent, jaloux, c'est la possession qu'il convoite, et sa passion a quelque chose de vorace et d'entier qui lui est propre. Vous parlerai-je de ses habitudes politiques? Je pourrais vous accabler d'exemples qui, tous, prouveraient combien le fait, l'homme, la personne prévaut dans ce pays, et combien le droit écrit, la convention, la loi, l'abstraction est peu de chose; j'en choisirai seulement quelques uns pris dans plusieurs ordres de faits différents et empruntés tant au passé qu'au présent, tant à ce que j'ai vu qu'à ce que j'ai lu.

On peut dire, au pied de la lettre, que, dans ce pays, il n'y a pas de droit, de loi; c'est la volonté privée, le caprice des personnes qui décide tout. Ce n'est pas que l'Espagne n'ait sa législation comme un autre pays; seulement on ne s'en sert pas, et une fois écrite, couchée sur le papier, il semble que le rôle de la loi soit fini. Ainsi, par exemple, vous avez un procès; ne croyez pas qu'il s'agisse de prouver que la loi est en votre faveur, il s'agit seulement de mettre l'*escribano* dans vos intérêts, il dressera son rapport en conséquence; le juge signera sans lire, comme d'habitude, et vous aurez gagné votre cause.

Il y a des prohibitions aux frontières sur certaines marchandises; vous vous arrangez avec le douanier, et la prohibition est levée!

Sous Ferdinand, un décret prohiba l'entrée des journaux français : les ministres eux-mêmes ne les recevaient pas. Une personne fort connue ici les recevait; on venait publiquement les lire chez elle, et, ce qu'il y a de plus curieux, c'est que les ministres les lui empruntaient à l'occasion.

Il y a quelques jours, on dressa une liste de personnes que le gouvernement voulait faire sortir de Madrid, la plupart sans motif; plusieurs noms furent biffés, pourquoi? parce qu'on avait reconnu l'innocence des personnes? non pas; mais parce que des amis du chef politique lui avaient assuré que ces personnes étaient tout à fait inoffensives. Proscrites sans motif, elles furent amnistiées sans motif.

Voulez-vous que nous passions du petit au grand.

Pendant la guerre de l'indépendance, une assemblée réunie à Cadix élabore et décrète une constitution. Consacrée par des souvenirs héroïques, il semble que ce va être un monument impérissable. Ferdinand rentre, jure la constitution, et la première chose qu'il fait, c'est de la mettre en poche, d'envoyer aux galères ceux qui l'ont promulguée; puis il se promène seul, sans cortége, par les rues des villes, où il fait sur ses pas fusiller les libéraux, et personne ne souffle mot.

Voulez-vous que nous remontions plus haut? Les anciennes constitutions de l'Espagne, en a-t-il coûté bien cher à Charles V pour les abolir? non; ce fut l'affaire d'une courte campagne. Et quel fut son plus grand ennemi, la plus grande difficulté qu'il eut à surmonter? ce fut Padilla. C'était un chef énergique, c'était un homme. Lui vivant, les priviléges des communes étaient une puissance; lui mort, ce ne fut plus rien.

Préférez-vous des exemples plus rapprochés? voyez Quesada. Tout le monde vous dira, et il ne manque pas aujourd'hui à Paris d'Espagnols pour le certifier que, si Quesada, s'était trouvé à la Granja le 13 août, la révolution n'aurait pas eu lieu. Son autorité ici à Madrid était quelque chose de prodigieux. Dans les premiers jours du mois d'août, la garde nationale presque entière se rassemble un soir dans le but de proclamer la constitution ; mais personne ne se souciait d'attacher le grelot. Pendant ces hésitations, Quesada envoie au chef du poste de garde nationale mutinée l'ordre de remettre son poste à la troupe de ligne, et l'autre obéit. A minuit, un poste de gardes nationaux était encore sur pied ; il va les trouver, et leur dit en propres termes : « Que faites-vous ici ? Allez vous coucher, ou demain je vous fais tous décimer ; » et ils s'en vont, parce qu'il était craint. Le dimanche 14 août, il maintint Madrid avec moins de cent cinquante hommes, et faisait des patrouilles, seul, à la tête de quatre cuirassiers, haussant les épaules, sans riposter aux coups de fusil qu'on lui tirait, et personne n'osait lui faire front, parce qu'il était craint.

Ce n'est pas à dire pour cela que les Espagnols soient un peuple sans élan et toujours et partout apathique : non certes ; mais il faut savoir les intéresser par des actes et non par des paroles. Ainsi Philippe V, qui n'était pas un grand homme, tant s'en faut, mais qui avait du courage personnel, comment conserva-t-il sa couronne ? L'archiduc était à Madrid, ses troupes étaient battues, Louis XIV, qui avait l'Europe sur les bras, conseillait à son petit-fils d'abdiquer; mais Philippe, qui avait du courage et qui tenait à sa couronne, s'adressa aux Espagnols, fit appel à leur fidélité et jura de mourir plutôt que de consentir à les quitter. Cet acte énergique enthousiasma le peuple et contribua, autant que les talents de Berwick, à conserver à Philippe sa couronne.

Lorsqu'en 1808 Napoléon entreprit sa funeste campagne, son nom était adoré dans le pays, le peuple espagnol était ébloui de son génie; et si, au lieu de le tromper odieusement, de le blesser dans son orgueil national, Napoléon eût entrepris à ciel découvert la conquête de l'Espagne, tout le monde s'accorde à dire que sa marche n'aurait été qu'un long triomphe. Cet exemple est d'autant plus précieux que, s'il montre ce qui enthousiasme le peuple espagnol, il fait voir aussi ce qui l'irrite et ce qui l'indigne. Trompé dans sa confiance et dans sa loyauté, il devint implacable.

Voulez-vous que nous suivions pas à pas la guerre de l'indépendance? Pourquoi et comment, je vous le demande, la junte centrale fut-

elle frappée de nullité dans ses tentatives de combiner les efforts de l'insurrection ? parce qu'elle ne produisit ni grands hommes ni grandes idées. Pourquoi, au contraire, les Mina, les Porlier, les Lempecinado jouèrent-ils un rôle si actif et si brillant ? c'est que le talent et l'énergie étaient avec eux : ils ne parlaient pas, ils agissaient. Je pourrais parcourir de la sorte l'histoire d'Espagne tout entière, et partout et toujours vous montrer les Espagnols admirateurs du génie et du courage, implacables contre la trahison, indifférents pour les discours, sensibles seulement aux actes ; mais il est temps de borner ces citations, car il me semble que la chose devient plus claire.

Maintenant, reportons ensemble nos regards sur ce qui s'est passé depuis la mort de Ferdinand ; nous le comprendrons mieux.

Le peuple espagnol était, sans doute, fort arriéré en Europe, il avait besoin qu'une main habile lui ouvrît la route des lumières et des perfectionnements réels. Qu'a-t-on fait dans ce genre ? rien. Quant aux formes politiques, il devait peu s'en soucier, par la raison toute simple que, comme je vous le disais tout à l'heure, le pouvoir, pour les Espagnols pris en masse, est un fait et non un droit. Dans un pays où l'on ne cherche guère à sortir de sa position, on obéit au pouvoir, ou parce qu'on l'aime, ou parce qu'il est le plus fort; quand il est odieux ou faible, on le renverse; mais il n'y a pas ici, comme en France, comme en Angleterre, un balancier politique perpétuellement agité et dont chaque oscillation amène régulièrement au pouvoir des candidats impatients. Qui donc, si ce n'est une imperceptible minorité, aurait pu s'intéresser aux innovations en ce genre? Aussi, voyez : M. Zéa avait promis un despotisme éclairé, on est resté froid; on a cru que le programme n'était pas assez libéral, on a donné le statut royal, on est resté froid. Alors il n'y avait plus qu'une seule planche de salut, qu'un seul moyen de rallumer l'enthousiasme, c'était la constitution; la constitution a été proclamée, on est resté froid. Enfin, je parle de ce qui se passe aujourd'hui : on nomme des commissions pour reviser la constitution, pour faire des plans de campagne, pour créer des tribunaux extraordinaires, et l'on reste froid et indifférent, et Gomez se promène en Andalousie et en Estramadure à la barbe de 30,000 hommes qui ne peuvent l'atteindre, et les ressources s'épuisent, et l'issue de ce grand procès s'éloigne chaque jour de plus en plus.

Quand on arrive dans un pays comme celui-ci, peu ou mal connu, on s'imagine qu'on va découvrir un monde nouveau; on se flatte d'avoir des institutions à étudier, des mœurs politiques à observer, des systèmes à suivre, et, arrivé sur les lieux, on se trouve tout étonné de ne rencontrer rien de semblable. L'Espagne est un pays où, sauf le cas de passion nationale, tout se réduit à la satisfaction des besoins matériels. Vous voulez étudier les institutions? Eh! mon Dieu! c'est chose bien simple : vexations légales tempérées par la vénalité des fonctionnaires, despotisme tempéré et limité par la révolte et l'assassinat, voilà le système réel de ce pays, voilà le système qui vous explique et l'assassinat de Quesada et cette insubordination perpétuelle des provinces dont les capitaines-généraux se font eux-mêmes les coryphées. Il n'y a ici pour le pouvoir qu'un seul droit imprescriptible, c'est d'être le plus fort; ce seul point gagné, tout le reste coulera de source : sans cela, tout est nul et insignifiant. Ainsi, qu'on fasse des lois, qu'on amende, qu'on corrige, qu'on perfectionne, qu'on invente toutes les constitutions imaginables, toute cette savante élaboration législative ne vaudra pas une victoire, un témoignage de force donné par le pouvoir. Tant que des succès militaires décisifs n'auront pas assuré l'existence du gouvernement, les cortès resteront un salon où des hommes pleins de mérite et de bonnes intentions, je l'accorde, causent entre eux et font des vœux pour le bien du pays ; mais ce n'est pas une assemblée politique décrétant les lois et l'organisation d'une grande nation.

Malheureusement, dans l'ordre militaire, les hommes manquent complètement. Presque tous les généraux qui commandent aujourd'hui l'armée sont de ceux qu'on appelle ici *los hijos del sol,* les enfants du soleil; ce sont des officiers qui ont gagné leurs épaulettes en Amérique, dans des guerres de partisans, et qui, quoique braves et déterminés pour la plupart, n'ont ni les habitudes ni le talent nécessaires pour combiner de grandes opérations et pour frapper coups décisifs. C'est ainsi qu'on les juge vènement ne prouve que trop la validit

102 LETTRES

rêt. Un homme, un seul homme, un militaire actif et entendu pourrait tout changer dans ce pays; mais jusqu'ici on ne l'aperçoit pas, et tant qu'un semblable chef n'aura pas fait de son talent une garantie, un bouclier pour les hommes de savoir et de talent, personne ne voudra se mettre en avant ni se compromettre, personne ne s'intéressera à des travaux législatifs toujours provisoires, toujours à la merci d'un combat. Enfin, pour résumer ma pensée, je dirai qu'il manque ici les deux seules choses pour lesquelles le peuple espagnol puisse jamais s'ébranler : ou le prestige du talent, du génie, de l'héroïsme, ou la séduction de l'intérêt positif, de l'amélioration réelle de la condition des masses. A ces deux conditions seulement on pourrait intéresser l'Espagne. Or, elle est ravagée, pillée des deux parts et ruinée par des expédients onéreux, et elle ne trouve, dans les hommes qui veulent la conduire, aucune de ces grandes qualités qui gagnent les cœurs et font prendre les maux en patience. Ainsi l'on pourra faire longtemps encore des lois et des décrets avant que l'Espagne reste calme, on pourra multiplier tant qu'on voudra des essais de constitution; la nation elle-même fera toujours défaut à ces tentatives abstraites, l'Espagnol positif attendra les faits, les actes pour s'émouvoir et se passionner.

En attendant, la nation se ruine, les bandes se grossissent de tous les paysans ruinés, de tous les pensionnaires des couvents que le libéralisme a réformés, et la tâche de la réorganisation de l'Espagne, qui n'exigerait encore maintenant qu'une tête intelligente et qu'une main vigoureuse, réclamera peut-être, dans quelques années, tout l'effort d'un génie de premier ordre : puisse le ciel l'envoyer à l'Espagne !

LETTRE

VII

Madrid, 19 novembre 1836.

Il me semble que l'intérêt réel des misérables agitations qui désolent aujourd'hui l'Espagne est de savoir si la classe moyenne, qui représente ici, comme partout, les intérêts du travail et de l'intelligence, viendra à bout de s'affranchir de la longue infériorité où elle a été maintenue jusqu'ici. Le clergé, primant la royauté et la noblesse, et solidement établi sur la large base des préjugés et de la paresse populaire, a été, jusqu'ici, le maître de l'Espagne. Voilà, autant que j'ai pu m'en rendre compte, la division réelle des intérêts militants. Or, vous voudrez bien remarquer que, dans l'arène officielle, rien de semblable ne figure. Que sont les cortès? une assemblée de bourgeoisie; mais le clergé, mais la noblesse, mais le bas-peuple, mais la royauté antique, où sont tous ces éléments de la vieille société espagnole? Ils sont avec don Carlos, et c'est là, ou je me trompe fort, la cause principale et peut-être unique de l'insignifiance des débats parlementaires de ce pays. On peut faire semblant de s'attaquer, de se demander des explications et de s'en donner; au fond, c'est toujours la bourgeoisie qui a la parole, elle se fait à elle-même les demandes et les réponses, et, comme de juste, il ne jaillit pas de ce monologue de bien vives clartés. Le seul endroit où le dialogue soit engagé, où le drame soit commencé, c'est le champ de bataille; et je ne sais par quelle fatalité la guerre, qui aurait dû être tout, ne tient, depuis trois ans, que la seconde place dans les préoccupations des hommes qui se succèdent au pouvoir. De là l'insignifiance de la pièce et l'ennui des spectateurs.

Le lendemain de la mort de Ferdinand, il est bien clair qu'il ne s'est pas opéré en vingt-quatre heures une espèce de changement à vue, et que l'Espagne, qui s'était endormie, la veille, absolutiste et monacale, ne dut pas se réveiller jeune, libre, affranchie de ses anciennes entraves, et prête à prendre son essor vers les heureuses régions que fécondent la liberté, les lumières et le travail; et pourtant, à voir la manière dont les choses furent menées, on aurait pu le croire. Un énergique déplacement était nécessaire, il fallait s'emparer de toute la force, de toute l'influence, de toute la richesse du clergé, et ne pas oublier surtout qu'il était toujours là, irrité, alarmé, puissant sur les esprits; et que la guerre civile, si faible qu'elle fût à l'origine, devait trouver de nombreux auxiliaires dans les traditions d'obéissance du bas-peuple habitué à suivre la voix de ses curés. Il est beaucoup plus facile, je le sais, de reconnaître après coup ce qu'il aurait fallu faire, que de le deviner avant l'événement. Quoi qu'il en soit, la guerre civile, le grand, le réel, le seul danger de l'Espagne, le seul ennemi redoutable pour la bourgeoisie, n'a excité qu'un intérêt secondaire. Mais en revanche on s'est établi chez soi, on s'est mis à l'aise, on a voulu jouir de toutes les libertés possibles, on s'est donné le statut royal; mais cela n'a pas longtemps suffi, il a fallu une troisième édition de la Constitution de 1812, et à l'heure qu'il est on en prépare une quatrième qui vaudra sans doute beaucoup mieux, et comme on dit dans je ne sais plus trop quel mélodrame du boulevart, on ira ainsi chaque jour de mieux en mieux, jusqu'à ce qu'on meure.

L'Espagne constitutionnelle est très facile à connaître, elle parle, elle écrit, elle fait des lois et grossit sa voix pour annoncer ses succès, de telle manière qu'il faut bien l'entendre malgré soi; mais derrière et au dessous de cette Espagne nouvelle, inexpérimentée et bruyante, il y a la vieille Espagne qui met autant de soin à se cacher et à se taire que l'autre à parler; il y a toute une nation puissante à force d'inertie et de patience, et qui se promet bien de relever la tête quand l'autre aura usé ses forces; il y a une race rompue à l'intrigue et à la dissimulation, qui ne fait pas de lois, mais qui trouve moyen d'empêcher que celles de ses adversaires soient exécutées, parti d'autant plus difficile à connaître et à étudier, qu'il s'efface, qu'il n'existe nulle part, n'agit que dans l'ombre, qu'il n'offre point de prise, qu'il n'a ni livres, ni charte, ni statuts qu'on puisse lire, et que ses moyens d'actions se réduisent à des relations verbales et personnelles qui ne laissent point de trace. Aussi ne vous dirai-je point que je connais ce parti, ni même qu'il soit possible à un étranger de venir à bout de le connaître dans les circonstances où se trouve le pays; seulement le peu que j'en sais m'a fait soupçonner ce que doit être la force du parti du clergé, et combien, appuyé sur ses vieilles traditions, il a d'avantage sur ses adversaires.

Le clergé, disons-le sans détour, est, en Espagne, très populaire et très favorable aux intérêts du peuple. Seulement il faut entendre ici par peuple la dernière classe de la population, et ôter à ce mot la généralité qu'il a chez nous. Il faut encore reconnaître que, dans le sein de cette classe, la popularité du clergé est juste et méritée. Ainsi, les couvents, qui étaient la plupart grands propriétaires, faisaient des aumônes, des distributions de soupe et de pain, et je ne sache pas de moyen de popularité plus efficace auprès de la paresse castillane. Les couvents étaient aussi, en général, comme propriétaires, doux et faciles envers le fermier. Riches, et n'étant point, comme le propriétaire chargé de famille, pressés d'augmenter leur avoir, ils faisaient volontiers remise d'un terme au paysan dans les mauvaises années, ou bien ils lui prêtaient des semailles qu'il rendait après la moisson. On conçoit facilement de la sorte l'influence du clergé régulier. Quant au clergé séculier, plus intimement mêlé encore à la vie des populations, il était et il est encore aujourd'hui le pouvoir le mieux obéi, ou pour mieux dire le seul obéi qu'il y ait en Espagne. Sans être en général éclairé[1], le clergé avait du moins l'avantage d'avoir reçu quelque instruction; et

---

[1] Il faut excepter le haut-clergé, les évêques et les chanoines, qui sont, en général, des hommes fort instruits. On trouve dans les chapitres des cathédrales de Tolède et de Séville des chanoines qui possèdent non seulement des connaissances littéraires remarquables, mais qui sont encore fort entendus en économie politique, en agriculture, etc. Ce sont deux chanoines de Séville, MM. Pereyra et Cepero, qui ont été les premiers promoteurs de l'établissement d'une ligne de bateaux à vapeur sur le Guadalquivir.

l'ignorance universelle le rendait relativement savant et lui attirait la considération qui s'attache au savoir, sans parler de beaucoup d'autres avantages plus temporels et plus appréciables. Ainsi, par exemple, dans un village où l'alcade ne sait pas lire, et il y en a beaucoup dans ce cas, c'est le curé qui sert d'interprète entre le gouvernement et la commune, et si l'ordre reçu déplaît *al señor cura*, l'alcade, par égard et par respect pour lui, se gardera bien de l'exécuter. Le clergé, d'ailleurs, pénètre partout; les prêtres de campagne ne sont point du tout des puritains renfrognés, mais de bons vivants, qui rient avec le paysan et lâchent volontiers le mot leste avec lui. Le prêtre est donc à la fois un guide et presqu'un camarade pour le paysan. Ajoutez l'empire des idées superstitieuses, des cérémonies du culte sur un peuple ami du spectacle, et vous vous expliquerez facilement cette popularité fondée sur des motifs qui ne sont pas tous illégitimes, tant s'en faut.

Malheureusement aussi il faut le dire, le clergé n'a jamais paru chercher à user de son immense ascendant pour élever le bas-peuple, pour étendre ses lumières ou pour dissiper son ignorance;

il n'a cherché ni à lui inspirer le goût du travail, ni à adoucir ses instincts tant soit peu arabes. Ç'a été longtemps entre le clergé et le bas peuple un échange de services réciproques dans un intérêt mutuel de caste ; le clergé faisant au paysan des distributions de vivres et nourrissant sa paresse, à charge par celui-ci de lui obéir, de le défendre et de le protéger. Le résultat le plus clair de cette alliance, c'est que le clergé achetant, à un prix assez modique, la force brutale dont il se réservait la direction, avait fini par devenir une puissance hors de proportion avec toutes les autres, la puissance capitale et prépondérante de l'État.

Une pareille alliance devait être ce qu'il y a de plus opposé aux intérêts de la bourgeoisie, c'est à dire de la classe qui s'élève par son travail et devient puissante par ses lumières. Que pouvaient des individus isolés contre l'organisation hiérarchique du clergé? que pouvait le petit capitaliste contre les immenses revenus des Ordres propriétaires ? rien. Constitué pour l'immobilité, le pouvoir clérical devenait, par sa masse et par son poids, un invincible obstacle au mouvement. Jusqu'à ce jour, la bourgeoisie n'a rien été en Espagne, et si le mouvement n'était parti d'en haut, si la royauté ne s'était mise à sa tête, elle n'aurait jamais pu, par ses propres forces, devenir assez puissante, même pour risquer un essai d'affranchissement aussi maladroit que celui qu'elle tente aujourd'hui.

Il faut d'ailleurs convenir que même, abstraction faite de la guerre civile, la classe moyenne avait, pour substituer son influence à celle du clergé, une tâche difficile à remplir. La puissance des prêtres n'est pas d'hier en Espagne; elle vient de loin et a poussé de profondes racines. La richesse, la hiérarchie, la discipline, la popularité, ce sont là des armes redoutables par tout pays, et maniées ici avec toute la dextérité de l'habitude. Si même nous voulions faire un instant abstraction du côté national et humain de la question, et nous en tenir aux intérêts de classes et de castes, il faut avouer qu'il serait difficile de présenter au paysan espagnol un système d'argumentation satisfaisant. Supposez un homme qui vous dit : « Je suis par dessus tout paresseux, le travail m'est odieux; or, je trouve de bons religieux qui me dispensent ou du tout ou d'une partie de mon travail; ils ne m'imposent en échange aucune privation, aucun effort d'esprit, et grâce à eux je puis tout le jour, s'il me plaît, prendre le soleil et fumer à loisir, magnifiquement drapé dans les loques qui me servent de manteau; et vous voulez que je quitte cette vie oisive et insouciante pour une vie de travail et de soucis, pour que mes enfants restent comme ceux des Anglais, dix-neuf heures par jour courbés sous le fouet du contre-maître, et mourant de faim par dessus le marché? J'aime mieux mes moines que vos contre-maîtres et l'oisiveté que le travail. »

Vous conviendrez que ce n'est pas une petite affaire de faire entendre raison sur ce chapitre à une race têtue, volontaire et ignorante, qui se soucie peu de l'opinion de l'Europe, des intérêts de la patrie, et qui ne connaît rien au delà du clocher de son village.

D'un autre côté, la bourgeoisie, qui lit, qui s'instruit, qui travaille, qui sait tout ce que le travail peut donner de richesse et de pouvoir, la bourgeoisie, qui sait que l'Espagne s'est laissée déchoir de son rang en Europe, qu'elle pourrait reprendre sa place, mais qu'elle ne le peut que par le travail et le libre développement de l'intelligence, peut-elle abdiquer en son nom, au nom de son pays, peut-elle sacrifier son avenir et celui de l'Espagne à la béatitude grossière et animale du bas-peuple, à l'ambition personnelle et improductive du clergé?

Entre ces deux intérêts rivaux, la force seule peut prononcer, et toute transaction de bonne foi est impossible, parce que personne ne consent à se suicider; maintenant, que chacun prenne parti suivant ses sympathies et ses prédilections : l'immobilité ou le mouvement, le travail ou l'oisiveté, l'intelligence ou l'abrutissement.

Voilà, je vous le répète, quels sont ici les termes réels de la question, et si quelque chose pouvait donner bon espoir pour le parti qui à mes yeux représente l'avenir, c'est qu'en dépit de ses énormes et grossières méprises, il n'a point encore succombé sous les coups d'un ennemi fort des sympathies d'une multitude ignorante, fort de l'appui d'un clergé nombreux et bien discipliné, fort surtout de l'incurie, de l'impéritie et des inconcevables distractions auxquelles le parti de la bourgeoisie est en proie depuis si longtemps. Ne faut-il pas, en effet, que le parti rétrograde, appuyé sur tant d'éléments de force et de succès, se soit montré bien caduc et bien impuissant pour n'avoir pas encore triomphé d'un ennemi qui, faible, isolé, sans racines dans la nation, semble avoir entassé les fautes à plaisir? Dans la situation respective des deux partis, il n'y a vraiment qu'une chose importante, la guerre. Le reste n'est rien ou ne sera quelque chose qu'une fois la guerre terminée. Or, depuis trois ans, comment s'est-on occupé de la guerre? comme si on eût été maître de la finir à son gré; et à quoi a-t-on passé le temps? à des essais de régimes et de constitutions politiques, toujours frappés de nullité, ou tout au moins de provisoire, tant que les armes n'auront pas prononcé.

Ce qui se passe ici, dans ce moment, est véritablement curieux. Vous vous rappellerez sans doute que, sous le ministère de M. Isturitz, la constitution et la liberté étaient les grands mots qu'on invoquait chaque jour, et avec lesquels on expliquait tout. Si Cordova restait des mois entiers inactif en face de l'ennemi, c'est qu'il avait des ordres secrets de ne pas agir, et comment, sans la liberté de la presse, démasquer de semblables perfidies! Si la nation était tiède et indifférente, d'où cela provenait-il? de ce qu'on avait arrêté dans son cours le torrent révolutionnaire, de ce que la censure gênait le libre essor du patriotisme. Qu'on eût la liberté de la presse, et tout allait couler de source; la liberté livrée à ses propres forces saurait bien se frayer sa route et se creuser son lit. Si Quesada était si détesté, si haï, si les feuilles les plus modérées ne trouvaient rien de mieux à dire sur l'infame assassinat dont il fut victime, si ce n'est que ce *mandarin*, par son insolence et son arbitraire, avait mérité son sort, d'où cela provenait-il? de ce que Quesada avait maintes fois violé le respect dû à la liberté individuelle. Alors, je le répète, la liberté de la presse, la liberté individuelle, expliquaient tout. Cette conquête une fois obtenue, la révolution n'avait plus rien à craindre de ses ennemis; et aujourd'hui voilà qu'on propose des restrictions à la liberté de la presse et à la liberté individuelle.

Si tout allait mal alors, c'est qu'on n'avait pas la liberté; si tout va mal aujourd'hui, c'est la faute de la liberté. Quand on ne l'avait pas, on l'appelait à grands cris; maintenant qu'on la possède, c'est elle qui fait tout le mal, et on ne saurait trop tôt la limiter. Que veut dire tout cela? que signifie cette étrange contradiction, sinon que la liberté, telle qu'on l'entend ici, n'a rien à voir en réalité dans la cause de la bourgeoisie espagnole? Qu'importe ce que diront ou ne diront pas les journaux de la bourgeoisie? L'ennemi n'est pas là. L'ennemi, c'est don Carlos et l'insurrection de Navarre; l'ennemi, c'est Gomez, ce sont enfin les moines, les prêtres, le bas-peuple caché derrière la bannière de l'insurrection. Voilà où est l'ennemi, voilà où il faudrait porter tout son effort, et ce dont personne ne semble s'occuper. Au lieu de mille lois parfaites que personne ne connaît, que personne n'exécute, faites-en seulement exécuter une ou deux passables, et cela vaudra mieux. Mais non, il faut à toute force une organisation-modèle; on l'élabore à grands frais d'éloquence et de discussions, et l'œuvre une fois accomplie, il n'y aura plus à craindre qu'un seul accident, c'est que ce bel automate ne puisse jamais se mettre en mouvement, c'est que le moteur manque à la machine, et qu'au lieu d'une constitution véritable on n'ait enfanté qu'un monceau de stériles paperasses.

L'Église catholique, qui s'entendait passablement bien en matière d'organisation, avait exprimé jadis une vérité profonde que nous avons tous lue, sans la comprendre peut-être, dans le catéchisme. L'Église disait, en parlant des fidèles: « Nous sommes tous les pierres du temple de Dieu, » entendant par là, dans son langage mystique, qu'il y a dans la foi, dans la sympathie, dans la communauté de principes, une force d'attraction merveilleuse, et une sorte d'unité en vertu de laquelle tous les membres de la même association spirituelle s'appellent, se recherchent, s'unissent, suivant les lois d'une harmonie supérieure, où chacun vient de lui-même prendre la place qui lui est assignée. Les véritables constitutions, en effet, ce sont les constitutions en chair et en os, les constitutions écrites dans le cœur et dans les sympathies des nations; celles-là sont indestructibles, et les autres ne sont rien; et quand on voit une assemblée, comme les cortès espagnoles par exemple, *légiférer* avec toute latitude et toute sécurité, comme si tout était fini, alors que rien n'est décidé, quand on la voit entasser lois sur lois, propositions sur propositions, commissions sur commissions, ordonnances sur ordonnances et décrets sur décrets, à l'usage d'un peuple qui ne sait pas lire, qui ne connaît de loi que l'ordre de son alcade ou de son curé; quand on songe enfin que cette espèce de monomanie législative s'exerce et travaille pour ainsi dire sous le feu de l'ennemi, et qu'une seule bataille peut renverser de fond en comble tout cet échafaudage sans base et sans racines, on peut croire qu'une sorte d'esprit de vertige s'est emparé du gouvernement tout entier, et l'on ne peut s'empêcher de craindre pour l'issue d'une lutte où les intérêts de la civilisation se trouvent si mal et si imprudemment défendus.

LETTRE

VIII

Madrid, 26 novembre 1836.

Vous savez que les cortès, après discussion solennelle, viennent, ces jours derniers, de confirmer la Reine dans les fonctions de régente; c'est une mesure à laquelle il faut applaudir, au moins en faveur de l'intention. Dans les circonstances présentes, tout partage, tout affaiblissement du pouvoir eût été une calamité de plus. Applaudissons à l'intention; car, au point où en sont venues les choses, ce n'est guère qu'une mesure d'une efficacité négative, si l'on peut parler ainsi, et qu'il faut mettre à côté de quelques autres décisions de l'assemblée souveraine, toutes aussi sages que celle-ci et aussi parfaitement impuissantes à retenir l'Espagne sur la pente rapide qui l'entraîne. C'est fort bien de sentir que la royauté est encore le seul point d'appui un peu fort, il est dommage seulement que cette bonne idée soit venue si tard; car, sans se prosterner devant la royauté espagnole, il suffit de la plus simple réflexion pour comprendre tout ce qu'il y a eu de faux dans la marche suivie jusqu'à ce jour à son égard.

L'Espagne, je vous demande pardon de vous répéter toujours la même chose, l'Espagne n'était point un pays qui fût, à la mort de Ferdinand, préparé pour une révolution. La bourgeoisie, imbue plus ou moins des idées françaises, pouvait désirer des changements; mais la masse de la population, loin de désirer rien de semblable, ne soupçonnait pas même sur quoi pouvaient porter ces changements. Le peuple des campagnes, matériellement heureux, doucement gouverné par les moines, ne souffrait pas de son ignorance et souffrait encore moins de l'espèce de déchéance où l'Espagne était tombée en Europe, par suite de l'assoupissement où depuis longtemps était ensevelie l'intelligence nationale. Faire un appel au peuple eût été une folie; agir comme si on eût eu le peuple derrière soi n'était guère moins fou : c'est cependant ce que nous avons vu; la bourgeoisie, quoiqu'en petit nombre, est forte en ce pays, et par son activité propre, et surtout par l'apathie et le peu de concert qui règne entre les masses séparées entre elles par un profond isolement moral. Dans une pareille situation, il semble, je crois vous l'avoir déjà dit, que l'intérêt capital de la bourgeoisie était de se soustraire à l'ascendant exclusif du clergé. Le clergé, les moines surtout, sont conservateurs par essence; mais, comme tout ce qui n'a pas d'avenir, de postérité, ils sont peu tentés d'innover, d'inventer, de perfectionner : aussi les moines, en Espagne, ont admirablement conservé les trésors de leurs couvents, les objets d'art des cathédrales, les coutumes anciennes et les vieilles traditions patriarcales chères à bon droit au paysan ; mais de l'instruire, de le tenir au courant des découvertes agricoles ou industrielles, d'étendre la sphère de ses idées, de dissiper ses préventions contre toutes les nouveautés utiles, c'est ce dont le clergé ne s'est jamais avisé. Il n'a pas compris le glorieux usage qu'il pouvait faire de sa toute-puissante influence ; il a exclu et poursuivi les lumières et la raison partout où il les a rencontrées ; il s'est fait l'instrument ou le complice de l'inquisition, et par elle il a non seulement envoyé des milliers d'innocents au supplice, mais, ce qui est pis encore, il a démoralisé le pays et jeté dans les esprits un germe de défiance et d'isolement que le travail de plusieurs générations libres aura peut-être peine à extirper. Il semble donc, pour résumer cette digression, que le travail et le vœu prédominant de la bourgeoisie auraient dû être de se soustraire à l'ascendant du clergé, et que tout son effort aurait dû se concentrer sur ce point.

Les difficultés d'une semblable émancipation étaient immenses. Riche, considéré, ancien dans le pouvoir, le clergé avait pour lui les restes de cet esprit moitié religieux, moitié chevaleresque entretenu en Espagne, pendant tout le moyen-âge, par la guerre des Maures, esprit plus nouvellement alimenté par la découverte de l'Amérique et par l'appareil fastueux des cérémonies religieuses. L'ignorance des masses, leur amour des habitudes anciennes, rendu plus profond par leur ignorance même et par l'absence de tout point de comparaison, tout rendait la tâche de la bourgeoisie épineuse et difficile ; et il semble que, si la victoire lui eût été possible, elle ne le serait devenue que par une alliance intime avec le seul pouvoir qui pût contre-balancer, dans l'esprit des peuples, le prestige du clergé, avec le seul pouvoir qui fût ancien comme le clergé, qui fût riche comme le clergé, capable comme le clergé de frapper les imaginations par un prestige extérieur fortifié de toutes les idées de fidélité, de respect, de vénération, idées de tout temps familières aux Espagnols, je veux parler de la royauté.

Tout ceci n'est pas d'ailleurs une pure spéculation, un pur rapprochement d'idées prises en dehors des faits ; il faut se souvenir que toutes les tentatives libérales faites jusqu'à ce jour en Espagne n'ont jamais dû qu'à la royauté leur existence éphémère. L'espèce d'école philosophique du comte d'Aranda ne vécut qu'à l'ombre de la protection de Charles III ; quant à la constitution de Cadix, ce fut si bien à la royauté qu'elle dut l'adhésion passive des masses, que, le jour où la royauté se tourna contre elle, elle s'évanouit comme une ombre. L'idée d'être gouverné par une charte, par une constitution, par quelque chose qui n'est pas vivant, qui n'a pas de volonté et de puissance propre, est une idée étrange pour le peuple espagnol, et à laquelle il aura de la peine à s'habituer si jamais il s'y habitue : il comprend fort bien que les moines le gouvernent, que le Roi le gouverne, qu'un ou plusieurs hommes lui commandent ; pour la constitution, c'est toujours pour lui *una papeleta*, un petit morceau de papier.

Or, lorsque Ferdinand mourut, qui donna le signal du mouvement, si ce n'est la royauté ? Si la royauté n'avait parlé de *despotisme éclairé*, si l'exclusion d'un prince connu pour son attachement aux vieilles maximes n'eût donné le branle, croyez-vous que la bourgeoisie toute seule, avec ses noms, tous, hormis un seul[1], in-

[1] Mina.

connus du peuple, croyez-vous que la bourgeoisie, avec la constitution de 1812 pour drapeau, eût pu parvenir à se faire proclamer en Espagne? jamais. Ce ne fut que sur l'initiative et sur l'appel de la royauté que la bourgeoisie se trouva en possession du pouvoir : sa tâche était rude et difficile, elle exigeait beaucoup de vigueur, d'habileté, de connaissance réelle du pays, et surtout une grande union entre tous les pouvoirs et entre tous les hommes appelés à concourir à la régénération de l'Espagne. Chacun a pu voir comment ces conditions indispensables pour le succès se sont trouvées remplies. On peut dire, je crois, sans injustice, que personne n'a fait son devoir, le pouvoir en n'agissant pas, le parti du mouvement en démolissant le pouvoir sans être prêt pour le remplacer; on se trouvait en face d'un ennemi redoutable qu'il fallait écraser promptement sous peine de voir ses rangs se grossir de tous les intérêts anciens auxquels on donnait le temps de se rassurer ; et au lieu de porter toute son attention sur la guerre, de tourner toute son énergie de ce côté, on vit le parti libéral, poussé par je ne sais quel faux esprit d'imitation de la révolution française, compliquer sa situation comme à plaisir, engager la lutte avec la royauté et se déchirer lui-même comme si la guerre civile n'eût pas suffi à occuper ses forces. La Convention française avait détruit le pouvoir du clergé, abattu le pouvoir royal, et, non contente de soutenir la guerre contre l'Europe et contre la vieille France, elle avait elle-même déchiré ses propres entrailles et envoyé à l'échafaud la portion la plus modérée de ses membres : on dirait que la révolution espagnole n'a rien trouvé de plus à propos que de répéter le rôle mot pour mot. La royauté, le seul point de ralliement possible, la seule bannière respectée des deux partis, a été humiliée, violentée, annulée, et la bourgeoisie, qui accomplissait ce beau chef-d'œuvre, obligeait du même coup les plus intelligents et les plus éclairés de ses membres à quitter leur patrie; en sorte que l'Espagne offrait et offre encore ce spectacle bizarre d'un pays qui, lancé dans la carrière révolutionnaire, menacé par la guerre civile, par la faillite, use à plaisir ses ressources, s'aliène ses partisans, et qui, au lieu d'agir, passe son temps à discuter sur des théories libérales, comme les Grecs de Byzance, menacés par les Barbares, se disputaient sur la procession du Saint-Esprit et se battaient pour les cochers du cirque et la faction verte et la faction bleue.

Le fait est qu'on s'occupe très fort, dans ce pays, de savoir si on aura une Chambre ou deux Chambres, si les ministres doivent, nonobstant la constitution de 1812, assister aux séances parlementaires, et autres points de même importance; mais personne ne s'inquiète de savoir si le gouvernement espagnol existera encore dans six mois; personne ne s'inquiète de savoir où on trouvera de l'argent pour payer au mois d'avril ce qu'on n'a pu payer au mois de novembre; personne ne s'inquiète de savoir où on trouvera un général qui fasse un peu moins de phrases et un peu plus de besogne que les généraux employés jusqu'ici.

C'est une chose remarquable, et sur laquelle on ne saurait trop insister, que cette préoccupation puérile, on peut le dire, des libertés abstraites et des grands mots. Il faut des déclarations de droits, il faut la liberté de la presse et toutes les libertés possibles, et chacun paraît croire que, quand une fois ces mots sonores auront été débattus et prononcés dans la Chambre et inscrits dans la constitution, tout sera dit. L'esprit d'ordre, de discipline, l'économie dans l'administration, l'esprit de suite, de persévérance, la volonté de réussir, tout ce qui fait le talent de l'homme d'état et tout ce qui assure le succès, semble devoir être le résultat de ces mots magiques; car, chose singulière, il n'y a point ici un seul homme qui inspire quelque confiance; il n'y a aucun de ces hommes dont la raison, le savoir, la prudence ou l'énergie font autorité et rallient les faibles : tout le monde ici va de pair et confusément, sans guide, sans chef, sans but.

Aussi vous pouvez lire, si cela vous est agréable, les séances des cortès; mais tenez-vous pour bien assuré que tout ce qui se passe là ne signifie rien, que personne dans les cortès ne possède la foi ni la science du succès. Les cortès ont repoussé le projet des tribunaux exceptionnels, elles ont reconnu la régence de la Reine; vous pouvez attendre d'elle-même d'autres mesures semblables modérées et sages, mais insuffisantes. Quand on détruit, il faudrait savoir remplacer. Or, le parti du mouvement n'a eu jusqu'à ce jour qu'une puissance de désorganisation : il a désorganisé le statut royal, sans avoir encore organisé une constitution ; il a désorganisé la royauté, sans avoir rempli la place qu'il rendait vacante par le fait ; il a désorganisé l'armée et la discipline ; il a destitué des généraux incapables, sans leur en avoir substitué de meilleurs ; il a détruit les couvents, sans avoir su les remplacer ni dans leur influence morale sur le paysan, ni dans leurs bienfaits économiques ; enfin il se désorganise lui-même chaque jour ; il effraie, il exile une portion de la classe moyenne, il confisque ses biens et se fait des ennemis de ses alliés naturels. Aussi voyez, l'activité des Cortès est immense ; il s'y brasse, chaque jour, des lois par douzaine ; les gazettes sont pleines de lois, de décrets et d'ordonnances, et les aveugles de Madrid s'enrouent, tout le jour, à crier les bulletins de l'armée. Voulez-vous connaître au juste la valeur réelle et l'efficacité pratique de tout ce luxe de paroles et de papiers, permettez-moi de vous mettre au courant de quelques petites nouvelles récentes qui, mieux que tous les raisonnements politiques, vous mettront au courant de la situation véritable du pays.

Pendant qu'on fait des lois pour le plus grand

bonheur de l'Espagne, toutes les communications avec les provinces se trouvent peu à peu interceptées. La route de Séville est coupée en deux endroits; des galères (voitures de roulage) ont été dévalisées il y a peu de jours, le courrier brûlé et les voyageurs horriblement maltraités. Dimanche dernier, la diligence de Valence a été obligée de s'arrêter à vingt lieues de Madrid, parce que les factieux faisaient le siége du village dans lequel elle se trouvait. Sur la route de Santander, un voyageur a été récemment assassiné, et un autre arrivant de France par l'Aragon a vu, à Guadalaxara et à Alcala, les habitants en armes qui s'attendaient à une alerte de l'ennemi. Pour peu que la route d'Aragon se trouve occupée, il n'y aura bientôt plus moyen de sortir de Madrid. Or, il ne faut pas croire que ce soient toujours des factieux qui interceptent les routes, volent les diligences et assassinent les voyageurs. Tout cela, vous pouvez le croire, ne se fait pas pour le compte de Charles V; les voleurs travaillent maintenant pour leur compte et en grand. Dans un pays difficile et coupé de montagnes comme celui-ci, la police a toujours été difficile; mais le brigandage aujourd'hui s'étend et se recrute de mille manières : le soldat qui n'est pas payé, le conscrit menacé de partir, l'habitant ruiné par la guerre, le pensionnaire des couvents privé de son pain quotidien, tout cela prend le fusil et va gagner sa vie sur les grands chemins. Par tout autre pays, ce ne serait là qu'un inconvénient temporaire et secondaire, du ressort de la police. Ici, c'est tout autre chose, c'est une calamité contagieuse, qui, la guerre continuant, pourra devenir un véritable fléau; car tout en favorise les développements, la misère, l'impunité, et enfin la considération qui s'attache, dans le peuple, au métier de voleur.

En France, où la police est bien faite, le vol à main armée est difficile et dangereux ; cela conduit aux galères ou à l'échafaud, c'est une perspective qui gâte le métier. Ici le voleur est rarement arrêté, et quand il l'est, s'il a eu soin de mettre quelques piastres de côté pour l'*escribano*, il en est quitte pour quelques mois de prison[1], peine tout à fait insuffisante pour décourager les vocations prononcées. Chez nous, le voleur, réduit, par le danger, aux moyens clan-

[1] Voir plus bas la lettre sur la justice.

destins, à la filouterie, a, en général, l'opinion populaire contre lui, et il ne peut se concilier quelque intérêt que par une audace extraordinaire, toujours assez rare. Ici, où la police est nulle, le voleur qui se montre à découvert et qui vous attaque en plein jour et à force ouverte est le roi du grand chemin : c'est une espèce de souverain indépendant qui fait des courses en pays ennemi ; aussi, loin d'être un objet de réprobation, est-il presque toujours admiré du peuple, loué, célébré dans des chants populaires qui perpétuent le souvenir de ses hauts-faits, de sorte que, grâce à l'immortalité que confère la poésie, le nom de Jose Maria, le fameux brigand andalou, se trouve pour le peuple quelque chose d'équivalent à celui du Cid ou de tel autre héros des temps passés. Joignez à de semblables prédispositions morales l'action des circonstances présentes, la misère, l'exemple des bandes de Cabrera et autres, l'impuissance où le gouvernement se trouve de protéger les populations, lui qui peut à peine se protéger lui-même, et il vous sera facile de concevoir que le brigandage, favorisé par tant de causes réunies, peut devenir une des formes les plus menaçantes de la dissolution sociale vers laquelle ce pays semble marcher à grands pas.

Je m'aperçois qu'ayant commencé par vous entretenir des partis et de leur attitude respective, je me suis trouvé involontairement amené à vous parler de brigandages et à terminer par de véritables considérations de police. Hélas! ce n'est pas ma faute si la triste réalité m'a fait descendre aussi bas, il faut bien prendre les choses où elles sont; ce n'est pas ma faute si, pendant que les Cortès et les Ministres se perdent dans les nuages de leur théologie politique, les factieux et les voleurs prennent possession de l'Espagne.

LETTRE

IX

Madrid, 20 décembre 1836.

Je voudrais bien ne pas vous retenir éternellement dans les aperçus généraux ; je voudrais pouvoir vous entretenir à loisir d'une des nombreuses spécialités que l'Espagne offre à la curiosité de l'étranger ; mais je ne puis non plus oublier tout à fait que c'est des intérêts généraux de l'Espagne que l'Europe s'occupe aujourd'hui, et mon esprit se trouve toujours involontairement ramené vers les questions mêmes que je voudrais abandonner un instant. Permettez-moi donc de vous parler encore du passé et de l'attitude mutuelle des partis ; aussi bien, c'est là, ce me semble, la grosse question, et si nous l'étreignons une fois fortement, nous aurons ensuite bon marché des détails.

Je vous ai presque exclusivement entretenu jusqu'ici des fautes et des infirmités du parti libéral, et j'aurai encore à vous en parler aujourd'hui. Il est vrai qu'elles abondent et que je les ai sous les yeux. Toutefois, avant de poursuivre, je voudrais consacrer quelques lignes au parti absolutiste, auquel vous pourriez attribuer, bien à tort, suivant moi, la force qui manque à ses adversaires.

Quelque triste que cela soit à dire, il faut bien se convaincre qu'il n'y a aujourd'hui, d'aucun côté, rien de fort et d'énergique en Espagne ; la mollesse et l'égalité prolongée de la lutte en sont la meilleure preuve. Cependant une semblable assertion paraît si étrange quand on l'applique à un peuple aussi notoirement énergique que les Espagnols, que vous me permettrez d'analyser un peu longuement les causes de cette singulière torpeur ; autrement nous paraîtrions tomber dans le ridicule de décrier un peuple dont les souvenirs de 1808 ne nous permettent pas de parler légèrement.

La force du clergé, qui forme à lui seul presque toute la partie active de la faction absolutiste, reposait, dit-on, sur trois bases principales : la superstition du peuple, sa propre richesse, et, enfin, son ancienneté et les traditions de respect qui devaient naturellement s'y rattacher. Quant à la superstition dont on a tant parlé, je suis fâché de me mettre en contradiction, à cet égard, avec l'opinion reçue; mais, autant que j'en ai pu juger par moi-même, je ne crois pas qu'on puisse se figurer rien de moins superstitieux que le peuple espagnol. Personne ici, dans aucune classe, ne croit aux revenants ni aux esprits, ni à aucune de ces formes surnaturelles que les peuples du Nord aperçoivent au fond de leurs brouillards. On peut dire que c'est tout au plus s'ils croient en Dieu [1] ; et, en effet, sous un ciel pur, serein, égal, où les saisons sont rarement troublées dans leur cours naturel, et où le cultivateur n'a point à demander grâce au ciel pour sa récolte, la superstition ne peut guère être que la divinisation de certaines formes extérieures : c'est une disposition à l'anthropomorphisme; mais ce n'est point cette source intarissable de terreurs et de menaces qui trouble les consciences, et qui, dans d'autres pays, les livre à l'influence du clergé. En ce qui concerne les richesses et le crédit qu'elles confèrent, la suppression des couvents a été, sous ce rapport, un coup qui, bien conduit, pouvait être mortel pour le clergé. Quant à l'ancienneté et au respect qui s'y rattache naturellement, on peut dire que l'invasion française de 1808 et les perturbations politiques qui se sont succédé depuis lors ont profondément ébranlé les racines séculaires, mais pourries, que les moines et les prêtres avaient poussées en Espagne. Les Français, lors de l'invasion, ont maltraité des moines, profané des reliques, et ces profanations, qui leur valaient alors la haine

[1] Rien de plus curieux que les injures choisies et raffinées dont ils saluent leurs saints de prédilection et Dieu lui-même dans certains moments de colère.

du peuple, ont pourtant porté un coup funeste
à la superstition, en montrant ce qu'on pouvait
impunément oser contre des hommes et des objets jusque-là réputés sacrés et inviolables. Enfin
les deux années de régime anti-monacal par où
passa l'Espagne en 1820, et le temps de semi-liberté qui s'est écoulé depuis la mort de Ferdinand, ont accoutumé les esprits à une certaine indépendance de pensée; on a osé exprimer ce qu'on pensait des moines, et dès lors
leur prestige s'est évanoui; il n'y a qu'une autorité forte et honorable qui puisse supporter le
grand jour : sur les institutions décrépites et
vermoulues, la lumière fait l'effet de la foudre.
Aussi le clergé, aujourd'hui, a-t-il conscience
de sa faiblesse; il n'ose pas, et son audace n'est
pas même à la hauteur de ses forces; il laisse
agir le temps, les évènements; il laisse ses adversaires se détruire eux-mêmes par défaut
d'activité et de concert, et peut-être sa tactique
est-elle, après tout, la plus sûre qu'il pût adopter.

Du reste, cette défiance, qui a fait garder la
neutralité à la plus grande partie du clergé,
exerce aussi ses ravages dans toutes les nuances
du parti libéral. C'est la défiance qui paralyse

tous les courages, tous les talents, et qui rend la lutte si équivoque et si molle; et le grand malheur de tous les hommes qui sont arrivés au pouvoir est de n'avoir pas su conquérir de vive force la confiance, sans laquelle il est impossible de marcher. Que si vous me demandez d'où vient cette défiance universelle et opiniâtre, je vous prierai de revenir un instant en arrière avec moi : nous l'aurons bien vite expliquée.

C'est de 1808 que devra dater l'Espagne moderne; c'est le choc de la France qui l'a réveillée de son long sommeil; c'est quand elle s'est sentie menacée dans son existence nationale que l'Espagne s'est souvenue de sa force et de son énergie, et c'est depuis lors seulement qu'elle a essayé de se régler sur la marche commune des nations européennes; mais le malheur de l'Espagne a voulu que la lutte contre l'étranger absorbât toutes ses forces, et que son cri de ralliement fût précisément le nom du roi le plus indigne de tant d'amour et de fidélité. La révolution française a changé la face de la France; mais tous les esprits étaient tournés alors vers les réformes intérieures : la guerre fut un accident trop peu considérable pour détourner le cours irrésistible de l'esprit réformateur. La France ne s'est pas vue, pour commencer, envahie pendant six ans; quand la guerre devint sérieuse, elle avait déjà porté au régime ancien des coups irréparables, et les attaques de l'étranger ne servirent qu'à ajouter aux conquêtes de l'esprit de liberté la consécration d'une gloire européenne. Ce fut, au contraire, la lutte contre l'étranger qui absorba toute la vigueur de l'Espagne, et elle ne put consacrer à l'œuvre de sa régénération intérieure que les restes d'une ardeur déjà fatiguée. Qu'est-il résulté de là? c'est que, depuis 1814, il ne s'est pas encore manifesté un seul mouvement politique vraiment franc et national, et que tout s'est passé en tentatives et en oscillations définitivement infructueuses et, de plus, fatales aux hommes généreux qui s'en faisaient les instruments. Porlier, Lacy, Vidal, qui préludèrent au mouvement de 1820, périrent sur l'échafaud. Riego, qui l'accomplit, eut le même sort. Ceux qui avaient travaillé à l'œuvre de la constitution de 1812 avaient été envoyés aux *presides* par Ferdinand. Après la restauration de 1823, tous les hommes compromis furent obligés de sortir du royaume, et trop heureux encore ceux qui en furent quittes à ce prix. Les ministres qui gouvernèrent après la restauration de 1823 se sont trouvés, à leur tour, obligés de sortir d'Espagne à la mort de Ferdinand; et, enfin, aujourd'hui, M. Martinez de la Rosa, qui avait si cruellement souffert pour la liberté, n'est protégé contre les haines qu'il a soulevées que par la loyauté reconnue de son caractère. M. Zea Bermudez n'est plus en Espagne, ni M. de Toréno, ni M. Galiano, ni M. Isturitz, ni aucun de ceux qui, sans avoir occupé le ministère, ont pris du moins aux affaires une part indirecte. Que peut-il résulter de là, si ce n'est une défiance et une hésitation bien légitimes à se mettre en avant, et l'inaction et la neutralité de tous les hommes éclairés, mais prudents? Une autre conséquence non moins fâcheuse de cette moisson d'hommes, c'est qu'il ne se forme point de traditions politiques, que ce sont toujours de nouveaux essais, de nouveaux noms, de nouveaux commencements, et que rien de durable ne peut s'enraciner sur ce sable mouvant.

Cette défiance, confirmée par des expériences

multipliées, a entretenu, depuis longtemps, dans les rangs du parti libéral, une hésitation fatale qui lui fait toujours manquer le moment propice et éluder les questions décisives avec le même empressement que les partis forts et qui se sentent forts mettent à les rechercher. Cette disposition générale de l'esprit public n'est pas plus imputable aux ministres actuels qu'à leurs devanciers : ils ne l'ont pas faite, ils la partagent; peut-être paieront-ils, comme derniers héritiers, les dettes de la succession, sans qu'il y ait d'autre reproche à leur faire que de n'avoir pas eu la force de réagir contre une habitude fatale, et de n'avoir pas déployé la vigueur particulière qu'exigeaient les circonstances. Je voudrais vous rendre ma pensée plus claire par un exemple choisi entre plusieurs du même genre.

Quand Ferdinand mourut, ce fut la couronne, ainsi que je vous le faisais remarquer l'autre jour, qui donna l'impulsion au mouvement libéral par le fameux programme de M. Zea Bermudez. Certes, si à ce moment le ministère avait osé, il pouvait bien facilement écraser la révolte carliste et contenir les agitations libérales ; mais, pour cela, il fallait se remuer et utiliser le temps. On eût pu alors, comme on l'a fait depuis, déclarer nationales les propriétés des couvents, mais, bien entendu, sans massacrer les moines; on les aurait ainsi désarmés, on se serait ménagé d'immenses ressources, on se serait rallié, par ce coup de vigueur, tout le parti libéral, qui, alors, était loin d'espérer autant, et l'on aurait évité la position fausse où le gouvernement s'est trouvé depuis, lorsque, spectateur d'un mouvement dont l'initiative lui appartenait, il se trouvait obligé de tolérer des violences dont il gardait tout l'odieux et toute la responsabilité, sans que le profit moral lui en revînt : on aurait pu alors aussi supprimer les dîmes du clergé, les faire arriver toutes dans le trésor, et le payer directement[1]. Une semblable mesure eût été décisive.

Le clergé une fois désarmé, il aurait fallu que la Reine parcourût les provinces, se montrât aux Espagnols, fit appel à leur loyauté, et se remît, elle et sa fille, entre leurs mains. Ce

[1] Il eût fallu pour cela un gouvernement fort, franchement révolutionnaire et bon administrateur. Quant aux inconvéniens qu'a eus cette mesure dans l'état actuel des choses, voir plus bas la lettre sur les biens nationaux.

que je vous dis là n'est pas une idée qui m'ait traversé le cerveau par hasard; je l'ai entendu exprimer ici par plus d'un Espagnol, et j'ai été frappé de la justesse de leurs raisonnements à ce sujet. La Reine, pour le peuple, c'était la *Reine,* la veuve du Roi, son successeur de fait et de droit. Protégée vis à vis du peuple par le prestige de l'ancienne royauté, recommandée à la bourgeoisie par la libéralité de ses intentions, un semblable voyage à travers les provinces eût réchauffé tout le vieil enthousiasme de fidélité des Espagnols. En voyant une reine, une femme jeune et belle, une mère qui leur aurait recommandé ses enfants, croyez que le vieil esprit chevaleresque de l'Espagne aurait parlé, que plus d'une vieille escopette rouillée et accrochée au râtelier, depuis la guerre de l'indépendance, aurait été remise en état, que tout ce peuple, que vous voyez si froid, si insouciant spectateur des formules politiques qu'on fait défiler devant lui, se serait ému, passionné, et que l'insurrection, à peine naissante, eût pu être facilement écrasée dans son berceau. Il a été question, depuis, de conduire la Reine à l'armée; mais il était tard déjà, et l'on ne voulut pas risquer la démarche. Or, c'est en temps de révolution qu'il faut se souvenir du proverbe : *Qui ne risque rien n'a rien*. Quel poids énorme n'a pas jeté dans la balance la présence de don Carlos en Navarre ? et si, après trois ans, la cause de la Reine se trouve encore pour le moins aussi bonne que celle du prétendant; si un homme énergique, la prenant en main, peut encore aujourd'hui la faire infailliblement triompher, jugez de ce qu'eût pu faire un élan national, lorsque l'insurrection, mal organisée, n'avait point encore cette confiance qu'inspirent le temps, l'impunité et le succès !

Je ne sais si je me fais illusion ; mais il me semble que quelque démarche éclatante et décidée aurait agi sur l'imagination du peuple et l'aurait tiré de cette neutralité passive qui éternise la querelle ; si, au lieu de batailler sur des droits abstraits, on eût dit au paysan : « Mon » ami, la Reine, la veuve du Roi Ferdinand » veut te donner la liberté ; or, sais-tu ce que » c'est que la liberté ? c'est que l'alcade ne » vienne pas chez toi te faire acheter un sac de » sel dont tu n'as que faire et qu'il te vend

» malgré toi ; c'est qu'on ne te fasse pas payer
» des droits de *paja y utensilio* pour les trou-
» pes qui passent, et auxquelles tu as déjà
» fourni, en nature, la paille et le charbon.
» Voilà, mon ami, ce que c'est que la liberté,
» et ce que la Reine veut te donner. La Reine
» a pris les biens des couvents ; ce n'est pas par
» mépris de la religion, au contraire ; mais elle
» trouve que les couvents sont trop riches, et
» que leur revenu serait mieux employé si on
» s'en servait, par exemple, pour ouvrir un
» chemin de ton village à la ville prochaine : tu
» pourrais alors vendre moitié plus de légumes,
» et ton champ, au lieu de trois mille réaux,
» t'en rapporterait six mille. »

Le paysan espagnol n'est pas un docteur de Sorbonne ; mais il entendrait cela à merveille, parce que c'est de l'éloquence populaire à l'usage de toutes les nations ; mais la constitution de 1812, mais le statut royal, mais le despotisme éclairé, qui vaut le mieux? Ma foi, je n'en sais rien, dit le paysan, et je crois qu'il a raison ; et puis cette reine qu'il n'a jamais vue, qui ne fait et ne peut rien faire pour lui, qui ne fait pas toujours sa volonté, tant s'en faut, mais qui règne par ses ministres, tout cela est bien loin, bien subtil, bien métaphysique pour des gens qui n'ont pas pris leurs degrés à Salamanque. Le peuple, au nom de qui et par qui se font d'ordinaire les révolutions, n'a été attaqué ni dans ses intérêts ni dans ses sentiments, il est resté en dehors de la lutte : tout se passe dans l'intérieur de la bourgeoisie; et comme la bourgeoisie ne se sent pas soutenue par en-bas, comme elle sait par expérience ce qu'il en coûte de se mettre en avant, de se compromettre dans les révolutions, elle en fait le moins qu'elle peut, elle vit d'économie, de prudence et de régime, et finira, si les choses continuent sur le même pied, par périr d'inanition morale.

Je vous le répète, ce n'est pas le ministère actuel que j'attaque ici plus que ses prédécesseurs; il a trouvé la partie mal engagée, il n'a pas su la rétablir, c'est un malheur, et un grand malheur, mais qui devient plus excusable, en raison des difficultés nouvelles dont chaque jour la situation se complique. Il ne faut pas avoir vécu quinze jours ici pour voir qu'il n'y a, en effet, qu'une seule question, la guerre, la guerre, et toujours la guerre. Vous savez comment elle a été menée jusqu'ici. Enfin, il y a quelque temps, on confie la poursuite de Gomez au général qui passe pour le plus actif et le plus loyal de tous, à Narvaez. Narvaez poursuit Gomez à outrance : celui-ci, échappé par des miracles de rapidité, est dans un village à deux lieues de là ; ses soldats, exténués de fatigue, sont étendus par les rues, et n'ont plus la force de marcher. Narvaez fait demander de l'infanterie à un officier, son subordonné, pour marcher à l'ennemi et le détruire ; et celui-ci refuse obstinément, et Gomez s'échappe, et Narvaez se plaint, dans un rapport officiel, de cette indigne conduite, et l'officier coupable n'est pas fusillé[1] à la tête de ses troupes ! Que voulez-vous espérer quand de pareilles choses passent impunies, et qu'un gouvernement n'a pas la force ou l'audace de frapper ceux qui le trahissent ?

En revanche, nous avons eu, cette semaine, une loi des suspects, moyennant laquelle les ministres pourront, sans autre forme de procès, faire sortir de Madrid et du royaume qui bon

[1] Non seulement Alaix ne fut pas fusillé, mais il fut nommé au commandement de la province d'Alava, tandis que Narvaez, disgracié, était exilé à Cuenca.

leur semblera ; car vous saurez que maintenant ce qui s'oppose au salut de l'Espagne, ce n'est plus la censure ou le manque de liberté, ce sont les étrangers, c'est la *main étrangère*[1] qui tient le fil de toutes les trahisons. Qu'il y ait ici quelques tripotages obscurs menés par des étrangers, c'est très possible; mais, en vérité, c'est leur faire beaucoup d'honneur que de leur attribuer tout le mal qui se fait et tout le bien qui ne se fait pas. J'aurais cru, moi, qu'il y avait, dans la neutralité de la masse du peuple et dans le peu de succès des tentatives libérales depuis vingt ans, de quoi expliquer surabondamment cette espèce de paralysie politique; mais, pour le ministère, l'explication n'a pas semblé suffisante, et l'étranger, le perfide étranger, est demeuré atteint et convaincu d'être la cause de tout le mal. *C'est la faute de Voltaire, c'est la faute de Rousseau.*

Ne croyez pas cependant que je blâme les Cortès d'avoir accordé au ministère les pouvoirs exorbitants qu'il a demandés. Dans la situation où se trouve le gouvernement, il ne faut rien lui refuser, il ne faut pas qu'il puisse dire :

[1] *La mano extrangera.*

« Vous m'avez lié les mains. » Non, les Cortès ont bien fait; il lui fallait accorder ce qu'il demandait, comme il lui faudra accorder encore tout ce qu'il demandera, mais à une condition, c'est qu'il rétablisse les affaires et sauve le pays. Mais aussi, si, malgré l'espèce de dictature dont il est revêtu, le gouvernement ne trouvait pas le secret de mettre enfin le trône de la Reine et la cause constitutionnelle hors de danger, d'écraser le prétendant, de relever les esprits démoralisés et de resserrer les liens de la discipline hiérarchique, ne faudrait-il pas alors convenir qu'on s'est fait illusion, et que tous ces prétextes, mis en avant les uns après les autres, pour expliquer la persévérante fatalité qui, depuis trois ans, s'attache à l'Espagne libérale, ne sont choisis que pour se mettre, si l'on peut parler ainsi, la conscience en repos, que pour se tromper soi-même et se dispenser honnêtement des fortes résolutions et des mesures réellement efficaces auxquelles on ne se sent pas peut-être l'audace de recourir?

LETTRE

X

LA NOBLESSE ESPAGNOLE; SON IMPORTANCE POLITIQUE
ET TERRITORIALE.

Madrid, 10 janvier 1836.

C'est surtout en examinant l'attitude et l'importance de la noblesse en Espagne que nous aurons besoin de secouer l'influence de nos préjugés français, de ces préjugés que nous avons reçus en naissant, que nous portons sans nous en apercevoir dans nos études et dans nos jugements, et qui, puisés chez nous par beaucoup d'Espagnols émigrés, contribuent momentanément à embrouiller sur nouveaux frais des questions déjà trop compliquées.

En France, pays d'égalité, la noblesse, l'aristocratie de tout genre, est impopulaire; et en Espagne, où le sentiment d'égalité est pour le moins aussi énergique, l'aristocratie est considérée, est populaire, et n'excite ni haine ni envie. Avant d'aller plus loin, rendons-nous compte de cette différence dont l'origine remonte très haut.

Si l'on se trompe si souvent sur l'Espagne, s'il est si difficile de ne se pas tromper sur le compte de ce pays, ne serait-ce pas faute de s'occuper assez de son histoire, faute de prendre garde que, sous des apparences à peu près conformes à celles des autres monarchies absolues, l'Espagne a eu, par le fait, un développement historique entièrement différent du reste de l'Europe, et que les éléments dont la société espagnole est formée n'ont ni la même origine, ni conséquemment les mêmes tendances que ceux dont se composent les autres États européens. L'Europe tout entière, à la chute de l'empire romain, a été conquise, occupée par les Barbares; la race vaincue et la race victorieuse se sont établies sur le même sol, les uns comme maîtres, les autres comme serfs et vassaux; et si l'on voulait résumer en deux mots à peu près toute l'histoire de France et d'Angleterre, on pourrait dire qu'on n'y trouverait guère autre chose que les progrès de l'émancipation de la race conquise, progrès dont les termes les plus saillants sont, chez nous, l'affranchissement des communes à l'origine et la révolution française pour conclusion. Il semblerait qu'en proclamant l'égalité civile, politique et religieuse, la révolution française aurait dû éteindre jusqu'au souvenir de la lutte et de la haine réciproques; mais telle est l'antiquité de cette haine, qu'elle survit même à l'objet de la querelle. Ne crie-t-on pas encore tous les jours en France, à l'aristocratie? comme si cela signifiait quelque chose; et ce cri, tout vide de sens qu'il soit devenu, ne réveille-t-il pas encore, dans la plupart des esprits, je ne sais quelle irritation confuse et sans objet? C'est qu'en effet les souvenirs des siècles ne s'effacent pas en un jour; il y a eu de par le monde des dîmes et des corvées, il y a eu des vainqueurs arrogants et des esclaves humiliés qui ne veulent pas qu'on fasse voir la marque de leurs liens encore empreinte sur leurs membres libres d'hier seulement. Il y a encore chez nous, sur ce point, une susceptibilité d'affranchis que le temps seul fera disparaître, et qui, malheureusement, n'ayant plus à s'exercer contre des inégalités réelles, engendre sous nos yeux, avant de mourir, je ne sais quelle disposition tracassière, empreinte de révolte et d'envie, instinctivement hostile à tout ce qu'il y a de supérieur et de fort.

En Espagne, vous ne trouverez rien de semblable; le noble, car il y a encore des nobles dans ce pays, le noble n'est point arrogant et le bourgeois n'est pas jaloux; il y a entre eux la différence de la richesse, mais pas d'autre. Il règne entre les diverses classes une égalité de ton et une familiarité de manières dont les démocrates les plus ombrageux se contenteraient. Non seulement le bourgeois, mais le paysan, l'ouvrier, le porte-faix, le porteur d'eau gardent avec le noble leurs libres allures. Si une fois la maison leur a été ouverte, ils iront, viendront, s'assiéront et causeront avec leur noble propriétaire sur le ton de la plus parfaite égalité. Or, ferons-nous honneur de ces formes libérales au bon sens supérieur des Espagnols? Non, sans doute; quelque grand que soit ici le bon sens dans l'ordre des relations privées, il ne pourrait expliquer cette honorable restriction apportée aux constantes pratiques de l'orgueil. La véritable raison de ces rapports qui nous étonnent, c'est qu'en Espagne il n'y a jamais eu de roture; c'est que le paysan n'est pas de race conquise, ni le noble de race conquérante; c'est de l'expulsion des Maures que date l'Espagne moderne; c'est là que remontent les titres de propriété; or, par le fait même de cette expulsion, il n'est resté, dans le pays, que des vainqueurs. Ce fut, on le sait, dans les montagnes des Asturies que s'était réfugiée, après l'invasion des Arabes, cette poignée d'hommes tenaces qui devinrent les sauveurs et les porte-enseignes de l'indépendance nationale. A mesure que leurs forces s'accrurent, que leurs triomphes se multiplièrent, que le Léon, les Castilles, l'Aragon étaient repris sur les infidèles, ils poussaient devant eux les vaincus. La prise de Grenade, qui fut le terme de la puissance politique des Maures, ne finit point leurs désastres : l'inquisition, déchaînée après eux, les tortura d'abord, les força de renoncer à leur culte, à leur costume, à leur langage, et finit par les déporter par centaines de mille et à diverses reprises, depuis Ferdinand et Isabelle jusqu'à l'extinction presque de la branche autrichienne. Aussi les gouttes de sang infidèle qui ont pu filtrer dans les veines espagnoles se sont préalablement dénaturées de manière à n'être plus reconnaissables. La noblesse de l'Espagnol, c'est donc d'être vieux chrétien ; ce titre seul le sauve du danger de toute parenté avec une race doublement méprisée par le fait de sa défaite et par celui de son infidélité. Ce nom seul de vieux chrétien, fût-il porté par le dernier porte-faix, est donc un titre dont il est fier et qui l'égale dans son esprit aux plus grands personnages. Et, par exemple, parmi ces *aguadores* (porteurs d'eau), que les Asturies envoient chaque année à Madrid, beaucoup sont nobles, le savent et s'en vantent, et vous disent en se redressant, le baril d'eau sur l'épaule : *Yo soy mejor que mi amo* (je suis plus noble, je vaux mieux que mon maître). C'est, en effet, dans les montagnes des Asturies que les plus anciennes et les plus nobles familles vont de préférence chercher leur origine, et cela par le même sentiment qui fait mépriser, aux habitants des provinces basques, le reste de l'Espagne. Ceux qui n'ont pas été conquis méprisent les autres; aussi est-ce de ceux-là qu'on veut descendre, et dans les provinces qui ont subi la conquête, tous ayant repoussé l'ennemi, l'infidèle, sont fiers, chacun à sa manière, et se traitent en égaux, parce que, je le répète, le fait capital de l'histoire d'Espagne, c'est la lutte contre l'islamisme; c'est de là que datent la propriété, la noblesse; c'est par là seulement qu'on peut expliquer et le pouvoir politique immense du clergé et les grandes possessions de la noblesse et la courtoisie de ses manières. Mais laissons pour aujourd'hui le clergé de côté et continuons à ne nous occuper que de la noblesse.

La considération morale dont a joui si longtemps la noblesse tient surtout à ce que, entre tous les conquérants, leurs ancêtres furent les plus puissants et les plus braves; tandis que d'autres restaient à cultiver leurs champs, eux se battaient et reculaient les frontières de la chrétienté espagnole. Cette conduite leur a justement valu la considération et le respect, sans que ce respect pût jamais rien avoir de servile, puisque entre eux et le dernier Espagnol il n'y avait pas l'abîme de la conquête, mais seulement un degré différent d'activité ou de courage. Voici maintenant l'origine de leurs vastes possessions :

La plupart du temps, les rois de Castille ou d'Aragon donnaient, aux chefs militaires qui les avaient aidés dans leurs guerres contre les Maures, une portion des terres conquises comme prix de leurs services. Souvent aussi ces seigneurs, déjà riches par eux-mêmes, achetaient à la couronne une portion de ses nouveaux domaines ; d'autres fois enfin, un seigneur bâtissait un fort près de la frontière des infidèles, et s'y maintenait avec ses hommes d'armes ; des paysans venaient s'établir sous la protection du fort ; et, quand la frontière espagnole se trouvait de nouveau reculée, le seigneur se trouvait aussi devenu maître et suzerain du territoire qu'il avait protégé et défendu.

Ses possessions, dont l'origine, vous le voyez, n'avait rien d'odieux, étaient devenues immenses. Le clergé qui prêchait la foi, et la noblesse qui la défendait de son épée contre l'invasion musulmane, durent nécessairement recueillir la plus grande part des profits moraux et temporels d'une victoire à la fois nationale et religieuse. Il arriva de plus pour la noblesse que, grâce à l'institution féodale des majorats, des biens déjà considérables, réunis sur une seule tête, passèrent par alliance dans d'autres familles riches elles-mêmes et qui devinrent, de la sorte, de véritables puissances. Aussi, même encore à l'heure qu'il est et en dépit de toutes ses disgraces, la noblesse peut être considérée, aujourd'hui que les couvents sont supprimés et leurs biens confisqués, comme formant presque seule la classe des grands propriétaires et comme possédant la meilleure partie du sol de l'Espagne.

Moins redoutable que le clergé et presque aussi riche que lui, la noblesse ne fut point favorisée par la royauté. En diverses circonstances où des guerres formidables avaient épuisé les ressources, la couronne imagina de faire contribuer la noblesse en faisant réviser les donations royales qui l'avaient mise en possession de ses immenses domaines ; lorsque la donation n'était point en règle, et on avait soin qu'elle le fût rarement, on la cassait, et les dépouilles des nobles venaient, sous le nom de restitution, grossir le Trésor royal ; mais ce fut surtout à partir de l'avènement sur le trône d'Espagne de la maison de Bourbon que le crédit de la noblesse alla chaque jour déclinant. La noblesse espagnole avait été généralement contraire à la clause du testament de Charles II, qui appelait le duc d'Anjou sur le trône ; la plupart penchaient pour l'archiduc. Aussi, lorsque l'influence du duc d'Harcourt et les intrigues de Portocarrero eurent enfin assuré la couronne au petit-fils de Louis XIV, c'en fut fait du crédit politique de la noblesse espagnole. Les Bourbons, indépendamment des révisions exercées contre elle, la tinrent presque constamment éloignée des affaires. Les grands noms de la monarchie espagnole disparaissent pour faire place à Alberoni, Riperda, Grimaldi, des étrangers, ou à des noms récemment anoblis ou d'une noblesse secondaire, tels que Ensenada, Aranda, etc., ou enfin à des favoris, comme Manuel Godoy, ou à des créatures tirées des derniers rangs de la société, comme Calomarde.

Éloignée forcément des affaires, la noblesse finit par en perdre les traditions et l'aptitude, et, de ce moment, sa décadence fut rapide. Les fils de la noblesse, possesseurs d'une immense fortune comme l'aristocratie anglaise, mais ne voyant point, comme les jeunes lords, s'ouvrir devant eux la carrière de l'ambition politique, négligèrent complètement les études sérieuses et se firent remarquer par leur ignorance au milieu de l'ignorance générale. Le plaisir, la débauche et la dissipation devinrent le seul emploi de leur temps, et leur intelligence, comme leur fortune, eut également à souffrir de ce triste régime. La plupart des grandes familles sont endettées, leurs biens, mal administrés, ne suffisent pas à une dépense mal calculée, et l'on peut dire, en ce sens, que les nobles ont contribué, pour leur part, à familiariser les esprits avec les idées de banqueroute, les plus populaires qu'il y ait dans toute l'Espagne.

Toutefois, pour être juste, il faut ajouter que d'autres causes, qui ne leur sont pas légitimement imputables, ont contribué à leur ruine. Indépendamment de l'action indirecte que la royauté exerça contre eux en les éloignant des affaires, ils ont été en butte à des vexations beaucoup plus immédiates. N'ayant depuis longtemps conservé de la féodalité que les charges onéreuses, chaque noble était obligé, à l'ouverture de la succession paternelle, de demander au Roi une lettre d'investiture qui le mît en possession, sinon des biens, du moins du rang de son père, et sa demande devait être accompagnée d'un don à la couronne assez considérable ; de plus, il leur fallait payer des droits énormes pour chaque titre, et quand on réfléchit que quelques uns d'entre eux en possèdent plus de trente, on reconnaît facilement que l'honneur stérile de s'intituler grand d'Espagne et de rester couvert en présence du Roi ne leur était pas octroyé gratis. Comme grands propriétaires enfin, ils ont énormément souffert dans la guerre de l'indépendance, depuis 1808 jusqu'en 1814. Quant aux indemnités accordées à ce titre par le gouvernement de Ferdinand, elles ont été, suivant l'usage antique et solennel, la proie des fournisseurs, des brocanteurs de toute espèce, dont l'habileté ordinaire a su, comme toujours, détourner à son profit les réparations accordées aux véritables intéressés. Toutes ces disgraces réunies ont donc contribué singulièrement à ruiner la grandesse et à porter à son importance politique des coups mortels.

Il faut dire cependant que, depuis que l'Espagne s'agite pour de vagues essais de rénovation, on a vu plusieurs des membres de la noblesse secouer leur léthargie héréditaire, se mettre au courant des idées étrangères, refaire une éducation trop souvent négligée, remettre de l'ordre dans l'administration de leurs biens et se rendre dignes et capables en tout point de marcher à la tête de ce qu'on pourra peut-être un jour tenter de raisonnable pour la régénération politique de leur pays, et l'on peut ajouter que les connaissances pratiques et réelles qu'ils doivent à leur qualité de grands propriétaires leur assureront un grand avantage sur la bourgeoisie théoricienne des villes, le jour où les affaires publiques pourront être traitées sérieusement, régulièrement et par d'autres moyens que les conspirations militaires et les débiles émeutes imitées de la révolution française.

Dans la question qui partage aujourd'hui l'Espagne, la noblesse, presque tout entière, s'est ralliée au trône d'Isabelle, et la raison en est facile à concevoir. Dans la plupart des autres pays, la noblesse et la royauté, toutes deux d'origine féodale, se sont, d'ordinaire, appuyées l'une sur l'autre et ont marché de concert. La noblesse semblait le cortége nécessaire et naturel de la royauté. Ici, en Espagne, où ni la noblesse ni la royauté ne sont fondées sur la conquête, où le peuple des campagnes n'a jamais eu à s'affranchir d'une oppression qui, comme nous le verrons plus tard, ne l'a jamais atteint, et où le clergé, armé de l'inquisition, suffisait largement pour comprimer l'essor des idées qui germent de préférence dans les villes, la royauté, comme nous l'avons vu, a pu impunément se détacher de la noblesse, séparer sa cause de la sienne, annuler son influence politique et la rançonner de mille manières. L'absolutisme n'a point réussi à la noblesse, elle a lieu d'attendre beaucoup mieux d'un gouvernement libre ; aussi, s'il y a en Espagne de sincères partisans du régime représentatif, ils se trouvent à coup sûr parmi les nobles, qui sont en droit, la plupart, d'espérer une large et légitime importance de leur richesse territoriale et de leurs lumières, du jour où le règne de la violence, quelle qu'elle soit, aura fait place à un ordre naturel où les éléments de la force réelle ne seront plus opprimés et pourront peser dans la balance pour leur valeur propre; mais la même raison qui les a éloignés de D. Carlos les éloigne également de ces glorieuses idées radicales si heureusement empruntées aux plus mauvais jours de notre révolution. Ils sont aujourd'hui, comme tout le parti modéré, retirés sous leur tente et attendant des jours meilleurs.

Car ce n'est pas aujourd'hui une des moindres singularités de la révolution espagnole que l'attitude de ce parti modéré, qui seul, quoi qu'on ait pu dire, est en mesure de donner à tout ce mouvement désordonné une conclusion et une consistance durable. On a cru bien longtemps en France qu'il n'y avait de salut, pour l'Espagne libérale, que dans l'entraînement révolutionnaire. Raisonnant par analogie et par induction, on a cru qu'il fallait de nouveaux jacobins pour en finir avec l'ancien régime espagnol et stimuler l'élan national. De tout petits montagnards sont venus, qui n'ont rien entraîné, qui n'ont mis sur pied ni quatorze armées, ni une seule, qui n'ont rien fait de mieux que ceux qu'on appelait les Girondins et qui n'ont enfin réveillé nulle part l'élan national. C'est qu'en effet les deux positions sont singulièrement différentes. Sauf l'ascendant du clergé, déjà depuis longtemps fortement entamé, ce qu'il y a à faire en Espagne c'est bien plus une réforme qu'une révolution. Il n'y a pas, en un mot, une race de vainqueurs et une race de vaincus, une classe d'oppresseurs et une classe d'opprimés; et s'il y avait des opprimés, ce ne serait pas le peuple, matériellement plus heureux, à beaucoup d'égards, que le peuple de France et d'Angleterre. Le vice et le fléau de l'Espagne, c'est une administration corrompue, défectueuse dans son mode d'action ; c'est une torpeur et un engourdissement qui ont donné aux plus absurdes abus la consécration des siècles. Que, pour porter remède à cette lèpre, il fallût rompre avec don Carlos et l'ancien régime, c'est chose évidente; mais qu'il faille pour cela déchaîner l'esprit révolutionnaire, c'est ce qui est absurde et heureusement impossible, par la raison toute simple que l'esprit révolutionnaire n'existe pas en Espagne; aussi est-ce là son moindre danger. Qu'on redoute pour l'Espagne le nombre croissant des bandes de factieux et de voleurs, la séparation des provinces et l'annulation complète des forces du gouvernement, voilà qui est très raisonnable; qu'on craigne l'esprit révolutionnaire, c'est avoir peur des revenants. Craignez les voleurs, les concussionnaires, les intrigues, soit; et, quant aux jacobins, soyez bien tranquille. En effet, il ne s'agit pas de désorganiser le pays; Dieu merci, la besogne est complète; il s'agit de l'organiser, et pour cela il ne faut pas seulement des tirades sur la révolution française, mais aussi de l'énergie, de l'habileté et du temps.

Aussi le parti modéré dans lequel la noblesse se classe naturellement, au lieu de résister au parti exalté, a cru, en face de D. Carlos, devoir lui céder, de peur de renforcer l'ennemi commun, et il attend son jour. Cette tactique, si conforme au génie patient et temporisateur des Espagnols, est peut-être, après tout, le plus sûr. Le règne des théories creuses finira de lassitude et d'inanition, la guerre tombera d'épuisement ; car, grâce au ciel, les deux partis sont aujourd'hui aussi fatigués et aussi impuissants l'un que l'autre, et, à la première lueur de sérénité, le parti modéré recouvrera infailliblement son ascendant. Alors seulement vous pourrez entendre parler de cette malheureuse noblesse qui, toujours mise à l'écart soit par l'absolutisme des rois, soit par celui des soi-disant démocrates, est bien payée, ce me semble, pour aspirer à un régime de tranquillité et de liberté réelles.

Dans une prochaine lettre, je compte vous envoyer quelques renseignements sur les rapports de la noblesse avec le peuple des campagnes et sur les bases de son influence territoriale.

LETTRE

XI

LA NOBLESSE ESPAGNOLE ; SON IMPORTANCE POLITIQUE
ET TERRITORIALE.

Madrid, 10 janvier 1837.

Indépendamment des causes dont je vous parlais dans ma dernière lettre, et qui ont réduit à si peu de chose le crédit politique de la noblesse, il faut remarquer que le nombre des grandes familles est excessivement restreint. On évalue à cinquante environ le nombre des familles qui portent le titre de grandesse ; quant aux nobles simplement titrés (*titulos de Castilla*), on en compte de cent à cent cinquante. Toutefois, par une bizarrerie assez remarquable, ce n'est ni la grandesse, ni le titre qui constituent la noblesse véritable et réellement considérée ; il y a telle famille, pauvre et sans titre d'aucun genre, qui date de beaucoup plus loin que les noms les plus en évidence, et qui est fière en proportion de son ancienneté ; car, comme dit un proverbe espagnol : « le Roi peut faire des grands, Dieu seul fait les gentilshommes (*caballeros*). » Ces distinctions, devenues aujourd'hui fort insignifiantes au milieu d'intérêts plus graves, alimentent encore cependant, parmi les intéressés, une foule de petites rivalités et de petites prétentions qui, d'ailleurs, font peu de bruit et ne trouvent au dehors nul écho. C'est déjà depuis longtemps de l'histoire ancienne.

Je vous parlais, dans ma dernière lettre, de l'égalité de ton et de manières que la communauté de races établissait ici entre la noblesse et le peuple. Si des rapports purement moraux vous voulez maintenant reporter les yeux avec moi sur les intérêts positifs, sur les relations du propriétaire et du fermier, vous comprendrez bien vite que l'unité originelle de nationalité, acquise à l'Espagne par un développement historique particulier, n'a point influé seulement sur les formes de la politesse ; mais que la propriété, ce fonds commun de toutes les querelles politiques, porte elle-même des traces profondes de cette égalité native.

La propriété en Espagne est de deux sortes : la propriété de la terre et la propriété de la dîme. Sans avoir, en ce moment, la possibilité de vous faire une histoire, même incomplète, de ces deux sortes de propriétés, je voudrais, sans plus tarder, appeler votre attention sur quelques dispositions remarquables par leur esprit libéral et démocratique, et qu'on est très étonné de rencontrer à propos de dîmes, de noblesse et de tous ces noms du moyen-âge qui n'ont jamais rappelé chez nous que des souvenirs de vexation et de servitude.

D'abord on peut appliquer à la noblesse ce que je vous disais il y a quelque temps du clergé. Des causes analogues leur inspirent, en général, une grande douceur pour le fermier.

Il y a des familles de paysans qui, depuis trois cents ans, sont fermiers sur la même terre, serviteurs de la même famille noble, et l'antiquité de ces rapports les a rendus, en quelque sorte, respectables. De plus, les grandes possessions du maître, la continuité que l'institution des majorats établissait dans les intérêts, permettaient souvent au propriétaire de supporter des délais dans le paiement de ses revenus, délais impossibles à tolérer dans des pays où la division et le mouvement perpétuel des propriétés et où la tension générale des ressorts sociaux mettent chacun dans le cas de chercher plutôt à obtenir du crédit que de faire crédit soi-même. Le propriétaire que son fermier ne payait pas disait : « Il paiera à mon fils ; » et si de grands inconvénients pouvaient, d'ailleurs, découler d'un semblable état de choses, il faut convenir au moins que le poids n'en retombait pas sur le fermier. Mais ceci n'est qu'une coutume, un usage, bienveillant sans doute, mais que le propriétaire a toujours la faculté de révoquer. D'autres dispositions plus formelles, écrites dans la loi, témoigneront mieux encore de la faveur accordée au paysan.

Bien que les lois et les coutumes varient ici de province à province, et qu'on ne puisse guère les étudier que sur les lieux, il y en a cependant quelques unes qui sont communes à toute la couronne de Castille, et qui méritent une attention particulière. C'est ainsi, par exemple, qu'un fermier qui paie mal ne peut être inquiété pour ce fait; s'il ne paie pas du tout, le propriétaire peut le renvoyer, mais encore faut-il qu'il le prévienne un an, et, dans quelques provinces, deux ans à l'avance, afin que le fermier puisse, par la récolte, rentrer dans ses fonds. Si un nouveau fermier propose au propriétaire un fermage plus élevé, l'ancien, en offrant la même somme, a droit à la préférence et peut rester contre le gré du propriétaire. Tout, vous le voyez, tend à consolider, à perpétuer les positions inférieures, quelquefois même, ainsi que nous allons le voir, aux dépens de la stricte justice.

En Andalousie et en Estramadure, le fermier peut, en dépit du contrat passé, demander, après la récolte, une nouvelle estimation de la terre et faire ainsi diminuer le prix convenu du fermage; et, comme les experts sont d'ordinaire des gens de sa classe, il a presque toujours gain de cause dans l'estimation. Vous conviendrez que, si quelqu'un est opprimé dans ce pays de despotisme, ce n'est pas le paysan. Il existe enfin une coutume par laquelle je vais clore cette nomenclature aride, mais instructive; c'est l'espèce d'inféodation connue sous le nom de *censo enfiteotico*. Un propriétaire cède sa terre à un fermier sous la condition d'une redevance fixe et annuelle, et, à partir de ce moment, le concessionnaire, moyennant paiement exact de la somme convenue, jouit de la propriété la plus entière et la plus imprescriptible; il peut bâtir, démolir, planter, décupler la valeur de la terre, sans qu'on puisse jamais réclamer de lui rien qui excède la convention primitive; la dépréciation des monnaies n'apporte aucune altération au contrat qui est éternel, de sorte que telle famille se trouve aujourd'hui en possession d'un bien considérable, pour une redevance annuelle des plus chétives. C'est le type idéal des baux à longs termes, et les plus ardents démocrates ne pourront se refuser à reconnaitre que, dans aucun pays peut-être, la part n'est faite plus belle au travail et à l'activité, et que, nulle part, les droits de la propriété ne sont moins vexatoires.

Nous retrouverons, dans les usages qui régissent les dîmes, quelques dispositions équivalentes. La dîme n'a point, en Espagne, l'impopularité sous laquelle elle a justement succombé en France. C'est peut-être un des plus vieux usages de cette Espagne où tout est vieux. Les uns font remonter l'origine de la dîme au temps des Carthaginois; toujours est-il que, si les Romains ne l'établirent pas, ils l'adoptèrent. Ils avaient, dans leurs nombreuses et si diverses possessions, adopté l'usage constant de laisser les peuples se gouverner par leurs propres lois et leurs propres magistrats, sous l'obligation d'un tribut. C'est là, dit-on, c'est dans la répartition imposée à chaque citoyen pour satisfaire à la contribution imposée, que l'on croit retrouver l'origine la plus authentique de la dîme. Toujours est-il que les Goths la reçurent des Romains, et que les Arabes, qui apportaient d'Orient la même coutume, la trouvèrent, depuis des siècles, établie sur le sol de l'Espagne. Lorsqu'ils furent, à leur tour, chassés de la Péninsule, la dîme fut conservée comme une forme de l'impôt payé à la couronne pour les frais de la guerre. La couronne, à son tour, dans ses moments de gêne, vendit des dîmes à la noblesse; dans d'autres occasions, elle attribua des dîmes au clergé, aux chapitres, aux couvents, à titre de dotations. Depuis lors, les dîmes furent achetées et vendues comme toute autre propriété; et si elles se trouvent, pour la plus grande part, entre les mains des nobles, ce n'est pas parce qu'ils sont nobles, mais parce qu'ils sont grands propriétaires. La dîme, en Espagne, n'est donc pas, comme chez nous, une charge féodale issue de la conquête, c'est tout simplement une des formes de la contribution foncière ou de la propriété civile.

Par une particularité digne de remarque, et qui rentre dans l'esprit général que je vous ai signalé tout à l'heure en parlant de la propriété du sol, le fermier qui introduit sur sa terre une nouvelle culture est exempté de la dîme pendant dix ans, c'est à dire que c'est le propriétaire de la dîme qui fait, en définitive, les frais de l'innovation agricole. Enfin, pour mieux vous faire comprendre la nature de ce tribut, vous saurez que le capital représenté par la dîme est toujours défalqué dans l'estimation du bien, de sorte que la dîme n'est pas un surcroît pour le fermier, mais une des formes de sa redevance.

Ne croyez pas, au moins, que je me fais ici le défenseur absolu de la dîme. Cette propriété double, ces droits différents qui viennent à se croiser sur le même sol, sont, pour la culture, des causes funestes de retardement, et pour les hommes de loi des nids à procès. On me parlait, il y a quelques jours, d'une forêt de chênes, située en Estramadure, dont une portion sert à l'exploitation des mines d'Almaden, et qui offre, en ce genre, un véritable chef-d'œuvre de *brouillamini*. Ainsi la terre appartient à une commune, les arbres à une autre, les fruits de ces arbres, avec lesquels on nourrit des porcs, et qui sont une des richesses du pays, appartiennent à une troisième, le droit de recueillir les branches mortes à une quatrième, de telle sorte que, pour entretenir convenablement cette forêt, il faudrait préalablement satisfaire et mettre d'accord trois ou quatre sortes d'intérêts différents répartis entre je ne sais combien de milliers de têtes. Aussi je vous laisse à penser quelle bénédiction pour les avocats. Prenons donc les dîmes pour ce qu'elles valent; mais, au milieu de cette organisation vicieuse et compliquée, reconnaissons néanmoins que le fermier, le paysan, le peuple enfin a été traité, en Espagne, avec une partialité dont on ne retrouverait nulle part ailleurs l'équivalent.

Maintenant, que pensez-vous, je vous prie, de l'esprit révolutionnaire et du radicalisme en Espagne? Craindrez-vous les mouvements populaires, ces soulèvements furieux dont l'Angleterre et la France ont été déjà plusieurs fois témoins? Faudra-t-il redouter les éruptions du volcan populaire dans ce pays où le dernier paysan et le plus misérable a toujours à discrétion le pain, le vin et le soleil, où le mendiant lui-même a des culottes de laine et un manteau de laine pour l'hiver, tandis que nos paysans français n'ont, la plupart, que de la toile pour se défendre contre la gelée? Et ne comprendra-t-on pas enfin que de vouloir jouer en Espagne je ne sais quel proverbe politique imité de la révolution française, c'est faire un anachronisme absurde, et confondre aveuglément les différences fondamentales de deux pays qui n'ont rien de commun ?

Ces lois si favorables au paysan, la longueur ou même l'éternité des baux, par conséquent les vieilles relations du propriétaire et du fermier, l'absence de stimulant, qui, si la production générale en souffre, laisse du moins plus de latitude et d'aise au cultivateur; l'affabilité de la noblesse enfin, tout contribue, d'une part, à éloigner de la population des campagnes toute idée d'innovation, et surtout d'innovation violente, et de l'autre, à assurer aux grands propriétaires un ascendant marqué dans les provinces. Aussi, bien que leurs revenus aient été écornés de mille manières, les nobles ne manqueront pas, dès qu'un peu d'ordre se rétablira, de reprendre une certaine importance. Dans des temps agités, cette influence est nulle, parce que, n'ayant qu'un intérêt de conservation, ils sont loin d'agir et de manœuvrer avec la même âpreté que la bourgeoisie des villes, parmi laquelle se recrute d'ordinaire le parti exalté et qui a tout à gagner dans la lutte. Et à ce propos, et au risque d'intervertir un peu l'ordre des idées, il faut que je vous entretienne d'une idée assez répandue ici, et qui, vraie ou non, s'accorde très bien avec la situation telle que je viens de vous la décrire.

Il y a ici des gens qui disent et qui croient que le parti exalté n'est pas du tout pressé de finir la guerre, et que la mollesse des généraux employés contre Gomez, que le refus d'obéir, formellement exprimé par quelques autres, n'a pas été aussi désagréable à tout le monde qu'on pourrait avoir lieu de le penser; et ils donnent, à l'appui de cette opinion, des raisons qui ne laissent pas d'être assez spécieuses. En effet, en dépit des *Te Deum* entonnés chaque jour à grand bruit par les fidèles de D. Carlos, on craint peu son retour. Gomez, en traversant toute l'Espagne, a fait surgir quelques bandes de pillards et de voleurs, mais pas une seule insurrection sérieuse n'a éclaté à son approche; on ne peut pas forcer D. Carlos en Navarre; mais D. Carlos n'a pu encore rien tenter de sérieux hors de ses quatre provinces; la levée récente du siége de Bilbao vient même de replacer l'insurrection précisément dans la position où elle se trouvait à la mort de Zumalacarreguy; or, pour une insurrection, ne pas avancer, c'est reculer. En somme, on redoute assez peu D. Carlos. Or, si l'on met de côté le danger sérieux qui aurait pu résulter de ses tentatives de restauration, vous trouverez que le parti carliste a parfaitement fait jusqu'ici les affaires du parti exalté. N'est-ce pas en criant à la tiédeur, à la trahison contre les *estatutistas*, que le parti exalté est venu à bout de s'emparer des affaires? S'il n'a pas fait mieux, au moins a-t-il fait par lui-même, et s'il manque d'idées organisatrices, d'une appréciation juste ou sincère de l'état de l'Espagne; s'il multiplie, dans sa stérile fécondité, des lois sans écho et des décrets inefficaces, la présence de la guerre civile, le fantôme du despotisme qui, de temps en temps, lève sa tête blanchie au dessus des montagnes de la Navarre, n'est-elle pas bien propre à maintenir dans l'opinion une appréhension salutaire et toute profitable à l'opinion qui a pris la liberté pour enseigne?

Voilà ce que l'on dit; et, sans vouloir prendre parti dans une querelle de cette nature, je me bornerai à vous répéter que la fin de la guerre civile sera la fin du règne de la soi-disant exaltation. De quelque manière qu'on s'arrange à l'égard de la Chambre qu'on ne peut plus appeler la Chambre haute, mais que nous appellerons tout simplement l'autre Chambre, vous verrez, une fois la crainte d'une restauration dissipée, la noblesse, ou, si vous l'aimez mieux, la grande propriété reprendre son ascendant naturel, naturel surtout dans un pays où cet ascendant, loin d'être vexatoire pour le peuple des campagnes, est, au contraire, le fruit des énormes concessions qui lui sont faites.

Si j'ai réussi à me rendre clair, vous aurez dû comprendre que le peuple n'est ici qu'indirectement intéressé dans la question. Pris collectivement et comme nation, le peuple doit gagner immensément à la régénération de l'Espagne; mais, considéré seulement dans ses rapports avec les autres classes, avec la noblesse, la bourgeoisie ou le clergé, ce n'est pas lui qui est à plaindre ou qui a le plus besoin d'émancipation. Les intérêts opprimés ici, ce sont ceux de l'intelligence et de la propriété. Sur ce terrain, la noblesse et la bourgeoisie devront, sans doute, se trouver d'accord. Quant à la noblesse, si la révolution la dépouille de ses titres aristocratiques, il y aura pour elle tout à gagner ; ce seront des impôts de moins à payer, et elle n'aspire, sous ce rapport, qu'à jouir du bénéfice du droit commun. Si donc le peuple continue de rester neutre, que de façon ou d'autre la guerre civile se termine, il y a lieu de penser que les idées d'amélioration et de réforme n'auront à redouter, de la part de la noblesse, ni mauvais-vouloir, ni opposition sérieuse.

LETTRE

XII

LE CLERGÉ. — LES COUVENTS.

Madrid, 2 février 1837.

Le plus grand nombre des mesures décrétées depuis la mort de Ferdinand sont aujourd'hui profondément oubliées. Dictées par de stériles réminiscences ou de fausses analogies, elles n'ont pas survécu à l'engouement passager qui leur avait donné naissance; il n'en est pas de même des mesures prises par la révolution espagnole à l'égard du clergé. Il s'agissait là de livrer bataille à des intérêts anciens et puissants, d'élever sur leurs débris des intérêts nouveaux; il s'agissait, en un mot, de déplacer et de diviser la propriété, ce mobile éternel de toutes les révolutions politiques; aussi tout ce qui s'est fait dans cette ligne a pu être bon ou mauvais, bien ou mal conçu; mais rien, du moins, ne tombe sous ce reproche commun d'insignifiance et d'inefficacité qui semble le péché originel de presque toutes les résolutions qui se prennent dans ce pays.

La nécessité de réformer le clergé, de réduire le nombre des couvents et des moines est un besoin qui ne s'est pas fait sentir d'hier seulement : il y a longtemps que la réforme était demandée pour divers motifs et par tout le monde. Le Pape, les hauts fonctionnaires ecclésiastiques demandaient, depuis plus d'un demi-siècle, qu'on mît un frein au relâchement de la discipline; le gouvernement lui-même s'associa à ce but à différentes reprises, et, dès le temps des rois catholiques, on voit le cardinal Ximenès obtenir du Saint-Siége des bulles d'autorisation pour la réforme ou même l'extinction des religieux franciscains. Plus tard, et sur les instances de Philippe II, le pape Pie V avait nommé des commissaires qui devaient s'occuper de réformer tous les ordres religieux. Mais ce fut surtout depuis les commencements du règne de Charles III, que les idées de réforme s'étendirent et se propagèrent. L'école philosophique de cette époque, qui suivait les traces de Voltaire, et à la tête de laquelle marchait le comte d'Aranda, ne se borna pas à réclamer la réforme au nom de la discipline ecclésiastique; elle fit aussi intervenir dans la question les considérations économiques, et l'on peut voir, dans un excellent mémoire sur l'agriculture, rédigé en 1795 par Jovellanos, et adressé au président du conseil suprême de Castille, au nom de la société patriotique de Madrid, combien la question était déjà avancée pour les bons esprits de ce temps. Déjà, en 1767, l'abolition de l'ordre des jésuites et la confiscation de leurs biens avaient ouvert pratiquement la route aux tentatives réformatrices les plus hardies.

Aussi peut-on dire que, dans ces dernières années, tout le monde se trouvait d'accord, sinon sur l'étendue, au moins sur la nécessité de la réforme. Le clergé séculier, animé par une vieille rivalité, l'attendait avec plaisir ; le parti libéral l'appelait avec ardeur, et le peuple lui-même l'eût acceptée sans grande répugnance. Depuis 1808, en effet, la popularité des moines a beaucoup perdu : depuis longtemps, déjà, ils avaient perdu le respect des populations ; je n'en veux pour preuves que ces innombrables contes grivois qui circulent dans le peuple, inventés et racontés par le peuple, et dont les moines sont invariablement les héros bouffons et bafoués. On riait d'eux, mais sans amertume ; c'était le rire de la plaisanterie et non celui du sarcasme et de la haine. En effet, si les moines prêtaient à l'anecdote grivoise, ils rachetaient ce léger inconvénient par toutes sortes de qualités très appréciées du peuple ; d'abord ils sortaient, pour la plupart, de ses rangs, et, une fois revêtu du froc, la richesse du moine devenait pour les siens une source intarissable de petites douceurs ; le superflu de la quête s'écoulait de ce côté ; les aumônes abondantes, distribuées aux portes des couvents, les rendaient, en quelque sorte, les intendants de la fortune des pauvres, auxquels les processions et les cérémonies religieuses servaient de spectacle. Enfin leur douceur comme propriétaires, la patience avec laquelle ils attendaient le terme arriéré, le grain que le fermier trouvait chez eux pour les semailles dans les mauvaises années, tout, jusqu'à la familiarité de leurs manières, contribuait à les rendre populaires et à faire aimer leur pouvoir. En 1808, ils embrassèrent avec ardeur, comme on sait, la cause nationale; et si quelques uns d'entre eux, comme à Valence, par exemple, furent les instigateurs de massacres féroces, ces griefs que l'histoire impartiale leur reprochera ne devaient qu'augmenter leur ascendant sur des populations complices de leurs fureurs.

Mais la guerre de l'indépendance, qui releva, pour quelques années, leur crédit déclinant, leur porta indirectement un coup funeste. Une fois les Français partis, les couvents rentrés en possession de leurs biens sentirent, comme tous les propriétaires, le contre-coup des calamités accumulées sur l'Espagne durant une guerre de six ans. Ruinés comme les autres propriétaires, ils devinrent exigeants comme eux; ils n'eurent plus sur eux l'avantage que la richesse et la bonne administration leur avaient permis de prendre ; ils durent exiger plus sévèrement la rentrée de leurs fermages, et, depuis cette époque, leur popularité a décliné sensiblement.

Quand on parle du clergé régulier en Espagne, il y a une distinction importante qu'il importe de faire. Sur vingt-huit ordres religieux qu'on comptait, je crois, en Espagne, il y en avait quatre exclusivement adonnés à la vie contemplative : c'étaient les Bénédictins, les Bernardins, les religieux de Saint-Basile et ceux de Saint-Jérôme; ces derniers étaient les plus riches de tous. Ces religieux, connus sous le nom générique de *monges*, vivaient cloîtrés, occupés de sciences, les Bénédictins surtout, qui ne démentaient point, dit-on, l'ancienne réputation de leur ordre. Tous les autres, réunis sous la dénomination commune de *frailes* ou de moines mendiants, mêlaient, à la vie contemplative, l'exercice actif du culte. Ils confessaient, administraient, aidaient au clergé des paroisses, et finissaient quelquefois par le suppléer presque entièrement dans l'exercice de ses fonctions spirituelles. Divisés en provinces, ils voyageaient, par ordre de leur supérieur, d'un couvent à un autre, prêchant et quêtant sur la route, beaucoup plus populaires et presque toujours plus riches que les *monges*.

Quant au clergé séculier, moins influent, moins attaqué et peut-être aussi riche que les moines, il a presque toujours usé honorablement de ses immenses revenus. Tandis que les nobles gaspillaient leurs fortunes en folles dépenses, le clergé séculier, les évêques, les chapitres des cathédrales, bons administrateurs et conservateurs par l'esprit même de leur profession, employaient leurs richesses de la manière à la fois la plus utile et la plus noble. Une bonne partie des édifices publics d'Espagne, nombre de ponts, de fontaines, d'aqueducs, d'hospices sont dus aux évêques. Dans les temps de calamités publiques, ils ont toujours fait beaucoup pour les pauvres. On n'en finirait pas de raconter tout ce qu'on leur doit en ce genre. Pour ne parler ici que d'une fondation dont j'ai pu du moins considérer les vestiges, le fameux *Alcazar* de Tolède, ouvrage des Maures, agrandi par Herrera, le célèbre architecte de l'Escurial, avait été transformé par le cardinal Lorenzana, archevêque

de Tolède, en un vaste hôpital où deux cents
enfants et sept cents pauvres étaient, chaque
jour, reçus et nourris. La guerre de l'indépendance a effacé tout cela et n'a laissé debout que
les murailles de l'*Alcazar*, encore noires de la
fumée de l'incendie qui l'a ravagé ; mais, enfin,
il faut reconnaître que, si le clergé ne faisait
pas de son influence et de ses richesses l'usage le
plus éclairé et le plus profitable au peuple, il en
faisait du moins un usage chrétien et conforme à
l'esprit de son institution. Ajoutons, d'ailleurs,
qu'il ne pouvait guère alors faire rien de mieux.
On parle aujourd'hui de diviser la propriété et
d'appeler un plus grand nombre au partage :
souhaitons que ce vœu se réalise à l'avantage
de tous ; mais convenons aussi que ces idées ne
sont pas vieilles en Espagne, et que les immenses
propriétés du clergé trouvaient alors leur justification dans sa supériorité administrative et son
esprit charitable. L'esprit de suite et de persévérance, propre à un corps qui ne meurt pas,
et que ne distraient jamais les intérêts de famille
et de postérité, était d'ailleurs merveilleusement favorable aux grandes fondations. Il y a
telle cathédrale, en Espagne, que le chapitre a

bâtie avec les économies de son revenu annuel; la construction durait quatre-vingts ans, cent ans même, et l'œuvre était terminée sans qu'on dût rien à personne; c'était le fruit des privations de deux ou trois générations de chanoines. Certes, il y a de la grandeur dans une telle persévérance; et lorsque la royauté s'est ruinée, que la noblesse s'est ruinée, lorsqu'en attendant que la bourgeoisie ait fait fortune on se trouve forcé de prendre les économies du clergé pour payer les dettes des prodigues, c'est bien le moins qu'on rende un hommage mérité à cet esprit d'ordre et d'administration qui a soustrait aux favoris et aux folles entreprises les dernières ressources dont la nation puisse disposer.

Je voudrais pouvoir vous donner une idée exacte de la fortune du clergé; mais je tremble de m'avancer sur le terrain des chiffres, et de rien préciser à cet égard, tant les documents que j'ai pu me procurer sur cette matière sont incomplets et contradictoires. Disons seulement, pour commencer, que l'État prélevait une bonne part sur les revenus du clergé séculier. On compte jusqu'à quinze espèces d'impôts payés à la couronne par les fonctionnaires ecclésiastiques. Je ne vous ennuierai pas de ce détail qui m'obligerait à vous conduire à travers les détours d'une nomenclature fort aride. Je me bornerai à vous dire que tous les bénéfices ou dignités qui sont à la nomination du Roi lui payaient un ou trois ou six mois du revenu de la première année de leur entrée en possession, quelquefois même une année entière, et qu'indépendamment de plusieurs obligations courantes, déjà fort lourdes, la couronne avait encore le droit de disposer à son gré du tiers du revenu des évêchés et archevêchés, sur lesquels elle établissait des pensions ; mais elle usait rarement de ce droit dans toute sa rigueur, ce qui rend l'appréciation d'autant plus difficile. M. de Laborde, dans son *Itinéraire* publié en 1809, portait à 10,500,000 francs le total des impôts payés par le clergé régulier, de ceux au moins dont il avait pu se procurer le chiffre. D'autre part, un relevé officiel [1] du revenu des couvents, fait en 1834, dans lequel, il est vrai, de nombreuses lacunes sont signalées, ne porte

[1] Exposicion dirigida a S. M. el 25 de Febrero de 1836 por la real junta ecclesiastica encargada de preparar el arreglo del clero. Madrid, 1836.

le revenu constaté des couvents qu'à près de 5,000,000 de francs, et même à 3,000,000, défalcation faite des impôts. Il résulte cependant, de données extraites d'un ouvrage [1] qui invoque les enquêtes officielles des cortès de 1823, que la somme totale des revenus du clergé s'élevait alors à 336,000,000 de francs. Enfin des personnes que j'ai lieu de croire aussi bien informées que possible m'assurent que la somme d'impôts payés par le clergé s'élevait à plus de 60 pour 100 de son revenu total, ce qui s'accorde peu, comme vous voyez, avec les chiffres posés tant par M. de Laborde que par les cortès de 1823 et par la junte ecclésiastique de 1834. Je crois donc devoir me borner à vous dire que vraisemblablement les cortès qui convoitaient les biens du clergé auront enflé ses revenus, que les couvents menacés les auront évalués le plus bas possible pour détourner la tempête, et qu'en dernier résultat personne ne possède, sur ce point, de documents bien certains, et que je suis, à cet égard, aussi peu avancé que tout le monde.

[1] De la dette publique et des finances de la monarchie espagnole, par A. Borrego. Paris, Paulin, 1834.

Je ne sais si j'aurai réussi à mettre les faits suffisamment en évidence pour que la conclusion de tout ceci se présente naturellement et d'elle-même; mais il me semble que, d'après ce que je viens de vous dire, vous comprendrez comment la réforme du clergé et la suppression au moins d'une certaine quantité de couvents étaient un fait appelé par les besoins économiques de la nation espagnole, plus encore que par ses convictions et ses vœux politiques. On pouvait éprouver le désir de supprimer des institutions vieillies et désormais sans objet; on ne pouvait guère être animé contre les moines de ces haines profondes auxquelles donne lieu l'abus du pouvoir. Ils étaient inutiles plutôt qu'oppresseurs; aussi y avait-il lieu, à leur égard, à faire appel à une réforme plutôt qu'à une révolution. Payer les dettes de la monarchie, appeler au partage des droits de la propriété, jusque-là concentrés dans un petit nombre de mains, toute cette bourgeoisie qui cherche à exister, à se constituer, c'était là un but, à coup sûr, suffisant pour justifier la reprise par la nation de tous ces biens autrefois concédés aux moines par la piété des rois ou des grands.

Je me propose d'examiner bientôt avec vous comment ce but a été rempli; mais je voudrais seulement, pour aujourd'hui, terminer par une réflexion que m'a suggérée la conduite de la révolution espagnole à l'égard des moines, réflexion susceptible, d'ailleurs, d'une application plus générale aux choses de ce pays.

N'est-ce pas une chose remarquable, n'est-ce pas en même temps un grand malheur pour l'Espagne, que le mouvement de régénération qui l'agite ne soit point sorti de ses propres entrailles? Ce qu'il y a chez elle de vieux, d'antique, d'enraciné, c'est l'esprit monarchique et monacal. L'esprit monarchique et religieux, préparé par le moyen-âge, a été définitivement constitué ici aux xve et xvie siècles. Depuis ce temps, les autres nations ont pu marcher; l'Espagne est demeurée immobile, ou n'a jamais marché qu'à la suite de l'étranger. Ne dirait-on pas que la monarchie et le clergé, comme deux arbres puissants et touffus, n'ont pas laissé le soleil féconder de nouveau la terre qu'ils ombrageaient? De Charles-Quint jusqu'à l'extinction de la maison d'Autriche, sous Charles II, tout décline suivant une pente rapide et continue.

De Charles-Quint à Charles II, les revenus de la monarchie diminuent en même temps que ses dépenses s'accroissent; la population est réduite presque de moitié; et lorsque l'Espagne se relève, c'est qu'un Français, Philippe V, a pris les rênes de l'État, a introduit quelques méthodes financières et administratives nouvelles; c'est, en un mot, qu'une influence extérieure est venue féconder la civilisation stérile de l'Espagne. Le règne de Charles III, le meilleur qu'ait eu l'Espagne, ne dut sa prospérité qu'à l'action des principes français que l'école philosophique d'alors s'efforça de greffer sur le vieux tronc espagnol; mais, il faut bien le reconnaître, depuis les rois catholiques, rien de nouveau, aucun germe de progrès ou de développements n'a été indigène en Espagne. Dût l'orgueil espagnol en souffrir, c'est là une chose qu'il faut dire et répéter, d'abord parce qu'elle est vraie, et ensuite parce que, si l'orgueil espagnol en souffre, il cherchera des remèdes à sa longue stérilité. Mais ce qui est vrai dans le passé, à cet égard, est surtout vrai de notre temps. Aujourd'hui, plus que jamais, c'est du dehors que la lumière arrive à l'Espagne; c'est de la France qu'elle tire toutes ses idées, tous ses plans, tous ses projets. Vainement la guerre de l'indépendance a blessé les Espagnols au cœur; vainement aujourd'hui se plaignent-ils amèrement de notre tiédeur pour eux, la France reste, en dépit de tout et d'eux-mêmes, l'étoile polaire sur laquelle ils s'orientent. Ces idées constitutionnelles, ces idées de réformer le clergé et de supprimer les couvents, ces idées de diviser la propriété, est-ce de l'Angleterre, par hasard, que cela leur est venu? Non, c'est de la France; et, au lieu de se révolter contre cette idée, il serait plus sage de faire comme les Russes, d'adopter franchement le progrès, de quelque part qu'il vienne, plutôt que d'imiter la France en déclamant contre elle dans les assemblées politiques.

Malheureusement aussi, il faut bien le reconnaître, c'est parce qu'il vient du dehors que le progrès a tant de peine à se naturaliser chez eux. Depuis 1808, il n'y a ici réellement que deux partis en présence, celui de la vieille et immobile Espagne, et celui qui s'est fait le promoteur des idées de l'étranger. A l'un manquent la popularité traditionnelle, les vieilles racines nationales ; à l'autre, le sentiment de l'avenir et des intérêts nouveaux. Quoi de plus détesté, en Espagne, que les *afrancesados?* quoi de plus impopulaire et de plus exagéré que les émigrés ? et aussi, disons-le, quoi de plus stérile et de plus vide que ce parti qui, soit sous la bannière de l'absolutisme, soit sous celle des antiques libertés nationales, a la prétention de ne rien emprunter au dehors et de conserver intact le dépôt, à lui seul confié, de la nationalité espagnole? Aussi la lutte acharnée et interminable qui, depuis bientôt trente ans, désole ce malheureux pays, à quoi tient-elle, si ce n'est à l'impuissance des deux partis rivaux? L'un est étranger à son pays, l'autre à son époque ; l'un est composé d'habitants de la France et de l'Angleterre qui ont oublié l'Espagne ; l'autre, de vieux Cantabres et de Goths du XIe siècle qui ne comprennent ni l'industrie, ni la science politique, qui ont l'unité en horreur, et ne voient rien au delà du clocher de leur village et des franchises communales. Ceux-ci voudraient remonter au moyen-âge ; les autres voudraient pétrir l'Espagne à l'image de la France ou de l'Angleterre ; prétentions également vaines, également chimériques, également impuissantes, et dont les extravagances alternatives s'engendrent les unes les autres par une réaction sans fin et sans limites. Jusqu'à ce que le temps ait fait justice de ces prétentions extrêmes, ait fondu et rapproché les exagérations hostiles des deux partis, vous pouvez vous attendre à voir l'Espagne misérablement ballottée entre un parti qui n'est plus et un parti qui n'est pas encore, entre un passé et un avenir que le présent n'a pas encore réunis, entre de vieux souvenirs et de chimériques espérances.

C'est là, si je ne me trompe, la raison de ces réactions aussi violentes qu'inefficaces, de ce peu de mesure et de sagesse qui préside aux résolutions diverses qui se prennent en ce pays. C'est là enfin la cause de ce mélange singulier de faiblesse et de violence, dont l'abolition des ordres religieux nous fournira un exemple frappant que je compte prochainement vous remettre sous les yeux.

LETTRE

XIII

LE CLERGÉ. — LES COUVENTS.

Madrid, 28 février 1837.

Plusieurs causes, que je crois vous avoir indiquées dans ma dernière lettre, avaient contribué depuis longtemps à diminuer en Espagne le nombre des moines, en même temps que le progrès des idées faisait sentir plus vivement le progrès de la réforme. L'Espagne comptait, en 1797, 53,000 personnes engagées à divers degrés dans les rangs du clergé régulier. En 1808, ce chiffre était tombé à 46,000 ; en 1820, à 33,000 ; enfin, en 1835, le nombre total des moines se trouvait réduit à 30,906. Après la mort de Ferdinand, et lorsque l'avènement au pouvoir de M. Martinez de la Rosa eut annoncé clairement de la part du gouvernement espagnol l'intention de marcher dans de nouvelles voies, le clergé fut un des premiers objets qui durent appeler son attention. Aussi, trois mois après la nomination de M. Martinez de la Rosa, le 24 avril 1834, un décret royal prescrivit la formation d'une junte ecclésiastique chargée de présenter au gouvernement les moyens qu'elle jugerait les plus propres à opérer, dans le clergé, tant régulier que séculier, les réformes reconnues indispensables. La junte se composait de hauts dignitaires ecclésiastiques et de jurisconsultes. Le préambule du décret s'autorisait, pour ordonner la réforme, non seulement des nécessités de l'époque et du progrès des lumières, mais aussi des canons du concile de Trente, et la volonté de s'entendre avec le Saint-Siége pour les mesures définitives y était formellement énoncée.

M. Martinez de la Rosa montrait, dans ce préambule, cette volonté empreinte dans tous les actes de son ministère, de ménager les intérêts anciens en même temps qu'il se concilierait les intérêts nouveaux, projet louable sans doute, mais dont l'exécution, difficile même en temps de paix et dans des circonstances régulières, devenait à peu près impossible au milieu de toutes les alarmes et de toutes les espérances que son nom seul éveillait, au milieu surtout de l'activité que la guerre de Navarre devait donner aux manœuvres des partis.

Le premier soin de la junte ecclésiastique fut d'adresser à tous les ordres religieux, ainsi qu'à tous les évêques et à tous les chapitres, l'invitation de lui remettre un état complet du personnel et du revenu de tout le clergé. L'injonction fut assez froidement accueillie; des évêques murmurèrent, se refusèrent à obtempérer aux ordres de la junte, et entamèrent avec elle une correspondance où la junte montra inutilement la meilleure volonté de se faire obéir. De la part des ordres religieux, l'opposition fut plus silencieuse, mais tout aussi réelle, comme vous allez le voir tout à l'heure. En effet, le 20 juillet

1835, quinze mois après les premières injonctions de la junte, les documents remis par les moines, et que les évènements qui survinrent rendirent complètement inutiles, étaient encore extrêmement incomplets. Sur vingt-sept ordres religieux, quinze n'avaient pas encore répondu ou n'avaient envoyé que des renseignements pleins des lacunes les plus significatives. Ainsi ils ne font aucune difficulté pour donner la statistique complète de leur personnel et le nombre de leurs couvents; mais du chiffre de leurs revenus ils ne disent pas un mot. Une autre remarque non moins importante, c'est que le refus de s'expliquer à ce sujet vient toujours des ordres les plus riches. Ainsi les Hiéronymites, les plus opulents des *monges*, gardent sur ce chapitre le silence le plus profond; les Dominicains, sur deux cent vingt et un couvents, oublient de remettre la note des revenus de soixante-treize, qui apparemment n'auront pas été choisis parmi les plus pauvres; les Franciscains s'excusent sur ce qu'ils vivent d'aumônes; les jésuites, les plus riches après les Hiéronymites, gardent aussi le silence. Le revenu total des ordres religieux, d'après l'état incomplet publié par la junte ecclésiastique, ne se serait élevé qu'à 19 millions de réaux, sur lesquels, payant au gouvernement environ 12 millions, leur revenu net n'aurait été que de 7 millions de réaux, c'est à dire à peu près 1,800,000 fr. La proportion du prélèvement opéré par le gouvernement s'accorde assez avec ce que je vous disais l'autre jour de la part énorme qui lui revenait sur les rentes du clergé; mais, au dire de tout le monde, il est impossible, d'après ces données, de se faire une idée, même approximative, des richesses des moines, dont ce document n'accuserait que la plus faible partie.

A cela près de l'impuissance où se trouvait la junte de se procurer les renseignements indispensables et de vaincre la mauvaise volonté des intéressés, ses plans et ses résolutions paraissent avoir été dictés par le meilleur esprit et la bonne volonté la plus sincère : elle proposait de supprimer tous les couvents de moins de douze moines, l'État se serait emparé de leurs biens; de réunir dans les mêmes maisons les religieux des mêmes ordres, jusqu'à concurrence du nombre prescrit; enfin d'employer les moines mendiants à combler les lacunes qui existaient dans les rangs du clergé séculier, et qui, en différents endroits, laissaient en souffrance les besoins du culte. Combinées avec la défense enjointe aux ordres religieux de recevoir des novices, ces mesures eussent été, en toute autre circonstance, excellentes pour concilier les besoins impérieux de l'époque avec les exigences de l'humanité et les égards dus à des hommes qui, sous la protection et avec l'autorisation de la loi, avaient renoncé au monde et s'étaient déjà mis, au moins pour la plupart, dans l'impossibilité d'y rentrer. Mais l'Espagne était en proie à la guerre civile ; c'était là un fait capital qui aurait dû tout changer, et dont on semble à peine s'être aperçu. Une mesure générale qui, dès le début, aurait entièrement supprimé les couvents eût eu au moins l'avantage de rallier tous les hommes de la classe moyenne qui aspirent à devenir propriétaires et à hériter de l'influence territoriale des couvents ; mais ces réformes incomplètes ne pouvaient satisfaire personne ; le parti exalté les trouvait insuffisantes, les moines et ceux de leur parti étaient blessés dans le présent et alarmés pour l'avenir ; car il était clair, et le mécontentement du parti exalté en était l'indice le plus éclatant, que le désir de réforme manifesté par le gouvernement ne serait, pour le parti du mouvement, que le signal et le point de départ de vœux plus hardis au bout desquels se trouvait, en dernier résultat, la suppression totale des ordres religieux. Mais laissons parler les évènements.

Au mois de juillet 1834, le choléra régnait à Madrid, la préoccupation et la stupeur étaient au comble, lorsque les sociétés secrètes résolurent de tirer parti de cette triste circonstance contre les moines. Le 17 juillet, à la suite d'une rixe qui eut lieu à la Puerta del Sol, et qui avait mis en émoi une foule nombreuse, le bruit est répandu que le choléra n'est pas la seule cause de l'effrayante mortalité qui désole la capitale; on dit que les fontaines ont été empoisonnées, et que les moines sont les auteurs de cet infame guet-apens. Quelques meneurs s'emparent de la foule émue et agitée; on se porte sur les couvents, on brise les portes, on égorge les moines; le lendemain, les mêmes scènes se répètent. Or, notez que depuis quarante-huit heures le gouvernement avait été prévenu, que les troupes, au moment même où l'émeute éclata, étaient consignées dans leurs quartiers, par mesure de salubrité, et que rien, par conséquent, n'eût été plus facile que de prévenir et d'empêcher le désordre. Cependant on n'en fit rien; les troupes ne sortirent que quand tout fut fini et qu'il n'y eut plus rien à empêcher. Il est vrai que, le lendemain, la *Gazette de Madrid* inséra dans sa partie officielle, non pas le récit des évènements, ni l'explication de la conduite du gouvernement, mais une homélie touchante sur les déplorables évènements de la veille, et une paternelle exhortation à la concorde. *L'Eco del Comercio*, journal de l'opposition, soumis, il est vrai, à la censure, raconta les évènements et les déplora, ajoutant qu'après tout il n'y avait pas lieu de s'étonner si la population, qui avait vu tant de morts subites et effrayantes, s'était montrée crédule aux bruits que la malveillance avait semés. Du reste, personne ne parut ni très surpris ni très fâché de l'évènement; on écrivit sur les moines égorgés quelques phrases de condoléance assez tièdes, et puis ce fut une affaire terminée. Cette lâcheté du pouvoir fut, on peut le dire, un acte d'abdication véritable; à partir de ce moment, ce ne fut plus le gouvernement qui gouverna, chacun le sut, et le champ fut ouvert à tout ce qu'on a vu depuis et qui dure encore.

Je n'écris point une histoire, je rapproche quelques faits pour les éclairer les uns par les autres; nous pourrons donc passer sous silence les évènements de toute une année, et nous transporter au mois de juillet 1835, après la démission de M. Martinez de la Rosa, sous le ministère de M. de Toreno. Nous allons voir ce dernier recueillir l'héritage agrandi de son prédécesseur. Sous M. de Toreno, comme sous M. Martinez de la Rosa, la guerre n'avait pas obtenu toute l'attention qu'elle méritait. Comptant plus qu'il n'aurait dû sans doute sur le succès de diverses négociations, M. de Toreno devait se trouver bientôt entraîné lui-même par cet esprit de désordre qui trouvait, dans l'impuissance militaire du gouvernement et dans ses condescendances pour l'émeute, un prétexte et un encouragement. Déjà, au mois de janvier précédent, Madrid avait eu le spectacle scandaleux d'une révolte à main armée dont l'audace avait forcé le gouvernement à capituler; le pouvoir s'annulait de plus en plus, la pente était devenue plus rapide, les sociétés secrètes s'étaient enhardies; aussi nous allons voir le mouvement de juillet 1835 dépasser de bien loin les agitations précédentes, et les malheureux moines payer cette fois encore les frais de la politique conciliante et condescendante du pouvoir.

Cette insurrection des juntes qui renversa M. de Toreno et qui sembla un moment devoir mettre l'Espagne en feu, cette insurrection qui se termina par la lassitude et l'impuissance des juntes insurgées, fut du moins terrible pour les moines. Les 5 et 6 juillet, Saragosse donna le signal. Sous prétexte que les moines étaient les alliés de D. Carlos, les exaltés de Saragosse suscitent une émeute contre les moines ; les couvents sont pillés et brûlés et vingt moines sont égorgés, tandis que le capitaine-général se tient prudemment renfermé, gardé par ses troupes avec deux pièces de canon à la porte de son palais. Ce ne fut que le 7, que l'*ayuntamiento* ayant fait appel aux honnêtes gens, la ville fut affranchie de la domination des cent et quelques misérables que la mollesse des autorités avait laissés deux jours maîtres de Saragosse. Partout, en Aragon, les moines furent chassés ; ceux qui ne le furent point se sécularisèrent volontairement. Ils étaient dans cette province plus mal vus qu'ailleurs et durent y être victimes de la première effervescence, bien que le but du mouvement fût surtout politique et dirigé contre la marche incertaine et molle du gouvernement. Le 24 juillet, les mêmes scènes se répètent à Reuss, et enfin, le 26, éclate à Barcelonne un mouvement terrible; la capitale de la Catalogne fut, dix jours durant, la proie de l'émeute; nombre de moines périrent; le général Bassa, second de Llauder, qui avait voulu rétablir l'ordre, fut égorgé par la populace. A Valence, le mouvement avait eu lieu le 15; à Murcie, le 14; à Alicante, le 20; le 25 à Cadix; il échoua à Madrid, le 16. Vous savez l'histoire de cette insurrection des juntes, la chute de M. de Toreno qui en fut la suite, et l'avènement de M. Mendizabal qui le remplaça. Mais une chose digne de remarque, c'est que, le 25 juillet, le gouvernement, qui jusque-là n'avait pris aucune mesure décisive sur les couvents, rendit un décret qui, conformément aux bases établies par la junte ecclésiastique, en abolissait neuf cents, c'est à dire qu'il avait attendu, pour agir, que l'insurrection lui forçât la main. Le résultat de cette coupable faiblesse fut que personne ne put lui savoir gré d'une mesure que la force lui avait évidemment imposée, et que, d'autre part, chacun était en droit de l'accuser des odieux massacres qu'il avait été contraint de tolérer, et qu'il n'avait eu ni l'habileté de prévenir ni la force de réprimer. Le gouvernement, pour tout dire, avait tenu la plume sous la dictée de l'émeute.

Le décret du 25 juillet, en abolissant neuf cents couvents, s'appuyait sur les bases proposées par la junte ecclésiastique; de sorte qu'en cédant aux violences du parti exalté le gouvernement n'y cédait encore qu'à moitié, et au lieu de la suppression absolue et instantanée des couvents, qui était le vœu des hommes du mouvement, il n'accordait qu'une suppression partielle, antérieurement proposée, comme s'il eût espéré par là dissimuler la contrainte qu'il subissait. Mais la fausseté de sa position était trop évidente pour qu'il lui fût possible de se faire la moindre illusion à cet égard. Le 30 juillet, la junte ecclésiastique avait adressé au gouvernement une note dans laquelle elle indiquait les mesures à suivre pour faciliter l'exécution du décret du 25. On eut égard à quelques unes de ses indications, notamment en ce qui concernait la conservation de quelques ordres, comme, par exemple, les missionnaires d'Asie, les religieux de Saint-Jean-de-Dieu, qui font le service des hôpitaux, *los Escolapios*, qui enseignent les enfants ; mais, lorsque la junte s'avisa, le 2 septembre, de remettre une note où elle réclamait énergiquement contre les incendies et les assassinats de Saragosse, de Reuss et de Barcelonne, il ne lui fut point répondu. A cette époque, en effet, le soulèvement général des juntes amenait la chute de M. de Toreno, et M. Mendizabal, nommé douze jours après ministre universel par *interim*, allait venir légaliser par décret les faits accomplis. En effet, plusieurs décrets furent rendus par lui, jusqu'au 19 janvier 1836, où les couvents furent solennellement abolis, quoique par le fait les moines les eussent, pour la plupart, depuis longtemps évacués. Rien de régulier, du reste, n'avait été combiné à cet égard. Dans les provinces où des émeutes avaient eu lieu, où des juntes s'étaient formées, les couvents avaient généralement été fermés au moment même. Ce premier exemple une fois donné fut suivi par les diverses localités à des époques différentes, jusqu'à ce qu'enfin le décret du mois de janvier vint mettre un terme au petit nombre d'exceptions qui subsistaient encore. On assigna à chaque moine cinq réaux[1] par jour (25 sous), on leur prescrivit à tous un lieu de résidence déterminé, et les biens des couvents durent être vendus au profit de la caisse d'amortissement.

Je compte examiner prochainement avec vous le système adopté à l'égard des biens des couvents devenus biens nationaux; mais avant d'aborder une question aussi délicate et d'un intérêt aussi grave, je voudrais ajouter quelques mots sur ces malheureux moines, qui de loin disparaissent trop vite derrière la question financière.

Quelque peu porté qu'on soit pour les ordres religieux en général, et quelque peu favorable que leur soit aujourd'hui le préjugé, il est impossible de ne pas déplorer la triste condition où les moines espagnols se trouvent aujourd'hui réduits. Indépendamment des odieuses violences exercées contre eux, et des périls qu'ils ont courus pour la plupart, qu'on songe à la brutalité des arrangements pris avec eux, et on ne

---

[1] Qui ne leur furent jamais payés.

pourra leur refuser une profonde pitié. On a vu de malheureux vieillards qui n'avaient plus d'asile dans le monde, plus d'amis, plus de relations, qui, après cinquante années passées dans la retraite, remplies par des études et des occupations paisibles, avaient dû, ce semble, espérer de mourir là où ils avaient vécu, au milieu de ceux qui étaient devenus leurs seuls amis, leur seule famille, on les a vus brutalement arrachés à toutes leurs habitudes, jetés violemment au milieu d'un monde qui leur était devenu complètement étranger, forcés de recommencer une autre vie à l'âge où l'on ne songe plus qu'à mourir; on a vu des généraux d'ordre, des hommes considérables par leur mérite, par leur rang, habitués aux égards et à la déférence, tirés subitement de la sphère de considération où ils avaient vécu, et mis par le gouvernement à la mince ration de 25 sous par jour, et traités sur le même pied que le dernier frère cuisinier, eux qui avaient commandé, dirigé, gouverné des milliers d'hommes et administré de vastes domaines. Il faut ajouter que, pour comble de misère, le gouvernement, qui s'est emparé de leurs biens, se trouve, malgré tout, dans un tel état de détresse, qu'il ne peut leur payer même la modeste allocation à laquelle il s'était engagé envers eux. Le gouvernement est vis à vis d'eux, comme vis à vis de presque tous ses employés, en arrière de six à sept mois, de sorte que s'ils n'eussent trouvé quelque assistance, soit de la part de leurs familles, soit de la part de leurs amis, soit même dans la compassion des personnes bienfaisantes, tous ceux d'entre eux qui ne sont plus en âge de recommencer leur carrière se seraient vus condamnés à mourir de faim. Un autre résultat de la triste situation des moines sécularisés, c'est que leurs familles, leurs amis, ceux enfin qui partagent avec eux leurs ressources, s'associent naturellement à leur mécontentement. Autrefois les moines, ceux des ordres mendiants surtout, venaient d'ordinaire au secours de leurs familles; aujourd'hui les rôles sont intervertis, et vous pouvez croire que la popularité du gouvernement n'y a rien gagné. Une autre cause de mécontentement, beaucoup moins générale il est vrai, mais que je veux vous citer comme exemple de l'imprévoyance avec laquelle toute cette affaire a été conduite, c'est que, dans beaucoup de couvents, des fondations pieuses avaient été instituées, des rentes perpétuelles allouées, sous condition, par exemple, de dire tant de messes pour la famille ou la personne du fondateur. Le couvent supprimé, et la clause de la donation ne pouvant plus être remplie, les familles réclament la restitution du capital qu'elles avaient consacré à cet usage. L'État, qui est saisi, ne veut pas lâcher prise; de là des procès sans fin. Il y a aujourd'hui telle personne qui dispute contre le fisc les tombeaux et les cendres de ses pères. Tout cela irrite, tout cela est odieux en pure perte.

La réforme et la suppression graduelle des couvents étaient devenues en Espagne une nécessité. Mais il ne fallait pas oublier que, si l'institution s'était dépopularisée, les hommes n'étaient point odieux, et il eût été digne d'un gouvernement vraiment réformateur d'apporter, dans l'exécution de cette rigoureuse mesure, tous les adoucissements réclamés par la justice et par l'humanité. Malheureusement, n'est pas juste et humain qui veut; pour être humain et juste, il faut être fort, assez fort pour empêcher le mal, et pour rester soi-même à la tête des réformes qu'on veut accomplir. Or, c'est précisément la force qui a manqué au gouvernement espagnol. Il a voulu d'abord, par l'annonce d'une réforme, contenter tout le monde, et personne n'a été satisfait; les moines alarmés se sont prêtés de mauvaise grace à la réforme; les exaltés ont perdu patience et ont accompli par force ce qui devait être l'œuvre de la légalité; et le gouvernement, trop faible pour empêcher, trop faible pour réprimer le mal, y a accédé par impuissance, et a compromis sa responsabilité dans une mesure qui, par la manière dont elle s'exécutait, ne devait lui profiter en rien. Or, quelle était donc la cause de cette faiblesse du gouvernement? Je vous l'ai déjà dit vingt fois, et je veux vous le répéter encore : ce fut la guerre civile. C'est pour n'avoir pas compris d'abord que la guerre civile était le nœud de toutes les autres questions, c'est pour l'avoir traitée d'abord comme chose secondaire, que le gouvernement battu, déconsidéré, sans force physique, sans énergie morale, s'est trouvé entraîné à la suite d'un parti peu nombreux, mais hardi, qui, après lui avoir imposé l'approbation du massacre des moines, a fini par le renverser à la Granja, pour recueillir et porter à son tour l'héritage des mêmes embarras et de la même impuissance.

LETTRE

XIV

L'HIVER A MADRID.

Madrid, 6 mars 1837.

Voici bien longtemps que je ne vous parle que de politique; et pourtant, si Madrid est, au dire de tout le monde, la ville la moins originale d'Espagne, on peut ajouter de plus que la politique est ce qu'il y a de moins original à Madrid. La politique à Madrid, ainsi que j'ai eu déjà plusieurs fois l'occasion de vous le faire remarquer, est anglaise ou française; anglaise, moins l'énergie et la persévérance; française, moins la vivacité et l'emportement. Enfin, ce sera tout ce que vous voudrez; mais ce qu'il y a de très certain, c'est qu'il n'y a rien au monde de moins national, de moins espagnol que cette politique, rien qui tienne ici moins de place, dont on s'occupe moins, rien qui puisse par conséquent donner moins l'idée de la physionomie de Madrid et de la manière dont la vie s'y passe. Si donc vous le voulez bien, nous ajournerons la très grave question des biens nationaux dont je m'occupe en ce moment, et nous nous bornerons pour aujourd'hui à courir ensemble les rues, les salons et les bals de cette bonne et pacifique capitale, où, malgré tant de raisons d'être triste, on conserve encore de la gaîté, et où le plaisir est la seule divinité dont les temples ne soient pas déserts.

Il faut voir les Espagnols dans leur intérieur, dans leurs relations privées; c'est là seulement qu'on peut rendre justice à leurs belles et nobles qualités; c'est là seulement qu'ils sont eux-mêmes; car, par une heureuse et singulière anomalie, les individus ici n'ont rien ressenti de la détestable influence qu'auraient dû exercer, depuis plus de deux cents ans, un gouvernement despotique, une administration pourrie et ce système d'espionnage en grand que mettait en œuvre la police de l'Inquisition. Tant de fléaux rassemblés auraient corrompu, chez tout autre peuple, le caractère national, et lui auraient imprimé les signes honteux de la servilité, de la vénalité, de la délation; mais ici la trempe primitive était si solide, que les vieilles et chevaleresques qualités du caractère n'ont pas même été entamées. Seulement il s'est fait, pour ainsi dire, dans la moralité publique, une sorte de division moyennant laquelle tout ce qu'il y a de pire et de meilleur a pu, par une sorte de transaction tacite, coexister et cohabiter dans la même personne. Je vous dirais, si l'expression ne devait paraître affectée, de vous figurer une espèce de mur de séparation élevé au milieu du caractère, une sorte de moralité à compartiment et en partie double pour ainsi dire. Ainsi, pour sortir de ce jargon, le fonctionnaire public, par exemple, concussionnaire et vénal; le juge qui vend son indulgence ou sa sévérité au poids de l'or sera très naturellement, dans ses relations privées, un homme très sûr et très délicat, à qui vous pourrez confier votre bourse sans compter. On dirait que, par un juste retour, la corruption morale, engendrée par le plus absurde des gouvernements, ne se tourne que contre lui. Il n'y a pas ici d'esprit public; tous les sentiments généraux sont éteints ou engourdis; la partie de l'ame qui regarde du côté des rapports généraux de l'homme est devenue l'asile de ce qu'il y a de plus mauvais; c'est, comme on dit, la part du diable. Mais, en revanche, passez de l'autre côté de la muraille dont je vous parlais tout à l'heure, et vous serez charmé de tout ce que vous rencontrerez de noblesse, de simplicité, de bienveillance. Disons d'ailleurs qu'on trouve ici comme partout de ces caractères entiers et tout d'une pièce, qui n'ont jamais trempé dans la boue par aucun côté; mais chez ceux-mêmes qui ont eu ce malheur, soyez sûr que le côté privé est resté bon en dépit de tout. La servante du malade imaginaire lui conseille, comme vous le savez, de s'arracher un œil afin que l'autre voie mieux; eh bien! on dirait vraiment que les Espagnols, en un certain sens, ont suivi le précepte, et que l'homme, chez eux, a profité de tout ce qu'a perdu le citoyen. Suivons-les donc chez eux, dans leur famille, afin d'apprendre à les estimer et à les aimer; car voici bien longtemps que nous épluchons les misères de leur politique sans dire un mot de leurs qualités et de leurs vertus.

Une chose qu'apprécie bien vite l'étranger qui arrive à Madrid, c'est la manière dont on fait honneur aux lettres de recommandation. Nous passons en France pour très polis; mais je vous assure que leur politesse vaut mieux que la nôtre. Je ne suis pas bien sûr qu'ils fassent la révérence aussi bien que nous, mais en revanche on trouverait difficilement chez nous cette infatigable complaisance que rien ne rebute. Une fois recommandé à un Espagnol, vous pouvez disposer de lui, de son temps, de sa personne, sans le fatiguer; il vous offre d'abord sa maison, il y a à cet égard une formule consacrée : *La casa esta a la disposicion de usted,* la maison est à votre disposition; et ceci est plus qu'une formule, vous pouvez ensuite venir quand vous voudrez, vous serez toujours bien reçu;

et si, avec leur calme ordinaire, ils ne font pas de grands frais pour vous divertir, du moins vous pouvez être sûr de ne jamais être importun ni jamais traité comme tel.

Dans l'été, on ne se voit guère qu'au Prado ; c'est là qu'on fait ses présentations et ses visites ; la promenade au Prado, le cigare et les rafraîchissements glacés composent, avec les courses de taureaux, tous les plaisirs de l'été ; mais en hiver, le Prado n'est plus possible ; car, malgré la latitude, le froid de Madrid est quelque chose d'insupportable. L'élévation du sol (600 mètres au dessus du niveau de la mer) et le voisinage des montagnes donnent au froid une intensité particulière. On souffre plus à Madrid avec quatre degrés qu'à Paris avec douze. Il souffle du Guadarrama un air subtil et pénétrant qui vous entre dans la poitrine comme une pointe aiguë, qui serre les tempes, irrite les nerfs ; et si l'on n'a pas bien soin de s'envelopper dans son manteau et de se couvrir la bouche avec un pli du pan rejeté sur l'épaule, on court risque d'attraper une maladie terrible, qu'on appelle ici pulmonie, et qui vous envoie d'ordinaire dans l'autre monde en moins de deux ou trois jours.

Quelquefois, il est vrai, des journées ravissantes, tièdes, sereines, éclatantes de soleil viennent interrompre le règne de cette température glaciale; alors on se croirait au mois de mai; il semble que les bourgeons des arbres vont percer leur tunique; ces jours-là, tout le monde sort, les gens du peuple se couchent le long des murs et sur les dalles des trottoirs, heureux de vivre, heureux de leur soleil, ce précieux ami, cet inestimable trésor qu'aucune révolution ne pourra leur ravir. Cependant ces jours-là sont rares et clair-semés, et, à l'entrée de l'hiver, les réunions du soir, les *tertulias* viennent remplacer le *salon* désormais inhabitable du Prado.

Une *tertulia* de Madrid ressemble beaucoup à une soirée de Paris; la plupart de ces réunions sont remplies par le chant et la danse. Le concert ne précède point le bal comme chez nous, mais la danse et la musique alternent et s'entremêlent. On danse la valse et la contredanse comme à Paris; on chante, comme à Paris, des airs italiens avec gammes chromatiques, ou soi-disant telles; on joue, comme à Paris, des airs variés de M. Herz, sur le piano. Il faut ajouter que toute cette musique de troisième ou quatrième ordre, étant un peu moins bien exécutée qu'à Paris, devient par conséquent encore un peu plus ennuyeuse. Notez d'ailleurs que les dames espagnoles, qui gagneraient tant à conserver leur costume si pittoresque, ne portent dans le monde que le costume français, dont elles n'entendent pas à beaucoup près aussi bien les ressources, et vous concevrez que les *tertulias* à la mode n'aient par elles-mêmes rien de bien attrayant. Une particularité aggravante et bien digne de remarque, c'est que quelque temps que dure la soirée, et quelque forte que puisse être la chaleur, on ne vous offrira pas même un verre d'eau. On dit ici proverbialement que les orateurs espagnols ont la faculté de parler six heures de suite, sans boire ni cracher; il paraît que le même éloge, légèrement modifié, est susceptible de s'appliquer aux danseurs. Vous pensez bien que ces habitudes, tout à fait antiques, paraissent de fort mauvais sel aux Parisiens nouvellement débarqués; mais les Espagnols s'en inquiètent fort peu, et ils s'amusent beaucoup dans leurs *tertulias*, grâce à la simplicité de leurs habitudes, à leur gaîté naturelle, et à cette bonne volonté de s'amuser qui n'existe plus chez nous et qui est universelle ici. Ainsi, pour vous donner un exemple de cette simplicité de mœurs, j'ai assisté plusieurs fois à un bal composé de personnes de la classe moyenne; on dansait dans une grande salle toute nue; des carreaux de terre cuite servaient de parquet; les murs blanchis à la chaux se montraient aux yeux dans toute leur nudité, et le luminaire se composait d'une espèce de lustre garni de chandelles, qu'un domestique venait moucher dans l'intervalle des contre-danses; les rafraîchissements, comme je vous ai dit; et avec tout cela, vous trouviez là une réunion fort aimable et très bien composée, qui s'amusait de tout son cœur et où il n'y avait que moi, j'en suis sûr, qui eût eu le temps de remarquer la modestie des accessoires.

Indépendamment de ces *tertulias* qui ont lieu d'ordinaire dans chaque maison une fois la semaine, il y a chez quelques personnes de petites réunions intimes de tous les soirs. C'est là qu'il faut tâcher de se faire admettre, quand on veut connaître toutes les ressources d'amabilité du caractère espagnol. On ne comprend pas, avec le peu de variété qu'offre la vie de Madrid, comment sept ou huit personnes de connaissance trouvent moyen d'alimenter tous les soirs la conversation de saillies heureuses, de récits plaisants, et de cette éternelle bonne humeur que rien ne peut abattre. Nous pouvons avoir beaucoup de choses à apprendre aux Espagnols; en politique, en finance, en administration, ils ont tout à gagner avec nous; mais que nous serions bien payés des emprunts qu'ils cherchent à nous faire, s'ils nous communiquaient en échange quelques étincelles de cette bonne et insouciante gaîté que nous ne connaissons plus! Apprenons-leur à faire leur ménage politique, et qu'ils nous apprennent, eux, leur douce et facile manière d'entendre la vie. Dans ces réunions, la politesse est extrême et même, en certaines choses, un peu cérémonieuse. Ainsi toutes les informations et félicitations relatives à la santé, toutes très longues, ne s'abrègent jamais et sont, après six mois, les mêmes que le premier jour; mais, à cela près, les manières sont d'une familiarité qui est charmante. Il est d'usage que les dames et les jeunes personnes appellent les jeunes gens par leur prénom tout court; ceux-ci usent à leur égard de la même prérogative, et cette habitude, indifférente en apparence, répand sur les rapports de société je ne sais quoi de cordial et de fraternel qui satisfait et qui met à l'aise.

Du reste, le goût du plaisir, qui est universel ici, cherche mille prétextes pour se satisfaire. A ce peuple si simple dans ses habitudes de chaque jour, il faut de temps en temps des distractions, du spectacle, quelque chose qui le secoue; il lui faut des fêtes, n'importe à propos de quoi; quel que soit le saint du jour, il est toujours bien reçu. Aussi, dès qu'il y a un prétexte quelconque de fête ou de divertissement public, Madrid, ordinairement si calme, si morne, prend un aspect de vie extraordinaire; les rues sont pleines et regorgent de monde, et l'on voit qu'il n'y a point pour eux de plus importante occupation que de se divertir. Ainsi, les derniers jours de décembre, consacrés ici comme partout aux cadeaux et aux visites, changent complètement l'aspect de Madrid. Toute proportion gardée, l'agitation qui règne à Paris à pareille époque n'est pas comparable à celle de Madrid. Tout le monde ici a ses étrennes, le plus pauvre jeûnera plutôt huit jours que de ne pas se régaler ce jour-là; la place Mayor, la rue d'Alcala, toutes les boutiques de confiseurs sont resplendissantes, et la profusion de fruits, de raisins, de sucreries fait, pendant huit jours, de Madrid, une autre terre promise ; au milieu de toutes ces richesses étalées, les gens du peuple, les *caleseros*, les *majos* se promènent fièrement, leur *manola* à leur côté ; on dirait qu'ils sont les rois de la fête, et que l'univers n'a été créé que pour leurs menus plaisirs.

Il y a également dans le mois de janvier une solennité fort courue, c'est la fête de san Anton, le patron des muletiers. Ce jour-là, une messe solennelle est célébrée dans une église de la rue d'Hortaleza, dédiée au saint ; tous les muletiers, cochers, âniers, revêtus de leurs beaux habits bruns à parements et à festons jaunes et rouges, arrivent à l'église, montés sur leurs bêtes qui ont toutes la queue ou la crinière élégamment serrée par un beau cordon de laine rouge ; ils passent derrière l'église et vont chercher un petit sac d'orge bénite qu'un prêtre leur remet, et qui doit préserver les mules de toute mésaventure pendant l'année. Toute la journée, des boutiques ambulantes vendent par milliers ce qu'on appelle *los panecillos de san Anton*, les petits pains de saint Anton, qui sont une pâtisserie particulière qu'on ne vend qu'à cette époque ; mais tout cela n'est rien auprès du carnaval.

Pour comprendre toute la ferveur avec laquelle on célèbre ici le carnaval, il faut savoir que jusqu'à la mort de Ferdinand les bals masqués étaient chose défendue à Madrid. Sauf Cadix et Barcelonne, qui, en leur qualité de villes européennes plutôt qu'espagnoles, étaient affranchies de l'interdiction générale, la défense était commune à toute l'Espagne. Aussi peut-on difficilement se figurer l'ardeur avec laquelle on se livre ici à ce plaisir. Vous auriez cru, peut-être, en suivant dans les journaux le train des affaires d'Espagne, que le plaisir était banni de Madrid. On vous disait que la misère était grande, que le gouvernement ne payait pas ses employés depuis plusieurs mois; l'armée, cette brave armée qui venait de sauver Bilbao, manquait de tout, et restait, faute de pain et de munitions, embourbée dans les neiges, sans pouvoir poursuivre sa victoire; tout le monde a des parents ou des amis à l'armée, et chaque jour apporte d'ordinaire de funestes nouvelles aux familles. Eh bien! malgré tout, malgré la misère, malgré le malaise et l'inquiétude générale, ces mobiles imaginations du midi se sont laissé emporter au tourbillon du plaisir et de la danse. Il y a eu des bals, cet hiver, à Madrid pour tout le monde, depuis les bals brillants de la légation anglaise, réunion de l'élite de Madrid, où les moindres détails étaient ordonnés avec une prévoyance toute britannique, jusqu'au bal de la *manola*, bal du troisième étage, où l'orchestre se compose d'une guitare, l'illumination d'une mauvaise et crasseuse lampe de fer, mais où, Dieu merci! les belles traditions de la danse nationale sont conservées dans toute leur verve et tout leur *brio*. Les bals masqués publics et privés ont été innombrables, on dansait partout, il n'y avait pas de vieille grange dépenaillée, où l'on ne dansât, pourvu qu'elle fût un peu spacieuse. Mais le roi des bals de cet hiver, c'était le bal du théâtre *del Oriente*. Ce théâtre, qui sera immense, est encore en construction; mais plusieurs salles consacrées à la danse sont achevées, et là, dans une spacieuse et magnifique enceinte, vous auriez pu voir réunie la population de Madrid prise à tous les degrés de l'échelle sociale ; la marquise et la duchesse y coudoyaient la *manola* qui, elle aussi, avait trouvé moyen de se procurer les 30 réaux d'entrée (7 fr. 50 c.). Toute cette foule immense et bigarrée dansait depuis onze heures du soir jusqu'à neuf heures du matin ; et, chose bien remarquable, jamais le moindre désordre, le moindre scandale ne s'est produit au milieu des cinq ou six mille personnes qui composaient cette réunion mélangée. C'est un hommage qu'il faut rendre aux Espagnols : ils aiment passionnément le plaisir, mais le plaisir pour eux n'est jamais le désordre, et on ne voit pas chez eux l'équivalent de nos orgies de carnaval. Le plaisir est pour eux une affaire, ils y sacrifient tout, ils s'y préparent de longue main, mais en même temps ils y mettent le sérieux, la dignité, *la formalidad* de leur caractère. On s'amuse beaucoup à ces bals où les femmes déploient sous le masque une verve de repartie et un génie d'intrigue étourdissant. Sans doute, tout doit s'y passer comme ailleurs, et j'imagine volontiers que le diable n'y perd rien ; mais enfin la forme, les convenances, le décorum, le bon goût sont sauvés, c'est quelque chose.

C'est surtout dans les divertissements populaires que cette gaîté inoffensive mérite d'être signalée. Ainsi, dans les trois derniers jours du carnaval, tout Madrid était sur pied, les masques allaient par les rues, des bals avaient lieu en plein jour à la place des Taureaux, on y dansait en plein air *la Jota* et *le Fandango*; Paul, notre intrépide et gracieux écuyer du Cirque-Olympique, menait des cavalcades par les rues, et entraînait sur ses pas, par la nouveauté du spectacle, tout ce peuple pour qui tout est nouveau, et qui s'amuse de tout, comme un enfant; et pendant trois jours, pas une rixe, pas une querelle, pas un scandale quelconque. On voit bien que le levain des révolutions n'a pas fermenté par là; on aime ici le plaisir sincèrement et pour lui-même, c'est quelque chose de pacifique et d'aimable, où rien ne rappelle les efforts enragés de l'ennui qui veut se fuir lui-même, ni les joies féroces d'une imagination blasée qui ne parvient à s'oublier qu'à force d'excès.

Je ne veux pas finir sans vous parler de deux cérémonies particulières dont personne n'a pu m'expliquer l'origine, et qui seraient certainement de nature à fournir à M. Mérimée le texte de quelques uns de ses récits dramatiques qu'il entend si bien.

Vous savez que feu D. Juan, le D. Juan de Mozart, de Molière et de Byron, est Espagnol d'origine. Il paraît qu'on se souvient encore de lui dans sa patrie; car le jour du mardi-gras, le convive de pierre, D. Juan, vêtu de blanc de la tête aux pieds, couvert de l'ancien manteau espagnol, la toque à plumes sur la tête, D. Juan, les mains jointes, agenouillé sur un coussin blanc, a été porté processionnellement sur les épaules de quatre hommes, autour de la place des Taureaux, et a traversé, toujours sur son brancard, la vaste promenade du Prado. Il paraît que le vieux pécheur n'a point encore épuisé la coupe de la pénitence, et qu'il doit encore cette expiation posthume à l'ineffaçable scandale de sa vie.

La seconde cérémonie, plus bizarre et moins intelligible encore que la précédente, a lieu le mercredi des Cendres. Un homme vêtu de noir, étendu sur le dos, les pieds attachés, faisant le mort, est porté sur une civière. Il tient entre ses mains jointes une sardine; derrière lui viennent des porteurs de cierges, et je ne sais combien d'officiants marchent devant et derrière le convoi, en marmottant les prières des morts. La procession s'achemine avec grande solennité vers le canal qui se trouve à une demi-lieue de Madrid. Là le cortége s'arrête ; le mort ressuscite, et on passe l'après-midi à boire et à se réjouir. Cela s'appelle : *Enterrar la sardina*, enterrer la sardine. J'ai demandé l'origine de cette coutume ; on m'a dit que c'était l'usage ; j'ai demandé pourquoi, et l'on m'a répondu : Parce que. Vous sentez bien que je n'ai rien à ajouter à une explication aussi péremptoire ; je me borne donc à vous la transmettre, à vous, ainsi qu'à ceux de nos ingénieux romanciers qui voudraient greffer sur ce sujet tout populaire quelque légende bien noire et bien diabolique.

LETTRE

XV

MADRID

Madrid, 17 mars 1837.

Vers le milieu du xvie siècle, Madrid n'était guère, dit-on, qu'une espèce de bicoque, située au milieu des bois dont alors la Castille était couverte ; c'était un rendez-vous de chasse, où les seigneurs de la cour aimaient quelquefois à se reposer. Le développement exceptionnel de la monarchie espagnole, si longtemps contrarié par les Maures, n'avait point permis d'assigner encore au royaume un centre fixe ; il n'y avait guère de résidence royale permanente, de capitale enfin, dans le sens moderne de ce mot. Tant que les musulmans dominèrent ou seulement demeurèrent en Espagne, ce pays, divisé en plusieurs royaumes, ne put avoir de centre unique ; la résidence des rois se déplaçait suivant les événements de la guerre. Lors de la réunion, sous les souverains catholiques, des royaumes de Castille et d'Arragon, la cour parut fixer pour toujours son séjour à Tolède ; mais Charles-Quint, qui leur succéda, résida peu en Espagne, comme on sait, en sorte que la question n'était pas encore irrévocablement jugée, lorsque Philippe II monta sur le trône. Le nouveau monarque venait chasser quelquefois du côté de Madrid ; il s'y plut, il y revint plus souvent, puis il agrandit et embellit ce séjour ; puis enfin il y fixa sa résidence ; depuis lors, ses successeurs n'ont point réformé son choix, et Madrid est demeurée la capitale de l'Espagne. Du reste, rien qu'à considérer cette singulière capitale, il est facile de voir qu'elle est fille d'un caprice royal ; car, certes, jamais l'instinct populaire, non plus que le coup d'œil prévoyant du génie, n'eût choisi un site aussi ingrat, aussi dépourvu de toute ressource d'agrandissement.

La plupart des capitales de l'Europe ont eu des origines obscures, enfoncées dans la nuit des temps. Une situation heureuse, attirant peu à peu dans leur sein de nombreuses populations, le hasard des conjonctures politiques, la fondation de quelques établissements scientifiques, le plus souvent toutes ces circonstances réunies finirent par leur assurer sur le reste du pays une suprématie réelle dont elles se trouvèrent en possession, avant même qu'on s'avisât d'examiner leurs titres. C'est là l'histoire de Paris, de Londres, de Vienne, de Naples. Quant à Rome, sa puissance datait de plus loin. Berlin seul et Saint-Pétersbourg font exception à la règle ; mais ces deux capitales, fondées par deux grands hommes au milieu de deux empires nouveaux, se trouvèrent du moins contemporaines de l'avènement politique des deux nations, au développement desquelles elles devaient présider ; elles furent, au même titre que la Prusse et que la Russie, un témoignage éclatant de ce privilége qui dispense le génie de l'épreuve des siècles.

Malheureusement pour l'Espagne, ce ne fut point à la clairvoyance du génie qu'échut en partage le soin de choisir sa métropole, mais à un monarque sombre, égoïste, beaucoup plus préoccupé de la satisfaction de ses caprices que de la gloire de son pays. Aussi, plus on considère Madrid, sa situation, ses ressources, plus on doit être convaincu, ce me semble, de l'influence fâcheuse que ce choix malencontreux a dû exercer sur la nation espagnole.

En France, l'action continue et persévérante de la royauté avait de longue main préparé l'unité de la nation ; la féodalité s'absorba peu à peu dans la couronne, et la domination absolue, réalisée par Louis XIV, avait ouvert la marche à la centralisation de la Convention et de l'Empire. Paris, siége de la royauté, du Parlement, de la Sorbonne, des écoles, des sciences, de la littérature, du luxe, de la mode, du goût, eût pu, à la rigueur, n'être que la moitié de tout cela, que la France, pétrie par les mains de l'ancienne royauté, aurait encore, on peut le croire, abouti dans tous les cas à cette unité vigoureuse qui est sa force et sa gloire. Mais l'Espagne, rien ne l'y préparait; et quand une élection tardive fit sortir sa capitale du néant, ce choix, qui eût pu corriger, jusqu'à un certain point, le vice de son histoire et de son éducation, sembla, par une fatalité déplorable, fait tout exprès pour laisser se développer en toute liberté les germes de faiblesse et de division que recélait la malheureuse Espagne. Divisée entre plusieurs races différentes, isolées les unes des autres par de nombreuses chaînes de montagnes, par leur génie sédentaire, par leur peu de besoins, par la richesse d'un sol qui peut tout produire, si l'Espagne se fût trouvée dotée par le génie de ses souverains d'une capitale heureusement située pour le commerce, qui eût appelé à elle la richesse, les lumières, toute l'énergie vitale des provinces, pour la leur renvoyer accrue, augmentée, empreinte surtout de ce sceau d'unité qu'une capitale seule peut imprimer, peut-être ce seul fait eût-il suffi à modifier de la manière la plus heureuse le génie des races espagnoles, et à vaincre quelques uns des obstacles que la configuration du sol et les antécédents historiques semblent opposer à la fusion et à l'homogénéité des diverses parties du royaume. Mais, située au milieu des plaines nues et dépouillées de la Castille, loin de tout grand cours d'eau, au centre des populations les plus indolentes peut-être de la Péninsule, Madrid n'a pu acquérir ni la richesse commerciale, ni l'activité et l'influence qui viennent à la suite. D'une autre part, les universités célèbres d'Alcala, de Salamanque appelaient hors de son sein la jeunesse espagnole, avide des lumières de l'enseignement; en sorte que, privé des ressources du commerce et de celles du savoir, Madrid n'eut, pour établir sa prépondérance, que le très insuffisant privilége de servir de résidence à la cour et au monarque. C'est si bien là son privilége caractéristique, qu'encore aujourd'hui, quand les Madrilègnes parlent de leur ville, ils ne disent guère : cette ville ou cette capitale, mais bien : cette cour (*esta corte*). Encore est-il à remarquer que, depuis Philippe V, la France ayant toujours donné le ton à la cour d'Espagne, Madrid n'a pas même pu devenir le foyer des arts de luxe et de la fabrication des objets de goût, privilége ordinaire des capitales. Ainsi, tout semble s'être réuni pour arracher à Madrid les seules influences qu'elle eût pu exercer sur les provinces, et cela explique ou aide à expliquer pourquoi, en Espagne, le mouvement part toujours de la circonférence, pourquoi les provinces font tout, prennent toujours l'initiative, et pourquoi Madrid ne fait guère que dire *amen* à tout ce qu'elles ont résolu. C'est qu'en effet les provinces, aussi bien que les individus, n'aiment à reconnaître de suprématie que celle qui est justifiée par des titres effectifs. Or, où est, s'il vous plaît, la supériorité de Madrid? Est-ce dans son commerce? Mais elle n'en fait aucun. Dans ses écoles? Mais personne ne sait seulement si elle en possède. Dans ses théâtres? Mais Barcelonne, Cadix et d'autres villes encore n'ont rien à lui envier sous ce rapport. Elle est le siége du gouvernement, soit; mais que demain il plaise au gouvernement de changer de résidence, et Madrid n'est plus rien. Madrid n'a donc pas de force qui lui soit propre et par où elle puisse justifier ses prétentions. Aussi les provinces ne s'effarouchent-elles guère de cette supériorité factice. Madrid leur envoie des capitaines-généraux; elles les gardent, et, quand elles veulent se révolter, elles les mettent à l'avant-garde de leurs rangs. Dans toutes circonstances graves, elles s'administrent, se réglementent elles-mêmes, font elles-mêmes leurs affaires, et elles obéissent ensuite à Madrid quand elles ont de la bonne volonté de reste. Il faut remarquer aussi qu'en cas d'invasion, c'est presque toujours Madrid qui cède d'abord; et cela, par la raison toute simple qu'il n'y a point là de grands intérêts d'aucun genre à défendre. La classe prépondérante à Madrid, c'est la classe des employés, qui, par tout pays, sont toujours d'un tempérament très pacifique. Je le répète : cette faiblesse intrinsèque et presque irrémédiable de la capitale doit entrer certainement pour beaucoup dans la tendance qu'éprouvent les provinces à s'isoler; c'est un prétexte et une justification toute trouvée pour le fédéralisme.

Mais laissons un peu de côté les considérations politiques, si vous le voulez bien ; entrons dans Madrid, étudions un peu son aspect, sa physionomie ; les détails précisent les idées, et mettent quelquefois sur la trace d'indications instructives.

Madrid est située dans de vastes plaines que les montagnes de Guadarrama bornent au nord, et qui n'ont, de tout autre côté, que l'horizon pour limite. En arrivant du côté de l'Arragon,

la Castille fait suite, sans interruption, à la triste
nudité de cette province. Ce n'est pas que le terrain ne soit extrêmement fertile ; il produit presque sans culture ; mais les paysans ont ici une
vieille haine pour les arbres, qui fait que, hormis
deux ou trois bouquets d'oliviers, on n'en compterait peut-être pas six depuis la frontière de
France. Enfin on arrive à Madrid, qui se trouve
là on ne sait trop pourquoi, car rien n'indique
qu'il ait pu y avoir un motif raisonnable d'établir une ville, et une capitale encore, au milieu
de ces plaines poudreuses et dégarnies. Il faut
dire néanmoins qu'autrefois Madrid était au milieu des bois ; mais c'est là de l'histoire s'il en
fut jamais ; l'antipathie des paysans, qui regardent les arbres comme des réceptacles d'oiseaux
et d'animaux mangeurs de grains, n'en a pas
laissé un seul sur pied. On entre à Madrid par
une porte fort belle, la porte d'Alcala, bâtie
par Charles III, ainsi que presque tous les monuments importants de Madrid. Cette entrée est
belle et imposante; la rue d'Alcala, vaste et
magnifique rue, bordée de beaux hôtels, de beaux
cafés, de beaux édifices publics, vous conduit
jusqu'à *la Puerta del Sol,* dont le nom figure,

comme moyen de couleur locale, dans tous les
romans qu'on fait en France sur l'Espagne et sur
Madrid. Le fait est que *la Puerta del Sol* est un
endroit fort curieux à examiner. C'est une place
longue, située devant l'hôtel des postes, et coupée en carrefour par quatre des rues les plus populeuses et les plus importantes de la ville. Sur
la place est une fontaine ; et un vaste cadran,
placé au pignon d'une église et éclairé le soir,
indique l'heure aux nombreux habitués de l'endroit, car j'oubliais de vous dire qu'il y a toujours foule. Qu'y fait-on ? rien ; on cause, on
flâne, on se dit les nouvelles qu'on sait et même
celles qu'on ne sait pas ; enfin, c'est la Bourse
des oisifs et des badauds de Madrid. C'est, d'ailleurs, le quartier par excellence ; s'il se fait une
émeute, tenez-vous pour certain qu'elle commencera à *la Puerta del Sol* ; s'il paraît une
Gazette extraordinaire, c'est là qu'on la crie
d'abord ; c'est, aux boutiques et au jardin près,
le Palais-Royal de Madrid. Aussi l'étranger n'a
qu'à rester là deux heures, il aura vu tout Madrid en abrégé ; il y verra passer le prêtre en
manteau noir, coiffé d'un grand bateau qui n'a
ni un pouce ni une ligne de moins que celui de

feu Basile, sur lequel il est exactement copié. Il y verra, le matin à la bonne heure, des barbiers en plein vent, faire le poil aux gens du peuple; le soir, il verra passer tout Madrid se rendant au Prado, qui mérite à lui seul toute une digression. Le Prado, c'est le salon de réunion de toute la société de Madrid. Comme, l'été, on ne sort guère pendant la chaleur du jour, on est convenu de se rendre visite le soir, au Prado : on s'y promène, on s'y salue, on s'y présente ses amis, on y cause, on y fume, et vous y verrez, par parenthèse, ce que vous ne verrez pas dans un autre pays, l'*aguador* (porteur d'eau) et le *colesero* (cocher de voiture) arrêter le premier ministre, ou le grand d'Espagne qui passe, pour allumer son cigare au sien. Belle et spacieuse promenade, entourée de beaux ormes, le Prado est le rendez-vous de toute la belle société de Madrid, et c'est vraiment un spectacle charmant que celui des gracieuses toilettes espagnoles et des visages plus gracieux encore qui s'abritent à moitié derrière la mantille de blonde. Ici il faut que la France baisse pavillon; elle a, je n'en doute pas, beaucoup plus de politiques expérimentés que l'Espagne; mais, sans blesser le moins du monde nos aimables compatriotes, on peut dire en toute vérité qu'on rencontre au Prado plus de femmes jolies et même belles en un quart d'heure qu'aux Tuileries pendant huit jours. Je ne veux pas dire qu'on trouverait toujours au Prado la mise de bon goût, la démarche élégante et les manières gracieuses des Parisiennes; mais des yeux d'un éclat, des cheveux d'un noir, des visages d'une fraîcheur et des formes d'une richesse à faire extasier un peintre.

Plusieurs quartiers de Madrid sont construits avec un certain luxe; les rues d'Alcala, d'Atocha, de la Montera, de San-Bernardo, de Tolède, la rue Mayor, ne seraient point déplacées, même à Paris. Tout cela porte un air moderne et seigneurial qui plairait davantage si quelque vieux monument bien vénérable venait rompre de temps en temps la monotonie de l'aspect. Deux choses manquent surtout à Madrid, les souvenirs et le mouvement des affaires; ni le passé ni le présent ne s'y montrent assez; on croirait qu'il n'y a que des ducs et des marquis dans la ville. Le fait est qu'il y en a beaucoup, mais il y a surtout des employés, des fonctionnaires grands et petits; ils sont là chez eux, dans leur domaine, et le reste de la population n'est occupé qu'à les servir et à les nourrir. Le commerce d'échange est nul, et le commerce de consommation est fait presque tout entier ou par des étrangers ou des habitants des provinces. Ainsi, parmi les tailleurs, les perruquiers, les parfumeurs, les quincailliers, on trouve beaucoup de Français; mais il y a plusieurs petits commerces fort curieux et propres à Madrid, dont il faut que je vous parle. Par exemple, les Valenciens tressent les nattes qui servent de tapis chez les personnes aisées; il y en a de très joliment faites et où la paille coloriée, mêlée à la paille écrue, forme de jolis dessins. Il y a encore le commerce des salades, qui est très considérable et qui se fait tout entier par les Asturiens et les Gallegos ou Galiciens. Comme la salade joue ici un grand rôle dans les repas, et particulièrement dans les soupers, les Asturiens viennent acheter ou louer aux environs de la ville des terrains qu'ils plantent de salades, et on dit qu'ils font de très bonnes affaires. Je vous prie de remarquer, en passant, que le Castillan se fait servir ou se laisse servir, et ne se mêle de rien. Mais la plus intéressante et la plus considérable de toutes ces grandes industries, c'est la vente de l'eau.

Comment, la vente de l'eau! Mais le Manzanarès, qu'en faites-vous? va-t-on dire; ce célèbre Manzanarès, d'une rive à l'autre duquel D. Juan allumait son cigare à celui du diable, à la grande stupéfaction des passants? D'abord vous saurez que le Manzanarès est un mauvais ruisseau que les pluies font déborder, mais qui, en temps ordinaire, se traîne, divisé en deux ou trois filets très maigres, sur un fond de galet. Le Manzanarès est situé hors de Madrid, fort au dessous du niveau de la ville; et s'il ne baignait le pied de quelques platanes, qui, grâce à l'humidité, sont devenus très beaux et consolent un peu la vue, le Manzanarès ne servirait pas beaucoup plus à l'agrément et à la commodité de Madrid qu'à son commerce d'exportation. Toujours est-il que ce n'est pas du Manzanarès que l'eau vient à Madrid. Il y a dans chaque quartier des fontaines dont l'eau vient, m'a-t-on dit, des montagnes de Guadarrama, et qui sert aux besoins des habitants; mais encore faut-il aller prendre l'eau et la porter dans les maisons. La dignité castillane a encore abandonné ce travail vulgaire aux compatriotes des Asturies et de la Galice. Ces deux provinces ont, en général, le privilége de fournir des domestiques à tout le reste de l'Espagne, et même, dit-on, au Portugal. Mais arrivons à nos *aguadores*.

Les fontaines sont assez nombreuses dans Madrid, mais elles ne coulent pas abondamment. Il y a des dauphins de marbre et des tortues de bronze qui font semblant de vomir l'eau à gros bouillons, mais qui, en réalité, se contentent de la pleurer goutte à goutte, dans le bassin qu'ils devraient inonder. Les *aguadores* sont assis tout autour du bassin, armés de petits barils de la contenance de deux seaux environ, et, à l'aide d'un tuyau de bois ou de fer-blanc, ils recueillent les larmes du dauphin, qu'ils font arriver jusqu'à leur baril; chacun se succède à tour de rôle, car il n'y a pas place à la fois pour tout le monde, et ensuite on va porter l'eau dans les maisons. Il n'y a pas à Madrid de branche de commerce qui soit comparable à celle-là par son importance. La charge d'*aguador* est concédée par le corrégidor, à peu près comme chez nous, une charge d'agent de change; il faut, pour l'obtenir, une réputation de probité intacte, et crois aussi, quelques onces d'or; car une personne à qui je dois quelques uns de ces renseignements me disait que souvent un Gallego se mettait domestique et économisait pour acheter une place à la fontaine. Une fois propriétaire de la place et de son numéro, on peut la vendre, la transmettre, la louer, et comme le métier est rude et fatigant, il arrive quelquefois qu'un aguador, après deux ou trois ans de service, s'associe son beau-frère, son cousin ou son ami, et ils font alternativement le service pendant un an, l'un porte l'eau pendant que l'autre est retourné au pays voir sa femme; au bout de l'année, il va prendre la place du cousin, qui revient à son tour dans les Asturies, absolument comme Castor et Pollux, qui passaient chacun et tour à tour six mois sur la terre et six mois dans les enfers. Quand ils ont fait le métier quelques années, ils cèdent leur charge, vendent leur clientèle et s'en vont chez eux à la tête de quelques milliers de francs, avec lesquels ils achètent aussitôt un petit coin de terre qu'ils font valoir. Comme un baril est long à s'emplir, et que la journée est courte, un d'eux, que les autres indemnisent, passe la nuit à surveiller le remplissage des tonneaux. Ils vivent ensemble et couchent par chambrées de quatre ou cinq; par chaque chambrée, il y a un chef chargé de maintenir le bon ordre, de surveiller les mœurs et d'apaiser les disputes, et il paraît que son autorité est d'ordinaire respectée. Mais leur organisation ne s'arrête pas là. Ceux qui sont nés dans le même canton se réunissent et forment ce qu'ils appellent un *consejo* ou conseil; ceux du *consejo* se soutiennent volontiers entre eux et vont s'amuser ensemble le dimanche. Mais là commencent à se montrer les lacunes de leur constitution; les différents *consejos* se prennent quelquefois de dispute. Alors on se bat, et les bâtons se mettent de la partie. Mais ces légers et rares désordres, fruit d'un esprit de corps poussé trop loin, ne doivent point altérer la bonne opinion que mérite de tout point le respectable corps des *aguadores*. Il y a presque sur toutes ces figures asturiennes une expression de dignité franche et de bon sens populaire qui ferait croire que Cervantes s'est trompé, et que Sancho Pança devait être originaire des Asturies ou de la Galice. Leur probité est réputée, et leur discrétion bien connue leur a mérité plus d'une fois l'honneur d'être les messagers des aimables Rosine qui aujourd'hui, comme du temps de Bartholo, ont quelquefois besoin de se soustraire à la tyrannie d'un tuteur.

Vous le voyez, tout se compense dans le monde ; Madrid n'a pas d'aqueducs, l'eau y est rare et chère; mais en revanche cette disette attire dans ses murs une population originale, intéressante, qui conserve avec une rare fidélité le type ancien de la race gothique en Espagne. Si Madrid s'en plaignait, le voyageur, lui, doit trouver la compensation plus que suffisante.

LETTRE

XVI

L'ESCORIAL.

Madrid, 31 mars 1827.

C'est toujours un beau spectacle que celui d'un grand monument. Quel que soit le nom de son fondateur, quelle qu'ait pu être l'inutilité de sa destination, ne fût-il, comme les Pyramides, qu'un fastueux tombeau, qu'un monument d'oppression, peu importe; les yeux une fois vaincus entraînent l'imagination, et l'on se met à admirer sans plus songer à se rappeler combien de peines, de fatigues, de larmes a coûtées cette laborieuse construction. Et puis, ces témoins immobiles de la fuite du temps, de tant de révolutions fameuses, ces pierres qui ont traversé tant d'années, qui ont vu tant de catastrophes ; semblent avoir reçu du temps une sorte de consécration expiatoire et de prestige souverain, devant lequel tout le reste doit s'effacer. Je me figure toutefois qu'il existe des temps et des lieux plus propices à l'admiration; au moins puis-je dire que l'impression que j'ai ressentie en face de l'Escorial ne ressemble point à ce que j'ai éprouvé en considérant les beaux monuments de la France. Là, en effet, à côté des cathédrales gothiques et des vieux donjons écroulés, la vie de notre siècle témoigne à chaque instant de sa puissance, et le sol français est comme un calendrier exact où chaque siècle, chaque année est venu tour à tour écrire son nom. Là, point d'interruption : à côté des vieux forts élevés contre les Normands, vous apercevez les fabriques construites d'hier seulement. Le bruit de la société contemporaine vous distrait de vos rêveries sur les vieux temps, et les monuments vénérables, flanqués de boutiques, de cabanes ou d'usines, semblent moins vieux, moins morts : ce n'est plus, à proprement parler, une ruine ; c'est un vieux tronc sur lequel le temps a greffé de nouvelles tiges.

Ici en Espagne, au contraire, le silence et la nudité du présent ne feront point diversion à vos souvenirs, sur cette terre historique où les Carthaginois, les Romains, les Goths, les Arabes sont venus tour à tour imprimer leur trace ; il s'opère en ce moment une sorte de décomposition maladive qui aboutira je ne sais où, mais qui, en attendant, fait grandir le passé témoin de tant de hauts-faits et d'actions héroïques, au détriment de ce présent si pauvre, si vide, si insignifiant, si misérablement engagé dans une lutte stérile, où rien de l'antique prouesse espagnole ne s'est conservé. On dirait un de ces fleuves qui, après s'être creusé un large lit, s'être fait un nom célèbre, et avoir arrosé de vastes contrées, se perdent tout à coup et disparaissent sous terre, sans qu'on puisse suivre aucun indice de leur passage souterrain, ni de leur réapparition prochaine ; aussi, quand au milieu de ces caractères bâtards et de ces événements tronqués qui composent aujourd'hui l'histoire de la malheureuse Espagne, vous apercevez quelque chose qui porte le caractère de la grandeur et de la puissance, un monument comme l'Escorial par exemple, c'est à dire une montagne de granit adossée contre une montagne naturelle, dont le voisinage ne l'écrase pas, alors vraiment vous vous sentez comme soulagé, je dirais presque réjoui par la vue de cet austère édifice. Philippe II et la sombre cruauté de son humeur ont beau vous apparaître, vous avez beau vous dire que ce couvent habité par des rois, que ce palais qui sert de retraite aux moines est comme une espèce de tabernacle consacré aux deux pouvoirs inintelligents et tenaces qui ont fait le malheur de l'Espagne, c'est égal, c'est quelque chose de fort, d'entier, c'est une volonté énergique qui a tiré ces pierres du flanc de la montagne, qui a creusé pour les extraire le vallon qui s'étend au pied du couvent; aussi faut-il, en dépit de tous les murmures de la philanthropie, s'incliner devant ce témoignage colossal d'une volonté aussi opiniâtre que puissante.

L'Escorial est situé au pied du versant méridional des montagnes de Guadarrama, à sept lieues de Madrid (environ dix lieues de France). On ne rencontre guère sur la route qu'un mauvais village situé dans les premières ondulations de la montagne; on y fabrique un peu de faïence; c'est la seule trace d'industrie humaine qu'on rencontre dans ces vastes plaines de Castille, qui ne sont guère plus verdoyantes de ce côté que du côté de l'Arragon. Cependant, quand on entre sur les possessions du couvent qui commencent à un peu plus d'une lieue du monastère, on aperçoit dans la culture une amélioration sensible. Il y a de ce côté beaucoup d'arbres, de beaux ormes, des frênes, des saules. Arrivés le soir, par un clair de lune magnifique, la lumière un peu incertaine qui éclairait le paysage permettait de le supposer plus riche et plus verdoyant encore qu'il ne l'est; aussi fut-ce pour nous une joie véritable de considérer ces arbres, les premiers pour ainsi dire que nous eussions vus depuis la France. On laisse à droite l'ancien village de l'Escorial qui existait avant la fondation du couvent, et après avoir un peu monté, on se trouve au pied du monastère dont la masse prodigieuse supporte très bien le voisinage de la montagne. Auprès du couvent, les successeurs de Philippe ont fait bâtir, pour les besoins de leur suite, de nombreux édifices presque constamment inutiles. On voit des casernes vides, des palais pour les Infants, vides aussi, des ministères inoccupés, toute une ville, silencieuse comme une nécropole d'Orient, que la prodigalité fastueuse des souverains d'Espagne a élevée dans ce désert. Rien ne fait mieux comprendre le caractère égoïste et somptueusement frivole de l'absolutisme espagnol, que ces immenses constructions sans objet, enfants du caprice et du désœuvrement royal. Des sommes incalculables dorment là au pied du Guadarrama ; à peine la dixième partie de tous ces amas de pierres a-t-elle servi six semaines chaque année; mais arrivons au monument principal dont la masse et la beauté pourront seules éloigner de notre esprit toutes ces réflexions critiques.

On sait que l'Escorial fut bâti par Philippe II, en l'honneur de saint Laurent, à la protection duquel le superstitieux monarque attribuait le gain de la bataille de Saint-Quentin. L'architecte, par une sorte de pieuse galanterie, a donné à l'édifice la forme du gril sur lequel fut brûlé le saint martyr. Extérieurement, le bâtiment forme un carré régulier; une tour placée à chaque angle figure les pieds du gril; la galerie intérieure principale, où est située l'église, en forme le manche, et une multitude de galeries transversales, qui se coupent à angle droit, en représentent les barreaux. La bizarrerie de ce plan ne nuit point à l'effet. Ce n'est guère qu'en montant sur le dôme qui couronne l'église qu'on peut se rendre compte de l'ensemble de la construction; mais au dehors, les quatre faces de l'édifice, conçues dans un goût sévère, uni, presque sans ornements, présentent, indépendamment de leurs proportions grandioses, un accord de bon goût avec la destination austère du monument. C'est bien un cloître, un lieu de retraite, de silence et de méditation. Soit que l'œil se dirige vers la montagne grise et nue comme les côtes de la Provence, soit qu'il embrasse la plaine immense et déserte au bout de laquelle Madrid ne paraît plus qu'un point blanc, soit qu'il se reporte vers les murailles du couvent toutes en granit massif de couleur grise, rien ne fait diversion aux pensées de recueillement et d'austérité. C'est, dit-on, le plus beau et le plus vaste couvent qui soit au monde, et je le crois sans peine. Le côté septentrional est réservé pour les appartements royaux ; le reste appartient à Dieu et aux moines. L'église, en forme de croix grecque, est vaste et construite comme le reste, dans un goût parfait et d'une simplicité admirable ; quatre énormes piliers carrés de plus de vingt pieds sur chaque face supportent la double voûte surmontée, au point de jonction, par une coupole hardie. Je ne vous parlerai point des richesses sans nombre prodiguées dans les ornements de détail, des sculptures en bois du chœur, des voûtes peintes à fresque par Lucas Jordan, des chaires dorées, des colonnes en torsade de cuivre doré qui s'élèvent derrière le maître-autel, des crucifix sculptés par Benvenuto Cellini ; mais ce qui, après la belle ordonnance de l'édifice, appelle le plus l'attention, c'est la masse imposante de ces murailles de granit, de vingt et vingt-cinq pieds d'épaisseur, dans l'intérieur desquelles des conduits et des escaliers sont ménagés. Il n'entre pas de bois dans l'édifice ; tout est de granit, tout est d'une solidité indestructible, tout semble construit pour l'éternité.

Je ne puis vous dire en quelques pages ce que

j'ai mis deux jours d'étude assidue à parcourir ; je ne puis vous parler en détail de cet escalier magnifique, dont la voûte suspendue à quatre-vingt-deux pieds du sol ne vous laisse apercevoir les figures peintes par Lucas Jordan que comme de transparentes apparitions portées sur une nuée lumineuse ; ni de ce labyrinthe de vastes galeries ornées de peintures originales de Jordan, de Navarrète, des copies du Titien et d'André del Sarto. Arrêtons-nous seulement quelques instants à la bibliothèque, dans la sacristie et dans la salle du chapitre, nous verrons là plus de richesses que n'en pourrait payer tout un budget.

La bibliothèque, espèce de terre inconnue qu'il faudrait des années pour reconnaître, renferme une grande quantité de manuscrits anciens et précieux ; des Bibles du xie et du ixe siècle, copiées avec une perfection, une netteté que l'imprimerie n'a point surpassées, avec des peintures, des dorures découpées et collées sur parchemin. La moitié d'un semblable volume devait être le travail de toute une vie. Quant aux manuscrits arabes, ils y abondent ; la partie médicale surtout y est fort riche.

Malheureusement personne en Espagne ne sait l'arabe, et ces trésors de la science ancienne sont lettre close depuis la mort de l'orientaliste Condé. Un grand nombre de ces manuscrits, quinze cents, si je ne me trompe, transportés à Madrid à l'époque de l'invasion française, ont été perdus par la négligence de nos compatriotes. Du reste, en parcourant l'Escorial, les bons pères, qui avaient l'obligeance de nous conduire et de nous montrer les trésors de leur couvent, nous disaient à chaque instant : En l'an huit, les Français ont emporté ceci ; en l'an douze, nous fûmes obligés de cacher cela, de peur des Français ; en telle autre année, les Français pillèrent cette chapelle, ou gâtèrent ce tableau. Et je l'avoue, je souffrais un peu, moi, Français, en écoutant la nomenclature des méfaits de nos compatriotes. On aurait pu croire, d'après de semblables souvenirs, que le nom français est en exécration auprès des bons moines : tout au contraire, les Français qui ont occupé, ravagé l'Espagne pendant six ans, qui ont porté un coup si violent au pouvoir du clergé, qui ont dépouillé les églises de leurs tableaux et les couvents de leurs richesses ; les Français qui ont saccagé et dispersé leurs reliques, sont aujourd'hui, malgré tout, en possession de la bienveillance de ce qui reste des gardiens de l'Escorial. L'un d'eux, qui avait eu mille complaisances pour nous, ayant appris que j'étais Français, ne s'occupa plus que de moi; il me demandait si je connaissais M. Guizot, M. Thiers; si M. de Talleyrand vivait encore, si les Français viendraient en Espagne. Le peu que j'avais à lui répondre ne pouvait le satisfaire. Il fallut lui parler aussi de l'abbé de La Mennais, de M. de Lamartine, enfin de tous les hommes distingués ou supérieurs que possède la France; et, à chaque mot, il me serrait les mains, comme si les Français eussent été vraiment les bienfaiteurs et les sauveurs de l'Espagne. D'où vient donc cette étrange popularité de la France près de pauvres moines, qui peuvent, sans trop d'injustice, faire remonter jusqu'à eux la cause de l'existence précaire et menacée qu'ils mènent aujourd'hui? Sans me charger d'expliquer le fait, je l'ai trouvé trop curieux pour le passer sous silence. Mais revenons à l'Escorial.

Dans une petite pièce réservée, attenante à la sacristie, on nous fit voir, entre autres choses, le corps précieusement conservé d'un des innocents massacrés par Hérode, ainsi qu'un cheveu de la Vierge Marie; nous vîmes aussi, en fait de reliques moins anciennes et plus authentiques, un manuscrit autographe de sainte Thérèse, ainsi que l'écritoire de cette femme extraordinaire. Enfin nous entrâmes dans la sacristie, qui formerait à elle seule un magnifique musée. Ce que la sacristie, la salle du chapitre et l'église vieille renferment de chefs-d'œuvre est une chose prodigieuse. Sur deux ou trois cents tableaux des plus grands maîtres, je n'en veux mentionner que quelques uns: Raphaël, Murillo, Titien, Rubens, Guide, Paul Véronèse, Ribera ont fourni chacun leur tribut. Je voudrais pouvoir vous parler en détail de *la Vierge à la Perle*, de *la Visitation de sainte Élisabeth*, et surtout de *la Vierge au Poisson*, de Raphaël; mais la gravure a fait connaître à tout le monde ces admirables productions du roi de la peinture, et j'aime mieux vous entretenir de quelques uns des auteurs que nous connaissons moins en France. Ainsi, parmi une foule de têtes peintes avec cette vigueur et cet éclat qui caractérisent Ribera, on remarque de lui, dans la sacristie, deux tableaux capitaux: l'un, *Jacob gardant les troupeaux* de *Laban*; l'autre, *saint Pierre visité par l'ange dans sa prison.* Le Jacob n'est pas précisément le patriarche de l'Ancien-Testament, c'est plutôt un berger aragonais; mais ceci admis, on ne lasse pas d'admirer la sauvage énergie de cette figure, cette barbe et ces cheveux tombants, la vigueur de sa démarche, et ses yeux surtout qui élèvent vers le ciel un regard mélancolique, comme pour se plaindre de la longueur de son esclavage et de la rudesse de ses travaux. Le saint Pierre est encore plus beau, s'il est possible. L'ange arrive à tire-d'aile dans la prison, et son corps, penché en avant, perce, comme un rayon lumineux, le rideau d'obscurité qui l'enveloppe. L'apôtre étonné se réveille, et s'appuyant sur les deux mains, il détourne vers le messager céleste sa tête blanche et vénérable, qui se trouve subitement éclairée par la lumière surnaturelle qui rayonne autour de son libérateur. C'est un des plus beaux effets de lumière et des plus hardis qu'on puisse voir.

A côté de ces deux tableaux est une Vierge de Murillo, dont je vous parlerai peut-être plus tard en examinant les chefs-d'œuvre nombreux de ce peintre qui existent au musée de Madrid.

Du Guide, on admire deux têtes magnifiques des apôtres saint Pierre et saint Paul, celui-là empreint d'une expression inimitable de foi simple et confiante; quant à l'autre, au caractère à la fois rêveur et hardi de ses traits, à sa pose inspirée, on devine l'Hercule du Christianisme, l'apôtre audacieux des gentils, l'homme qui ne craignait ni la mort, ni la torture, ni la persécution, ni la tiédeur décourageante des fidèles nouvellement convertis; qui, seul contre tous, se fit tout à tous, et devint, à force d'audace et de patience, le plus grand et le plus actif instrument de la conversion du monde.

Il est bien difficile de parler dignement de chefs-d'œuvre, des chefs-d'œuvre de la peinture surtout, de trouver des mots qui parlent aux yeux et qui expriment la forme et la lumière; aussi serait-ce une entreprise insensée si, derrière ces beautés qu'il faut voir, il ne se rencontrait quelquefois de ces beautés qui parlent à l'ame, et pour lesquelles la couleur et le dessin ne sont qu'un langage et qu'un moyen de se communiquer à l'intelligence, à laquelle surtout elles s'adressent, comme c'est de l'intelligence surtout qu'elles procèdent. A ce titre, je m'arrêterai un instant sur deux tableaux de Rubens, dont il est impossible de connaître, par ce que nous possédons de lui à Paris, l'universelle aptitude. Ce sont deux sujets sacrés : *le Christ ressuscité*, mangeant avec ses disciples à Emmaüs, et *une Conception de la Vierge*. Dans le premier de ces deux tableaux, on ne retrouve pas seulement cette couleur chaude et vivante qui appartient à Rubens, ces poses hardies et naturelles, mais aussi une expression de divinité qu'il néglige quelquefois de donner à ses figures dans les sujets sacrés. Quant à sa Vierge, on ne trouve pas de mots pour en parler, il faut la voir. La verve audacieuse du peintre flamand a su trouver, pour ce sujet divin, un mélange singulier et inimitable de ses facultés habituelles et des traits plus exquis et plus sobres, familiers à Raphaël. La Vierge a les pieds posés sur le globe mystique, des chérubins voltigent autour d'elle; ses cheveux dorés sont dénoués et flottent sur ses épaules, et dans ses traits rayonne un délire extatique. On dirait que le peintre a voulu mêler quelque chose d'humain à la divinité du sujet; on dirait qu'à travers la céleste pudeur empreinte dans l'attitude et dans les traits de la fiancée de l'Esprit saint, on pressent quelque chose des ineffables voluptés de la fécondation divine.

L'Escorial, aujourd'hui privé de ses rois, privé de la plus grande partie de ses moines, n'est plus guère qu'un musée situé malheureusement au milieu d'un désert, loin des esprits studieux, car les amis des arts n'abondent pas à Madrid ; et d'ailleurs de Madrid à l'Escorial la route est assez souvent occupée par les voleurs, qui lèvent contribution aux portes de la capitale sur la curiosité des voyageurs. Dans une situation plus heureuse, ou seulement dans un pays plus tranquille, les richesses de l'Escorial, trésor enfoui, pourraient être utilement exploitées. Aujourd'hui, ce vaste palais ne semble destiné qu'à donner une idée de la puissance et de la richesse de l'ancienne monarchie espagnole, et qu'à attester qu'autrefois en Espagne on savait faire sinon d'utiles, du moins de belles et grandes choses ; mais le temps qui emporte tout menace aujourd'hui ce noble édifice, non pas dans ses constructions, qui sont inébranlables, mais dans ses moines, qui sont comme la portion vivante du monument. Déjà ces malheureux moines ont été obligés de quitter leur costume ; eux qui faisaient prospérer avec tant d'industrie les possessions du monastère, qui étaient les rois de l'Escorial, eux qui passaient leurs saintes et oisives journées à copier les tableaux des maîtres et à les expliquer obligeamment aux visiteurs, eux dont l'uniforme sévère était seul en harmonie avec l'architecture du couvent, les voilà menacés dans tout ce qui a été leur vie jusqu'à ce jour. On craint à chaque instant qu'un décret du ministère constitutionnel ne vienne enlever à ces gardiens attentifs la garde d'un dépôt où nul ne pourrait convenablement les remplacer. L'Escorial, sans moines, aurait perdu la moitié de son prestige; et si les moines devaient un jour disparaître du sol de l'Espagne, il faudrait demander une exception spéciale pour l'œuvre de Philippe II. L'Escorial appartient aux moines; eux seuls l'ont bien administré jusqu'à ce jour, eux seuls en sont les dépositaires compétents; mettez à l'Escorial des intendants, des portiers et des laquais galonnés, et les murailles s'écrouleraient d'indignation sur ces têtes sacrilèges.

LETTRE

XVII

LES COURSES DE TAUREAUX.

Madrid, 22 avril 1837.

Venir à Madrid et ne pas voir les courses de taureaux, autant vaudrait partir de Rome sans avoir visité l'église de Saint-Pierre; rien ne peut donner l'idée des plaisirs, des passions, du caractère et de la physionomie du peuple espagnol comme ce roi des divertissements. Allez au théâtre de *la Cruz*, au théâtre *del Principe*, quelque beau et somptueusement annoncé que soit l'opéra ou la comédie du jour, fût-ce *les Puritains* de Bellini, ou la traduction *d'Hernani* de Victor Hugo, vous trouverez tout au plus deux cents personnes dans la salle. Vainement l'affiche aurait-elle éloquemment célébré dans une complainte d'une demi-page la mort prématurée *del muy acreditado maestro*, si cher à tous les amis de la musique *philosophique*, impossible de séduire plus de deux cents spectateurs ; la musique, même *philosophique*, ne peut pas aspirer à de plus grands succès. Quant aux taureaux, à la bonne heure; parlez-moi des taureaux, voilà le spectacle national, populaire, cher à tout bon Espagnol! S. A. R. l'infant D. Francisco ne manque pas une course; S. Exc. le corrégidor y préside invariablement; et les *caleseros* (cochers), les *manolas* (grisettes), les *aguadores* (porteurs d'eau), dîneront avec une gousse d'ail et du pain, ou même ne dîneront pas du tout plutôt que de manquer la course. Trois ou quatre jours à l'avance, les murs de Madrid sont placardés de belles affiches rouges qui annoncent au peuple son plaisir favori avec la formule sacramentelle que vous lisez en tête des décrets royaux : « La reine Isabelle II, notre » maîtresse, et en son nom, son auguste mère, » la reine-régente, a daigné désigner le lundi » (ici le quantième) pour la dixième ou quin- » zième course de taureaux de la saison. » Suit la liste des taureaux avec désignation des pâturages d'où ils proviennent, et du nom de leur propriétaire ; puis enfin le nom des *picadores* et *matadores* qui doivent se signaler dans la course. L'invitation est faite avec solennité ; mais aussi on y répond avec empressement.

A quelques centaines de pas de la porte d'Alcala, hors la ville, est située la *plaza de Toros* : c'est un grand cirque encouré de gradins en amphithéâtre, avec un rang de loges circulaires au dessus, occupées d'ordinaire par la haute société. Entre l'arène et les gradins inférieurs règne un espace vide de sept à huit pieds de large, et séparé du champ de bataille par une palissade assurée de distance en distance par de forts madriers : c'est là le lieu de refuge des toreros. Lorsque le taureau les serre de trop près, ils posent le pied sur un petit rebord ménagé à l'intérieur, et sautent par dessus la palissade avec une grace et une agilité merveilleuses. Mais procédons par ordre.

Quatorze ou quinze mille spectateurs sont en place, et à voir toutes ces têtes serrées, tous ces visages animés, à entendre ces conversations actives et bruyantes, il est impossible de rien comprendre à ce qu'on vous a dit de tous côtés de l'apathie des Espagnols. Avez-vous vu quelquefois au Théâtre-Français ce parterre qui arrive tout essouflé d'une *queue* de trois heures, cherchant ses places, appelant, se trémoussant d'impatience dans l'attente de Mlle Mars ou de Talma; vous rappelez-vous cette agitation, ce grouillement continu? Eh bien, figurez-vous une vaste enceinte en plein air, éclairée par les ardents reflets d'un soleil tombant, quinze mille spectateurs au lieu de quelques centaines, et vous aurez quelque idée de la place des Taureaux. C'est qu'aussi il s'agit de bien autre chose que de Talma; il s'agit de Sevilla le picador, de Francisco Montès, la première épée de toutes les Espagnes; et les taureaux donc! ce sont là, ce me semble, des tragédiens respectables. Le chirurgien ordinaire est arrivé, le prêtre avec le viatique a pris sa place dans les coulisses du théâtre; les picadores sont en place, l'assemblée attentive,

Son Excellence le corrégidor a donné le signal, les fanfares retentissent, ouvrez les barrières!

Le taureau qui sort de l'obscurité, abasourdi par la lumière, par les cris, par les vociférations de la multitude, arrive en bondissant. Ah! il a tourné à droite, c'est qu'il ne vaut rien. Le bon taureau tourne à gauche et joue immédiatement de la corne contre le picador qui l'attend. Aussi vous allez voir celui-ci s'avancer jusqu'au milieu de l'arène, regarder autour de lui d'un air étonné, appuyer le mufle contre terre en beuglant, et, avec ses pieds de devant, jeter derrière lui le sable et la terre. Il n'a pas envie de se battre, il faudra le provoquer, l'insulter, et encore ne serais-je pas fort étonné qu'il sautât par dessus la barrière. Mais les *chulos* viennent lui déplier leurs voiles de couleur dans le nez, le picador se place en face de lui, pousse son cheval à sa rencontre; il se battra.

Le picador est monté sur un mauvais cheval auquel on a bandé les yeux, la pauvre bête! et qui paie immanquablement les frais de toutes les gloires. Son cavalier est armé d'une lance dont le fer, long seulement de quelques lignes, ne peut que piquer le taureau, sans jamais le bles-

ser; son costume se compose d'un pantalon large
de daim, doublé de tôle jusqu'aux genoux, d'une
veste ronde brodée et d'un large feutre gris circulaire orné de rubans; il se place de manière à
avoir le taureau à droite et s'avance sur lui la
lance en arrêt. Le taureau fond sur lui, les cornes basses; mais au moment où il se relève pour
l'éventrer, son ennemi lui enfonce la pointe de
sa lance dans le cou. S'il a eu soin de se placer
suffisamment de côté, et qu'il ait le poignet
ferme, la douleur fera dévier le taureau qui, s'il
a du cœur, ira recommencer le même manége
contre le second picador. Mais, si le cavalier a
mal pris ses dimensions, si sa lance lui glisse
dans la main, s'il s'est placé trop en face, ou si
le taureau s'obstine contre la douleur, oh! alors
plaignez le cheval et le cavalier, le cheval surtout. Le taureau l'enlève sur ses cornes et le jette
sur le flanc. Il l'acheverait; mais heureusement
les *chulos* avec leurs voiles le détournent et
l'attirent à leur poursuite. Pendant ce temps, la
pauvre bête éventrée se relève, et on relève le
cavalier. Le cavalier a sonné en tombant comme
une pièce de métal, vous le croyez éreinté; le
cheval a eu huit ou dix pouces de corne dans le

ventre, vous les croyez morts tous deux; bah! ce n'est rien; le cavalier se frotte les reins et se remet en selle, quant au cheval, ses entrailles lui sortent du ventre et pendillent entre les jambes; c'est égal, il portera encore son cavalier et durera, tel quel, le temps de fournir encore deux coups de lance.

Quand le taureau est bon, c'est un vrai plaisir; il éventre quelquefois cinq ou six chevaux à lui seul, et fait rouler les picadores à terre d'une roideur admirable; et alors vous entendriez des battements de mains; *bravo! bravo toro!* Oui, mais le picador n'est-il pas tué? Qui est-ce qui s'occupe de cela? C'est l'affaire du prêtre et du chirurgien; et puis cela n'arrive pas souvent, et d'ailleurs personne n'y pense. Il est beau, d'ailleurs, le taureau, quand, après avoir désarçonné deux ou trois fois les picadores, il se promène dans l'arène qu'il a conquise et où nul n'ose plus l'attaquer; et lorsque, avide de vengeance, et ne trouvant pour l'assouvir que les cadavres des chevaux qu'il a tués, il les soulève sur ses cornes, les retourne, les déchire; jamais roi de théâtre au cinquième acte, vainqueur de ses rivaux, salué par de frénétiques applaudis-

sements, ne parut plus fier et plus formidable.
Cependant la tragédie n'est pas finie; sa victoire
ne lui vaut qu'une courte trêve. Les cavaliers
sortent de l'arène, les *banderilleros* les remplacent. Souple, agile, élégamment vêtu à la manière de Figaro, bas de soie, escarpins, culotte
et veste brodées, le *banderillero* s'avance, tenant
en main deux espèces de flèches à pointe recourbée. Il court droit au taureau, qui, surpris de
tant d'audace, s'avance en galopant à sa rencontre. Déjà l'animal le tient entre ses deux cornes;
mais voilà qu'au moment où il baisse la tête
pour le frapper, l'homme lui plante sur le garrot
ses deux flèches en hameçon, et par un tour de
reins d'une souplesse incroyable, il esquive le
coup et s'enfuit. Il faut voir alors le taureau,
déchiré par la pointe tenace, s'enlever, bondir
en mugissant, et secouer avec fureur l'instrument de son supplice. Mais il n'est pas au bout;
un autre se présente et lui enfonce encore deux
autres *banderillas*, puis un troisième, puis un
quatrième. Enfin, quand la fureur de l'animal
est au comble, la trompette sonne sa mort, et
le matador, l'épée d'une main, le drapeau rouge
de l'autre, entre dans l'arène. Il s'avance grave-

ment, salue de son épée le corrégidor, la reine, si elle assiste à la fête, et marche au devant du taureau.

Il y a ici un moment solennel. Le taureau, déjà fatigué, s'arrête et fait front; il considère son ennemi, et médite son coup. C'est là que Montès est beau; svelte, bien découplé, plein de hardiesse et de sang-froid, il ne fait pas un mouvement inutile, il n'avance pas pour reculer, il se place du premier abord avec une justesse et un coup d'œil incomparables. Songez un peu au jeu que joue cet homme, songez qu'on voit peu de matadores mourir dans leur lit, et que presque tous, au contraire, finissent sur le champ de bataille. A quoi tient sa vie? Un faux-pas de sa part, un faux-mouvement du taureau, un caillou qui roulera sous son pied, une erreur de deux pouces dans son calcul, et c'est un homme mort, et il fera peut-être le tour du cirque planté sur les cornes du taureau, comme il advint à Romero, en son temps la meilleure lame de l'Espagne. Après une glorieuse carrière, vieillissant déjà, il s'était retiré de l'arène, et vivait honnêtement du fruit de ses exploits, lorsque, je ne sais pour quelle solennité, Maria Luisa, la femme de

Charles IV, la mère de Ferdinand VII, le fit prier de reparaître pour donner plus d'éclat à la course. Non, Madame, dit Romero; j'ai échappé à bien des dangers; maintenant je vieillis, il ne faut pas tenter Dieu. Mais c'était un caprice de femme et de reine, il fallut se rendre, et le roi des matadores périt victime de sa complaisance. On ne sait quel accident trompa son adresse ordinaire, le taureau l'atteignit, le perça de ses cornes, et comme s'il eût su quel ennemi il venait de vaincre, il galopa fièrement autour du cirque, montrant aux spectateurs épouvantés son trophée sanglant.

Le matador tient de la main gauche un drapeau écarlate, qu'il agite devant les yeux de l'animal, et pendant que celui-ci suit la direction du drapeau, l'homme se dérobe à droite et lui plante son épée dans le garrot : c'est bien rare un beau coup d'épée, Monsieur! on les compte; et pour moi, je n'en ai pas encore vu. Quand le coup d'épée est vraiment beau, le taureau tombe comme foudroyé, car la lame lui a coupé la moelle épinière, ou lui a percé le cœur; mais c'est une satisfaction qu'on a bien rarement, et le plus souvent, le matador est obligé de recommencer plusieurs fois. C'est une triste chose de voir ainsi les bonnes traditions se perdre; les vieux connaisseurs s'en plaignent, et la popularité de Montès lui-même ne les empêche pas de regretter le temps passé. Un beau coup d'épée est salué de plus d'applaudissements et de bravos que n'en obtint jamais le *Qu'il mourût!* des Horaces, et je croirais volontiers qu'il entre dans cette frénésie quelque chose comme un remercîment au matador d'avoir sauvé au public l'agonie du taureau; car il est affreux de voir ce noble animal, épuisé, chancelant comme un homme ivre, plier les genoux et tomber, et mugir misérablement, en attendant qu'une espèce d'assassin, qu'on nomme le *cachetero*, vienne traîtreusement lui enfoncer derrière la tête le poignard qui doit terminer ses souffrances. Cela fait, une porte s'ouvre, un train de mules richement attelées tire hors du cirque les cadavres des chevaux et du taureau. On jette de la poussière sur les traces sanglantes, et on lâche un autre taureau; on en lâche ainsi jusqu'à huit; on appelle cela une demi-course; dans le bon temps, on en avait seize.

Ne sachant pas bien encore jusqu'à quel point

vous partagez mon enthousiasme pour ce noble exercice, j'aurais presque envie de vous faire grâce d'une circonstance qui est cependant digne de remarque, et sans laquelle mon récit serait incomplet. Le taureau n'est pas toujours brave et belliqueux, il a peur quelquefois, quelquefois il saute par dessus la première barrière, d'où on lui ouvre vite une porte par où il rentre dans l'arène; quelquefois, enfin, il est si lâche et fuit si obstinément, qu'alors une indicible indignation s'empare de la foule; on le hue, on le siffle, on l'apostrophe, et pour conclure on demande les chiens : c'est pour un taureau la dernière ignominie; c'est comme si on le déclarait indigne de lutter contre des hommes. Le corrégidor n'accorde jamais les chiens qu'à toute extrémité, parce que c'est aussi une insulte pour le propriétaire qui a vendu la bête. Alors ce sont des cris, une fureur sans égale : *perros!* (les chiens!) *perros! perros!* (Prononcez les deux *r* comme s'il y en avait *dix*) Enfin on lâche les chiens; ce sont de gros boule-dogues qui arrivent en aboyant. Mais, si pacifique que soit le taureau, vous sentez bien qu'il ne voudra pas se laisser insulter impunément par des chiens; il se fâche donc tout de bon, et alors commence un spectacle curieux. Il n'est personne qui n'ait vu des faiseurs de tours lancer en l'air et recevoir alternativement cinq oranges qui ne font que monter et redescendre l'une après l'autre. A la place de l'homme supposez le taureau; à la place des oranges, les chiens, et vous connaissez le fait aussi bien que moi. Le taureau les prend sur ses cornes, les lance à sept ou huit pieds en l'air, les reçoit, les renvoie, les reprend de nouveau, sans leur faire grand mal après tout, d'abord parce que le boule-dogue est, en général, d'un tempérament assez coriace, ensuite son poil est si lisse, qu'à l'ordinaire la corne glisse et n'entre pas. Ce spectacle fait beaucoup rire et dure jusqu'à ce qu'un de ces chiens, qui sont des braves après tout, ait réussi à saisir le taureau par l'oreille; alors sa seconde oreille a bientôt le même sort, et il a beau secouer ses boule-dogues et les faire danser, il est perdu; il le sent et se couche, résigné à mourir, et un des hommes du cirque l'achève en lui enfonçant honteusement une pointe dans le côté.

Voilà, Monsieur, ce que c'est qu'une course de taureaux, et il ne me reste plus qu'à vous parler de quelques détails accessoires pour compléter le tableau de l'amusement le plus passionné et le plus populaire qu'il y ait eu peut-être dans aucun temps.

Quant au danger que courent les toreros, quelque grand qu'il soit en réalité, on s'aperçoit bientôt, avec un peu d'habitude, qu'il n'est pas aussi grand qu'on pourrait le croire au premier abord ; cela vient de ce que chaque mouvement du taureau est prévu d'avance : ainsi on sait que, quand il est piqué de côté, il se détourne ; que quand on lui plante les *banderillas*, la douleur le fait s'arrêter ; que, quand il fond sur le matador, c'est le drapeau qu'il suit et non pas l'homme ; le taureau obéit à des impulsions presque mécaniques à force de régularité ; c'est là sans doute ce qui explique le petit nombre d'accidents qu'on voit arriver. Mais il y a des taureaux sournois qui s'écartent de la consigne et font exception, et chaque exception, dans ce cas, est presque toujours la mort d'un homme.

Telle est d'ailleurs l'importance attachée à la bonne réussite d'une course que si, par hasard, les taureaux mettaient hors de combat tous les chevaux disponibles, l'entrepreneur aurait le droit de s'emparer, moyennant indemnité, du premier cheval qui lui tomberait sous la main, fût-ce celui d'un grand d'Espagne, parce qu'ici, quand le peuple s'amuse, il ne faut pas le faire attendre. Une autre particularité non moins digne de remarque, c'est qu'après le combat, les taureaux qui ont succombé sont immédiatement dépecés par des bouchers institués *ad hoc*, et au sortir de la course, les gens du peuple, les femmes surtout viennent demander un morceau de la chair de tel ou tel taureau, qu'on a soin de désigner par son numéro et sa couleur. On emporte ce morceau chez soi, et on le mange en famille.

La recette des courses, qui doit être considérable, est versée dans la caisse des hôpitaux; une pareille destination doit avoir la vertu d'expier tout le sang répandu. Outre les chevaux et les taureaux, l'entrepreneur a encore à payer les toreros. Chaque matador reçoit par course 1,000 réaux (250 fr.), chaque picador une once d'or ou 80 fr.; les banderilleros enfin, une cinquantaine de fr. N'était la chance du coup de corne, vous voyez que le métier serait bon.

Une chose étrange pour nous, tels que nous

ont faits nos habitudes, nos mœurs, nos préjugés, c'est que les hommes ne sont pas seuls à ce spectacle; les femmes et les enfants y assistent aussi; il est vrai qu'elles y figurent en très grande minorité. En a-t-il été toujours ainsi, ou est-ce une conquête récente de l'esprit de civilisation? c'est ce que je ne saurais dire. Toujours est-il que, par l'effet de l'habitude sans doute, la vue du sang, le spectacle assez dégoûtant de ces chevaux éventrés marchant sur leurs entrailles, que le danger des matadores, que toutes ces images, dont la plus bénigne serait plus que suffisante pour mettre dans les attaques de nerfs toute la population féminine de Paris, ne paraît pas agir d'une manière perceptible sur la sensibilité des beautés espagnoles. On ne peut pas plus surprendre sur leur visage l'expression de l'anxiété ou de la pitié que celle du plaisir; le calme de leur physionomie n'en est altéré d'aucune manière, ce qui est sans doute l'effet d'une habitude contractée dès l'enfance. Cependant un Français, qui assistait il y a quelque temps à une fort jolie course, m'a raconté que, n'ayant pu contenir une exclamation de pitié en voyant éventrer un pauvre cheval, une fort jolie jeune personne de la classe des *manolas*, je présume, lui avait lancé, accompagnées d'un regard de mépris, ces foudroyantes paroles : *corazon de manteca!* (cœur de beurre!)

Ainsi ne nous abandonnons pas trop à notre attendrissement, si nous ne voulons pas nous attirer quelque apostrophe semblable. D'ailleurs j'aime mieux vous parler du spectacle vraiment magnifique que présente à l'œil ce cirque immense, ce mouvement de têtes qui ondoient comme les flots de la mer, et cette agitation passionnée, ces cris, ces applaudissements, ces sifflets, ces apostrophes; tout cela est vivant, animé et grandiose comme les jeux du cirque romain, dont les courses de taureaux ne sont sans doute qu'une tradition imparfaitement conservée ; car ce ne sont pas les Maures, avec leurs mœurs chevaleresques, courtoises, galantes et raffinées, qui ont appris ce jeu aux Espagnols. Je ne vois guère au monde que les Romains auxquels on puisse légitimement en faire remonter l'origine. Ce divertissement sanglant, où l'homme joue sa vie, cette indifférence de la foule pour le gladiateur qu'elle admire, ce respect de l'autorité pour le plaisir du peuple, cette consommation de la victime après le sacrifice, tout cela n'est-il pas romain et païen? n'est-ce pas un souvenir des rites antiques? Et ce prêtre chrétien qui vient avec le viatique assister à des plaisirs barbares qu'il n'oserait condamner, et qu'il consacre en quelque sorte par sa présence, n'est-il pas venu là tout exprès pour attester combien la loi de charité s'est trouvée impuissante à amollir les instincts de cette race énergique et dure?

LETTRE

XVIII

Valence, 25 mai 1837.

Lorsqu'en France on veut aller de Paris à Lyon ou à Bordeaux, rien de plus facile, il ne s'agit que de savoir au bureau des diligences s'il y a des places, et s'il y en a, de s'embarquer. Ici, pour aller de Madrid à Valence, il y a une petite formalité de plus à remplir, c'est de s'informer si Palillos est toujours dans la Manche, si Cabrera ou Serrador ont porté le théâtre de leurs exploits au nord ou au sud de la route, à quelle époque fut brûlée ou volée la dernière diligence; enfin si le chemin est libre et s'il y a quelque chance d'arriver sain et sauf à destination. Si vous obtenez sur ces bagatelles des renseignements satisfaisants, alors mettez-vous en route hardiment, dites-vous qu'il n'y a pas la moitié de vrai dans tous les bruits qu'on fait courir, élevez votre ame au dessus des craintes vulgaires, prenez un passeport, faites-le viser par l'alcade constitutionnel si, par hasard, vous le rencontrez chez lui, et trouvez-vous à quatre heures du matin au bureau des diligences royales; car, ici, les diligences sont véritablement royales, le titre n'est pas seulement honorifique; en effet, c'est la royauté qui a établi les diligences, comme c'est elle qui a fait les grandes routes; aussi est-il tout à fait raisonnable de continuer à dire les diligences royales et le chemin royal (*real camino*), quoique certains libéraux qui, jusqu'à ce jour, ont détruit plus de choses qu'ils n'en ont su fonder aient cru devoir sacrifier l'adjectif mal sonnant et aient poussé le patriotisme jusqu'à débaptiser le *réal de vellon*, qui vaut à peu près cinq sous, pour en faire un *nacional de vellon*. Aussi bien aurai-je le temps, pendant qu'on attelle les mules à la voiture, de vous entretenir de quelques traits du même genre, qui peuvent servir assez bien à caractériser l'esprit de Madrid. Le goût qui domine dans cette bonne capitale, c'est la manie de l'imitation étrangère. Or, si la philosophie du siècle dernier n'a rien enfanté jusqu'ici en Espagne, elle agit comme un acide sur la trempe du vieux caractère espagnol, elle le décompose, le dissout et laisse au fond du récipient, qui est Madrid, le mélange le plus bizarre et le plus hétéroclite. Par exemple, Voltaire, Diderot, Volney jouissent ici de toute la faveur philosophique qu'ils commencent à perdre chez nous ; on les cite beaucoup et on les lit même quelquefois. Cette lecture a mis chez quelques uns l'esprit fort et l'athéisme à la mode ; j'ai même eu le plaisir d'entendre un jeune prêtre constitutionnel, libéral, tout ce qu'il y a de plus progressif, débiter sur sa robe, sur son état, sur sa croyance, les plaisanteries les plus agréables. Voilà un des côtés de la médaille : maintenant voici l'autre. Vous entendez le son de cette petite clochette, c'est le Saint-Sacrement qui passe dans la rue; mettez-vous à la fenêtre, et vous allez voir les passants, esprits forts et autres, se mettre à genoux sur le pavé et attendre dans cette posture que le viatique ait passé. Que dis-je? Au cabinet de lecture de la *calle de la Montera*, là où l'on reçoit les journaux français, où le *Constitutionnel* est lu et savouré chaque jour, au cabinet de lecture, le tabernacle des idées nouvelles, j'ai vu, de mes propres yeux vu, les lecteurs les plus libéraux se lever et se découvrir au son de la petite clochette. Et puis comptez sur l'esprit fort des Espagnols! J'ai vu des femmes, très peu orthodoxes dans leurs croyances, faire des vœux à la Vierge du Carmen pour en obtenir la guérison de leur père malade, et porter héroïquement, pour accomplir leur vœu, une robe de laine horriblement chaude sous un soleil de trente-deux degrés. Il est vrai que sur cette robe étaient cousues des petites plaques de métal bénites et d'une vertu toute-puissante.

Du petit au grand c'est toujours la même chose; vous avez vu le bel effet politique de formes démocratiques appliquées sur un vieux tissu de passions aveugles et de préjugés enracinés. Dans les plus petites choses, nous retrouverons cet alliage forcé du vieux et du neuf ; dans le costume par exemple : les dames espagnoles commencent à rougir de leur mantille, ce voile si gracieux, si poétique, qui fait si admirablement ressortir la pâleur ardente de leur teint et l'éclat lumineux de leur regard ; les chapeaux sont en faveur ; mais, hélas ! quels chapeaux ! c'est à faire sourire de pitié la dernière grisette de la rue Saint-Denis. J'ai vu, car on voit de tout ici, j'ai vu des chapeaux de soie rouge-cerise accouplés avec des châles verts, ou bien encore des châles sous des mantilles, de l'espagnol sur du français, du grec sur du barbare, et de charmants visages ensevelis vivants dans ce tombeau de toute beauté. La langue aussi se corrompt, le français y déborde ; le vieux Castillan se drape dans son manteau et soupire quand il entend la jeune Espagne remplacer les *tertulias* par les *suarès* (soirées), *el tocador* par la *tualeta* (toilette); et quand il lit sur l'affiche du spectacle que tel danseur et que telle danseuse vont danser un *padedu* (pas de deux), il s'é-

crie avec M. Arguellez qu'il ne comprend plus
le jargon qui se parle à Madrid.

Mais, pendant que je disserte, on a fait l'appel des voyageurs, le postillon a enfourché la dixième mule de devant; le *mayoral* et le *zagal* se sont fraternellement partagé le siége, le coup de fouet du départ a retenti, chaque voyageur a fait le signe de croix, et nous roulons vers Aranjuez. Comme la route est triste, que nous n'y voyons pas un arbre, suivant l'ancienne méthode castillane, et qu'il faut lever les glaces pour se défendre d'une infernale poussière, je vais employer ce temps à vous décrire notre équipage. D'abord huit, dix et quelquefois douze mules sans guides, attelées deux à deux; sur une des deux de devant, un petit postillon, sur le siége de la voiture le mayoral ou conducteur, qui dirige les deux mules du brancard; à côté de lui est le zagal. Le zagal est le Pylade, l'Euryale du mayoral, c'est son bras droit, son aide de camp; si un trait cesse, vite le zagal est à bas du siége; si une mule rue ou se détourne, s'il faut fouetter l'attelage et le pousser au galop, le zagal est à terre, il suit les mules, les fouette, les exhorte, leur fait des discours, comme jadis

Automédon aux coursiers d'Achille; il les appelle par leurs noms, les pique d'honneur, les invective; il s'adresse tantôt à la *capitana*, tantôt à la *coronela*, et quand il les a lancées au grand galop, il empoigne une courroie et s'enlève d'un saut à côté du mayoral, qui, majestueux et impassible, l'a regardé faire en silence. Le zagal est propre à l'Espagne et ne fleurit que sur son sol; il est ordinairement petit, vigoureux, alerte; il passe sa vie à monter, à redescendre, à courir, et je ne crois pas que, depuis les jeux olympiques où les lutteurs se frottaient de sable, on ait vu rien de plus poudreux, de plus crasseux, des cheveux plus inextricablement collés par la sueur et par la poussière que ceux du zagal, lorsqu'après avoir couru avec ses mules pendant un quart d'heure, il s'élance sur son siége, haletant et glorieux. Mais nous voici à Aranjuez, arrêtons-nous un instant.

Aranjuez, résidence royale bâtie par Philippe V, a été témoin, dans le commencement de ce siècle, des premières agitations de l'Espagne; c'est là que s'est ouverte pour ce malheureux pays la carrière des révolutions et des discordes civiles. Ce fut là que tomba le prince

de la Paix sous le poids de l'exécration publique ;
ce fut là que le faible et débonnaire Charles IV
déposa la couronne qu'il avait laissé déshonorer
par l'impudicité de sa femme et les prodigalités
de son favori ; ce fut là que Ferdinand VII
commença, jeune encore, cette carrière d'intrigue et de fausseté qui, fortifiée d'une connaissance réelle du caractère espagnol, l'aida à triompher jusqu'à la fin de la haine et du mépris qu'il avait si justement mérités. Les troupes françaises pénétraient de tous côtés dans la Péninsule ; Murat marchait sur Somo-Sierra, Duhesme s'emparait de Barcelonne par surprise. Le prétexte d'une invasion en Portugal ne suffisait plus à expliquer tant d'actes suspects ; le prince de la Paix, bercé de l'espoir d'une royauté dans les Algarves, s'endormait sur le danger, et la cour, réveillée au dernier moment par l'imminence du péril, songeait trop tard à se retirer sur Séville pour gagner au besoin l'Amérique, lorsque la population d'Aranjuez et de Madrid, furieuse d'un abandon qui ressemblait à la perfidie, et excitée d'ailleurs, à ce qu'il paraît, par les menées de Ferdinand, se souleva et renversa le favori ; le vieux roi inti-

midé abdiqua et fournit ainsi, par le caractère équivoque de cet acte important, un prétexte plausible à l'arbitrage perfide dont Napoléon se servit d'abord pour colorer ses projets. Mais ce souvenir, tout intéressant qu'il puisse être, n'est pas ce qui frappe le plus dans Aranjuez. Pour le voyageur qui ne connaît encore de l'Espagne que l'Aragon et la Castille, l'histoire elle-même pâlit singulièrement devant le spectacle qu'offre à l'œil cette oasis de végétation magnifique qui repose si délicieusement de la nudité monotone des plaines qu'on vient de parcourir.

Le Tage, qui traverse le parc d'Aranjuez, vivifie cette terre, riche de sucs nourriciers, mais calcinée par le soleil. C'est merveille de voir, au milieu de ces plaines galeuses, qui nourrissent à peine quelques romarins poudreux, s'élever des ormes, des platanes, des peupliers, des cèdres gigantesques. Cette terre, à quelques pas de là si aride, emprunte à l'humidité bienfaisante du Tage une telle force et une telle fécondité que j'ai pu mesurer là des ormes qui avaient près de quinze pieds de circonférence, et qui certes feraient honneur aux forêts les plus riches de nos régions tempérées. Je m'étonne qu'Aranjuez n'ait pas en Europe une plus grande renommée ; car de Valence, d'où je vous écris, je puis vous dire que je n'ai vu nulle part encore, en Espagne, une nature plus belle et plus grande. Le palais que j'ai eu l'occasion de voir en détail, il y a quelques mois, n'offre rien de bien remarquable ; on peut citer seulement pour la richesse plutôt que pour le bon goût la *casa del Labrador*, petit pavillon de plaisance où le vieux Charles IV a enterré des millions pour se distraire de ses malheurs. L'or, le marbre, les tentures précieuses, quelques belles peintures, aujourd'hui abandonnés à la garde d'un concierge, sont restés en témoignage de ce royal ennui.

Au sortir d'Aranjuez, l'aridité recommence, mais avec un caractère nouveau, qui se marque plus particulièrement quand on a dépassé Ocagna. D'Ocagna j'ai peu de chose à vous dire, si ce n'est que, dans l'auberge où l'on s'arrête pour dîner, les murs de la cour sont tapissés de mauvaises images peintes à Paris, rue Saint-Jacques, et qui représentent les faits d'armes de l'empire ; la mort de Poniatowski, etc.; et enfin la prise d'Alger, où l'artiste, encore tout préoccupé sans doute de tous les Napoléon qu'il venait de portraire, a coiffé M. l'amiral Duperré du petit chapeau classique. Tout ce mauvais barbouillage, enrichi d'un texte explicatif français, m'a pourtant fait plus de plaisir, je dois vous l'avouer, que n'auraient pu m'en faire des dessins de Raphaël. Tout pacifiques que nous soyons devenus depuis quelque temps, les souvenirs de gloire militaire nous sont toujours restés au fond du cœur, et voir l'image même grossière de nos triomphes inaugurée dans une auberge de la Manche et proposée à l'admiration des muletiers, et cela entre Madrid et Bailen, chez un peuple qui a été notre ennemi et qui, aujourd'hui même, nous rend trop volontiers responsables de ses malheurs présents, cela a chatouillé agréablement le petit coin de vanité militaire que tout bon Français porte en lui, et a valu une demi-pecette de plus à la servante de la susdite auberge.

Je vous disais qu'à Ocagna l'aridité s'empreint d'un caractère nouveau; en effet, nous sommes déjà entrés en plein dans la Manche. Cette triste province ne forme qu'une plaine sans eau; pas un seul accident de terrain, pas un arbre; une terre pauvre où l'œil ne rencontre jamais de bornes que dans sa propre faiblesse ; au midi, loin, très loin de la route, la Sierra-Morena, qui paraît comme un brouillard à l'horizon, puis de vastes déserts (*despoblados*) où vous marcherez quatre et cinq heures sans rencontrer une habitation humaine ; la patience de l'homme semble avoir désespéré de cette terre où la vie dédaigne de se montrer, même sous la forme d'une herbe ou d'une plante. Rien de mélancolique au monde comme ces vastes solitudes où le soleil se lève et se couche sans avoir rien éclairé de vivant ; la terre livrée nue à ses rayons ardents se fend et se dessèche : c'est le désert, moins ses vents impétueux, ses trombes de sable et l'illusion consolante de son mirage, c'est le désert plat et prosaïque. Seulement, de loin en loin, quelques gros bourgs sont semés sur la route, dont les pauvres maisons, arc-boutées les unes contre les autres, ne ressemblent pas mal à ces malheureux moutons qui, ne trouvant plus rien à brouter, restent immobiles dans un champ de chaume, serrés en escadron, la tête de l'un dans les jambes de l'autre, s'abritant mutuellement contre l'ardeur du soleil.

La race humaine dans la Manche a cruellement ressenti le contre-coup des sévérités de la nature. Le Manchego, qui a peu de chose à espérer de son travail, est par suite paresseux, vagabond; la misère et la saleté le rongent, la route est infectée de mendiants, d'enfants en guenilles portant dans leurs bras d'autres enfants entièrement nus; jeunes et vieux, tous mendient, et les traditions de fainéantise sont à peu près le seul héritage que se transmettent fidèlement ces générations dégradées. Je n'ai pas besoin de vous dire que le Manchego est en possession, auprès de ses voisins, d'une réputation détestable. Il s'adonne volontiers à la contrebande, à la vie errante, au vol; il s'embusque volontiers derrière un petit bois de sapins ou au milieu d'un *despoblado*, pour attendre et dévaliser la diligence, qui, prévenue de ces louables penchants, ne traverse la Manche qu'avec deux ou trois *escopeteros* sur l'impériale, munis chacun d'un bon fusil et d'une ceinture de cartouches. On dit aussi que les factieux qui ne cessent de se promener dans la Manche ont dû à ces dispositions naturelles de nombreuses recrues. Aussi peut-on dire à la lettre que la moitié de la Manche vit aux dépens de l'autre; et dans toutes les auberges où nous nous arrêtions pour manger, nous ne manquions jamais d'apprendre que les factieux avaient passé par là deux, trois ou quatre fois, et que, de peur de surprise, la batterie de cuisine passait la moitié du temps au fond du puits.

Une seule gloire reste à la Manche. Cervantes en a fait la patrie et le théâtre des exploits de son héros. Là naquirent et moururent le grand don Quichotte et son immortel écuyer, et la tradition populaire montre encore quelques uns de leurs plus glorieux champs de bataille. A droite de la route, à quelques lieues de *Quintanar de la Orden*, on nous fit voir le Toboso, la patrie de Dulcinée; sur la route même, l'auberge où le héros fut armé chevalier, et un peu plus loin, à gauche, ces géants aux cent bras, qu'un enchanteur jaloux transforma en moulins à vent, et qui, depuis lors, ne cessent de s'agiter sous cette forme immortalisée par le mémorable coup de lance que vous savez.

Après avoir passé à Albacete, ville assez importante et chef-lieu de province, aussi connue en Espagne que Châtellerault en France pour la fabrication de ses couteaux, on laisse à gauche Chinchilla, vieille ville toute grise, perchée sur des rochers comme un nid d'oiseau, et l'on se trouve bientôt à Almanza, où le duc de Berwick gagna, le 25 avril 1707, la célèbre bataille qui assura à Philippe V la couronne d'Espagne.

Je ne m'arrêterai pas à vous parler manœuvres et stratégie; la bataille d'Almanza fut sans doute une bataille comme toutes les batailles. Mais ce qu'il y a de curieux dans cette époque où deux rivaux aussi se disputaient le trône, c'est le contraste que présente l'énergie d'alors avec la mollesse d'aujourd'hui, contraste frappant de plus d'une manière. De quoi s'agissait-il en effet à cette époque ? de savoir si ce serait une dynastie française ou une dynastie autrichienne qui régnerait en Espagne, et si Charles II, un idiot, avait pu ou non favoriser par testament l'un des deux prétendants plutôt que l'autre. Aujourd'hui il s'agit de savoir (au moins tout le monde paraît le croire) si un vieux régime d'abus séculaires sera restauré, ou si l'Espagne entrera enfin la dernière dans la voie commune des peuples civilisés. La question semble donc présenter aujourd'hui une gravité bien plus radicale que la querelle de Philippe V et de l'archiduc, et pourtant quelle différence d'énergie! Qui oserait comparer les déterminations vigoureuses, les dévouements simples et touchants de la guerre de succession, à la tiédeur et à l'inertie avec lesquelles l'Espagne se laisse mourir chaque jour? Philippe V, contraint de lever le siége de Barcelonne par l'apparition de la flotte des alliés, se voit forcé de se retirer en Navarre; son rival arrive jusqu'à Madrid; la Catalogne et l'Aragon étaient pour l'archiduc, chacun croyait Philippe perdu; mais lui, confiant dans la loyauté des Castillans, vint remettre entre leurs mains le dépôt de sa couronne et jura de ne pas les abandonner. Alors ce peuple chevaleresque, que la générosité et le courage ne trouvaient jamais froid, fit d'héroïques d'efforts; les moins riches vendaient leurs biens ou les engageaient, la cause était devenue nationale. Un pauvre curé de la Vieille-Castille se cotise avec ses paroissiens et parvient à former 120 livres qu'il envoie au Roi. « Sire, » lui dit-il, « ce que nous pouvons vous offrir est bien peu de chose, mais nous vous prions de considérer qu'il reste encore dans le village cent vingt personnes qui, à défaut d'une somme plus forte, offrent à Votre Majesté leurs bras et leur vie. »

Le maréchal de Berwick, qui avait su ménager avec une grande prudence la petite armée qui faisait le dernier espoir de Philippe, ayant enfin repris l'offensive à Almanza, rejeta l'ennemi hors du royaume de Murcie et de Valence, et reprit une portion de la Catalogne, tandis que le duc d'Orléans prenait Lérida, et qu'un corps détaché, sous les ordres du marquis de Bay, couvrait la frontière du côté du Portugal. Quelques mois avaient suffi pour ramener la fortune; mais il y avait alors conviction et dévouement, les vieux préjugés monarchiques et religieux subsistaient dans toute leur énergie. Aujourd'hui ce puissant mobile a plus d'à moitié disparu, sans que rien l'ait remplacé. L'Espagne répugne à marcher sous la bannière d'une foi aveugle, et ses yeux ne sont pas encore faits à supporter la lumière pénétrante de l'analyse; elle a la passion dans le sang et le doute dans l'esprit; et puis où est le chef qui a fait sa cause de la cause de l'Espagne? Combien, depuis vingt ans, lui ont promis de la guérir qui n'ont fait qu'envenimer ses plaies? Aussi, quelque grands que soient ou paraissent être les intérêts en jeu, elle se sent fatiguée et ne combat plus que par un reste d'opiniâtreté et de point d'honneur; mais elle n'a pas cette conscience de la force, cette certitude du succès qui donne la victoire. C'est le combat de deux agonisants.

Nous voici bien loin de la *Huerta* de Valence dont je voulais vous parler. Mais, comme j'ai encore à revenir sur ce beau pays, et que cette lettre est déjà bien longue, ce sera pour un autre jour.

LETTRE

XIX

LA HUERTA DE VALENCE.

Valence, 28 mai 1839.

Après avoir passé deux jours au milieu des plaines désertes de la Manche et des montagnes sablonneuses et non moins désertes qui forment la lisière du royaume de Murcie, on traverse une petite chaîne de montagnes, et l'on se trouve sur le territoire de Valence. Le pays commence déjà à changer d'aspect, les oliviers, les caroubiers, les mûriers commencent à se montrer. Quelques heures après, on passe le Xujar; alors la métamorphose est complète : vous êtes au milieu de la *Huerta*, de ce jardin de Valence, tant et si justement célébré. Si grande néanmoins que soit la beauté de ces campagnes, cette beauté est d'un caractère à part; ce n'est ni la fertilité grasse et verdoyante des plaines de la Normandie, ni le paysage mouvant et accidenté du Dauphiné, ni la variété élégante des points de vue de la Touraine. Le bon sens populaire a désigné sous le nom de jardin (*Huerta*) les environs de Valence, et rien en effet ne peut mieux donner une idée de la physionomie de cette plaine fertile et du genre de beauté qui lui est propre. Point de grandes lignes, de contrastes pittoresques, de mouvements de terrains hardis et heurtés, rien de grand ni de saisissant; mais un soin de détail, une élégance de culture, un fini de travail qui, appliqué sur une échelle de trois ou quatre lieues carrées, devient une véritable merveille; on dirait que tout a été travaillé à la bêche et à la serpette. Le terrain, divisé à l'infini, offre comme une multitude de plates-bandes où le blé, la luzerne, le chanvre s'élèvent avec une vigueur particulière. De temps en temps, surtout du côté du Xujar, on aperçoit des terrains inondés qui forment des espèces de lagunes, ce sont des rizières, qui malheureusement compensent, et au delà, par l'insalubrité des exhalaisons qu'elles répandent, les ressources dont elles enrichissent le pays. Du milieu des épis verdoyants, sortent des mûriers, des figuiers, des caroubiers, et enfin des palmiers, enfants égarés de l'Afrique, qui, trompés par la douceur du climat, sont venus balancer sous ce beau ciel leur longue colonne et leurs palmes élégantes. Au sud de Valence, entre Alcira et San-Felipe, on rencontre de plus de jolis bois d'orangers et de citronniers, qui, entremêlés de magnifiques grenadiers en fleur, donnent à toute la végétation je ne sais quelle teinte poétique et séduisante. Représentez-vous maintenant sur cette terre une population plus d'à moitié africaine, des hommes vêtus d'une chemise et de larges caleçons blancs qui tombent jusqu'au genou, les jambes et le plus souvent les pieds nus, un bonnet de laine rouge sur la tête, et autour des épaules une *manta* de même étoffe et de même couleur, dans laquelle ils s'enroulent d'une manière toute pittoresque, et vous vous croirez bien plutôt en Afrique, au milieu d'une tribu de Bédouins, qu'en Europe, à soixante lieues de Madrid et de sa civilisation francisée.

La Huerta, proprement dite, occupe un espace d'un peu plus de trois lieues carrées, et elle a la forme d'un triangle qui aurait la mer pour base. Bien que, plus loin, on rencontre encore, et notamment au sud, sur les bords du Xujar, des champs admirablement cultivés, c'est surtout dans *la Huerta* que l'on peut le mieux admirer et la richesse du sol et l'infatigable industrie de l'homme qui ne donne jamais de relâche à la fécondité de la terre. On fait, communément, dans *la Huerta*, trois récoltes et demie par an; dès qu'une moisson est terminée, on ensemence de nouveau, et la douceur du climat, qui n'a point d'hiver, fait mûrir les grains toute l'année. Il faut dire cependant que la nature ne fait peut-être pas pour Valence autant que l'homme et que l'art; le travail le plus pénible et le plus assidu, l'industrie la plus ingénieuse, épuisent chaque jour leurs ressources pour entretenir et renouveler cette fécondité, qui, autrement, serait presque fabuleuse. Les Arabes, qui ont été, jusqu'au roi Jaime d'Aragon, possesseurs assez paisibles du pays, et qui, même après la conquête des chrétiens, sont restés en majorité jusqu'à Philippe II et Philippe III, les Arabes avaient doté Valence d'un système d'irrigation qui subsiste encore tel qu'ils l'ont fondé; le génie de leurs descendants et de leurs vainqueurs n'a trouvé rien à y ajouter. Ce système, le voici : Les eaux du Turia qui se jettent dans la mer, un peu au dessous de Valence, ont été soutenues par une digue à deux lieues environ de son embouchure, et sept coupures principales, dont trois sur une rive et quatre sur l'autre, vont distribuer dans la plaine ces eaux qui s'étendent en éventail et fertilisent toute *la Huerta*, contenue et comme embrassée entre leurs deux branches extérieures. Maintenant, sur chacune de ces sept artères principales, le même système est répété en petit, et une multitude innombrable de veines secondaires viennent prendre l'eau et la porter au plus humble carré de terre caché au centre de la plaine. Ce système, dont l'idée est fort simple, offrait néanmoins dans l'exécution une complication dont les difficultés n'ont pu être résolues que par la prévoyance la plus ingénieuse. Une de ces difficultés se trouvait dans la nécessité d'observer partout une telle graduation de niveau, que tous les terrains, sans exception, pussent jouir à leur tour des bienfaits de l'irrigation. Or, la plaine, bien qu'assez égale, ne présentait pas cependant ce nivellement parfait et géométrique; on y a suppléé par de petits canaux et des ponts-aqueducs; en se promenant dans la plaine, on voit à chaque instant de petits canaux qui passent sur les grands, et je ne sais combien d'aqueducs en miniature construits les uns sur les autres pour porter à quelques perches de terre un volume d'eau trois fois gros comme la cuisse. Ailleurs, vous voyez, au milieu d'un terrain tout plat, le chemin s'élever tout à coup de quatre pieds et vous obliger de suspendre pendant douze pas le trot de votre cheval; c'est un aqueduc souterrain qui passe par là; tout ce travail est peu apparent; la plupart du temps, il se cache sous terre, mais il est plein de détails et de prévoyance. Une autre difficulté, c'était de répartir les eaux équitablement, et que chacun pût en jouir à son tour; car, pour faire monter les eaux d'une *acequia* (c'est le nom des canaux), il faut presque mettre les autres à sec; après le travail de l'ingénieur venait donc le travail de l'administrateur et du légiste; ce travail a également été fait par les Arabes et subsiste encore aujourd'hui tel qu'ils l'ont laissé. A chacune des sept branches-mères correspond un jour de la semaine; ce jour-là, elle emprunte l'eau de ses voisines pour élever les siennes au niveau voulu; le tout, bien entendu, à charge de revanche : ce jour-là, tous les petits filets qui s'alimentent des eaux de la grosse artère sont également ouverts; mais, comme leur nombre est immense, et qu'en venant la sucer tous à la fois, les eaux ne pourraient se maintenir à la hauteur nécessaire, chacun d'eux a son heure dans la journée, comme la branche-mère a son jour dans la semaine. Voilà près de huit siècles que ces détails minutieux sont fixés, que chaque filet d'eau a son heure et sa minute assignées. Quand cette heure arrive, un des colons intéressés défait en trois coups de pioche la digue de gazon qui ferme sa rigole, l'eau monte, et à mesure qu'elle vient à passer devant chaque pièce de terre, chaque colon, qui l'attend la pioche à la main, lui donne accès chez lui par le même procédé; alors la terre est submergée et couverte de plusieurs pouces d'eau pendant un temps déterminé. Le lendemain, les choses se passent de la même manière dans une autre partie de la *Huerta*, et, au bout de la semaine, toute la campagne a été imprégnée à son tour de ces eaux fécondantes.

Quelquefois il arrive qu'un propriétaire impatient devance l'heure prescrite et donne, par ci par là, pendant la semaine, un coup de pioche dans sa digue, au détriment de son voisin. De là des procès. Mais, grâce à Dieu et au bon sens oriental des fondateurs, toute la procédure ne coûte pas une seule feuille de papier timbré. Tous les jeudis, devant la porte de la cathédrale, le tribunal donne séance, composé seulement d'un alcade. Le cadi (car, étymologiquement et réellement parlant, l'alcade n'est pas autre chose), le cadi écoute les plaignants. Comme il n'y a point d'avocats (autre preuve du bon sens oriental), les procès se terminent toujours séance tenante. Le plaignant expose lui-même sa plainte, le délinquant se défend, le juge prononce l'arrêt ; réquisitoire, défense, arrêt se prononcent en patois valencien. Tout s'est passé sans écriture, sans délai, sans frais, et justice est faite ; l'arrêt est sans appel. Tout cela, Monsieur, appartient-il à l'Europe ou à l'Orient?

Grâce à l'action combinée de l'eau et du soleil, la terre périodiquement humectée, sans cesse échauffée par la chaleur de l'atmosphère et riche d'ailleurs par elle-même, produit toute l'année, sans fatigue, l'orge, le riz, le blé, le safran, les légumes, les oranges et les citrons ; l'huile, et enfin la soie et la cochenille composent la meilleure partie des récoltes de Valence. La culture de la soie est considérable et ses produits très estimés; quant à la cochenille, c'est une richesse récemment importée, mais qui promet, d'ici à quelques années, les plus beaux résultats. Cette extrême fertilité, ces trois ou quatre récoltes successives dans le cours de la même année, expliquent d'ailleurs tout naturellement le chiffre énorme de la population qui, d'après les derniers recensements, s'élève, dans *la Huerta* seulement, à 21,364 habitants par lieue carrée. Je ne crois pas qu'aucun pays de l'Europe donne, à beaucoup près, un chiffre aussi énorme. On a calculé que si, par toute l'Espagne, la population suivait la même proportion, l'Espagne pourrait nourrir jusqu'à 200 millions d'habitants. Malheureusement, la nature et la configuration du sol opposent presque partout d'invincibles obstacles à cette brillante utopie des statisticiens. Au millieu de cette fertile *Huerta* s'élèvent à chaque pas de nombreux et jolis villages, tous très peuplés et remarquables (chose unique en Espagne) par leur extrême propreté. Je ne connais rien dans nos campagnes de France qui puisse soutenir la comparaison sous ce rapport; peut-être pour rencontrer quelque chose d'équivalent, faudrait-il remonter jusqu'en Hollande.

La population de la *Huerta* est industrieuse, appliquée; elle a conservé religieusement les traditions arabes relatives à la culture des terres; elle est extrêmement intéressante sous ce rapport. Envisagée de tout autre point de vue, c'est, il faut le dire, une race évidemment disgraciée : elle est laide, misérable et corrompue. Peut-être, à y regarder de près, trouverait-on dans la misère l'explication de la difformité morale et physique, quoique plusieurs causes différentes concourent à ce triste résultat. Quant à la laideur, elle est surtout particulière à la population mâle, et elle trouve une explication naturelle dans l'insalubrité du climat. Ce pays, si beau à l'œil, si séduisant de verdure et d'abondance, est empesté par les rizières, dont les exhalaisons, mêlées aux vapeurs que le soleil tire continuellement de cette terre humide, produisent des fièvres redoutables. Sur 4,910 malades reçus, en 1830, dans les hôpitaux de Valence, les trois quarts souffraient de la fièvre, et la mortalité, sur le chiffre des fiévreux, fut d'un cinquième. L'habitant de la campagne, le *labrador*, a le visage terreux, l'œil terne ; sa physionomie est morne et sans expression. Dans la ville, les femmes sont, au contraire, remarquablement jolies ; dans les cantons moins humides du royaume, elles méritent aussi la réputation de beauté dont elles jouissent ; mais dans la *Huerta*, quoique beaucoup mieux que les hommes, elles se ressentent également de l'influence malsaine de l'atmosphère.

Quant à la corruption, elle est énorme. Valence passe pour le pays de l'Espagne où il se commet le plus de crimes. Le meurtre, le vol, les rixes et les blessures montent, dans la statistique criminelle de Valence, à un chiffre relatif énorme. Ainsi, dans la seule année 1832, sur environ 700,000 justiciables que comprend le ressort de la *audiencia* de Valence, le nombre des meurtres et infanticides s'éleva à 210, celui des blessures à la suite de disputes à 541, celui des vols à 364, enfin les condamnations à mort s'élevèrent jusqu'à 34 ; si l'on ajoute les condamnations aux galères, qui ici sont à peine infamantes, les crimes non poursuivis, faute de trouver ou de vouloir trouver le coupable, lesquels, pour 1835, donnent le chiffre de 834, vous pourrez juger de l'espèce de barbarie morale qui désole ces belles contrées. Il règne d'ailleurs dans ce pays une coutume caractéristique qui offre à l'étranger une statistique parlante et significative. Quand un homme est assassiné, on cloue sur la muraille la plus proche une petite croix noire avec une inscription ordinairement conçue en ces termes : « Ici mourut de malheur (*aqui murio de desgracia*) telle personne, tel jour de telle année. » Or, pour vous donner une idée du nombre de ces petits monuments expiatoires, il suffira de vous dire que, dans une des rues les plus populeuses de Valence, la rue Saint-Vincent, qui est longue à peu près comme la rue Vivienne, du Palais-Royal à la place de la Bourse, j'ai compté, l'autre jour, *onze* croix destinées à conserver le souvenir de onze *accidents* néfastes. Si donc le Valencien passe généralement pour traître et lâche, si l'Andalou lui-même, ce charmant Andalou qui fait si bon marché de son propre courage, témoigne hautement de son mépris pour la lâcheté valencienne, il faut bien convenir que cette mauvaise réputation n'est pas entièrement usurpée.

On aurait tort d'ailleurs de s'étonner de l'abrutissement du Valencien. Le *labrador*, occupé, du matin au soir, au travail de la terre, mène la vie d'une bête de somme intelligente; il applique des procédés de culture ingénieux que la tradition lui a transmis; mais la vie morale et sociale, rien ne l'éveille en lui, c'est un admirable instrument de travail, et c'est à peine un homme, il enrichit, en quelque sorte, la terre à ses dépens; l'extrême fertilité du sol suffisant à peine à nourrir une fourmilière d'hommes dont le nombre n'est jamais en arrière de la quantité des produits, la multitude des co-partageants rend nulle cette richesse apparente ; ce n'est que par un travail presque violent que le *labrador* fuit la misère qui le talonne toujours ; de là la grossièreté presque animale de ses penchants. Ainsi, d'une part, la fièvre, de l'autre l'excès de la population et par suite l'excès forcé du travail, telles sont deux des causes les plus actives de la misère et de la dépravation du peuple. Puis, comme les fléaux s'engendrent naturellement les uns les autres, de ces deux calamités en naît une troisième. Cette insalubrité de la campagne, cette férocité connue des habitants empêchent le propriétaire de vivre sur ses terres ; c'est à Valence, ou à Madrid, ou à l'étranger que le propriétaire de la *Huerta* va dépenser son revenu, de telle sorte que la richesse sort toujours de cet inépuisable pays, mais n'y retourne et n'y circule jamais. C'est sans doute un résultat déplorable, mais difficile à corriger ; car, qui voudrait habiter au milieu d'une race brutale, féroce et toujours sollicitée au brigandage par de longues habitudes et par des besoins réels ?

Les *labradores* étaient autrefois la terreur de

la ville; dès que le moindre désordre éclatait dans l'enceinte des murailles, ils accouraient en foule de la campagne pour piller, et leurs figures et leurs mœurs africaines les rendaient l'effroi du paisible bourgeois valencien [1]. Un évènement célèbre, arrivé en 1808, a détourné en sens inverse le cours du torrent.

Lorsque la nouvelle des évènements du 2 mai, à Madrid, se répandit dans les provinces, lorsqu'on apprit le combat sanglant de la population madrilègne contre les troupes de Murat, toutes les provinces d'Espagne, comme chacun sait, se soulevèrent spontanément; partout des juntes furent créées et des moyens de défense organisés contre les Français; mais ce mouvement, qui partout fut accompagné de nombreux désordres, ne fut, nulle part, aussi terrible qu'à Valence. La populace, soulevée et ameutée par un moine, nommé le père Calvo, fit main-basse sur tous les Français établis à Valence. Ce fut une boucherie. Des Français nés, mariés et possédant,

---

[1] Les *labradores* de la *Huerta* conservent encore chez eux, pour la plupart, un sac destiné à rapporter leur part du pillage de Valence. C'est une des traditions les plus chères et les plus vénérées de la *Huerta*.

à Valence, des établissements de commerce, furent massacrés sans pitié, et les *labradores* de la *Huerta* brillèrent au premier rang dans cette glorieuse prouesse. Mais, au bout de quelques jours, le vent tourna ; les autorités, d'abord épouvantées, reprirent enfin le dessus, et la réaction commença avec une barbarie digne des premiers excès qu'il s'agissait de punir.

Le père Calvo fut étranglé dans sa prison, après une instruction sommaire, et un nombre considérable d'assassins présumés furent pendus à peu près sans formalité. Comme les *labradores* figuraient en majorité parmi ces derniers, leur supplice a laissé dans la *Huerta* des souvenirs terribles ; aussi, sauf quelques très rares occasions, lorsqu'une émeute éclate à Valence, le premier soin des *labradores* est de déguerpir et de regagner la campagne au plus vite. La ville se trouve ainsi affranchie, depuis lors, de la crainte que lui inspirait la campagne. Ce n'est pas qu'il n'y ait toujours quelques précautions à garder ; ainsi on vous recommande toujours très instamment de ne point vous laisser surprendre par la nuit hors des portes de Valence, et l'on vous cite à ce sujet l'histoire d'un baron allemand qui, après une promenade dans la campagne, ayant trouvé le soir les portes fermées, fut assailli par trois *labradores* et percé de vingt-deux coups de couteau. Il eut le bonheur d'en revenir assez bien pour avoir pu écrire lui-même le récit de son aventure; mais c'est une chance sur laquelle il ne faudrait pas trop compter. Inutile de vous dire que la peur et la renommée, toujours menteuses, grossissent singulièrement le péril. Il n'est rien comme de juger par soi-même dans ces sortes de choses; aussi puis-je vous assurer qu'il en est des meurtres à Valence comme du péril des routes, comme des courses des factieux et de leurs brigandages : au fond, c'est l'exception; mais, comme la publicité ne parle que de l'exception, on s'imagine de loin que Valence est un pays qui n'est habité que par des hyènes et des vipères, tandis que c'est tout simplement un pays habituellement endormi et fort paisible, que les factieux et les voleurs réveillent seulement de temps à autre pour le rançonner et le piller; il se laisse faire, et l'opération terminée, il recommence à ronfler de plus belle.

Du reste, le chapitre des voleurs nous conduira tout droit à nous occuper de la justice, dont je compte vous dire quelques mots dans une prochaine lettre.

LETTRE

XX

Cadix, 10 septembre 1837.

Depuis la longue interruption que vient de subir ma correspondance, j'ai visité la plus grande partie de l'est et du midi de l'Espagne, depuis Barcelonne jusqu'à Cadix; j'ai vu de beaux monuments, des sites pittoresques, des traits de mœurs caractéristiques; mais comment vous entretenir d'objets de pure curiosité ? comment même trouver le moyen d'observer à loisir et de sang-froid des antiquités qui, dans d'autres circonstances, mériteraient seules tout un livre, lorsque le sol sur lequel on marche s'éboule journellement sous vos pieds, lorsque les bruits sinistres de la guerre civile, que le meurtre, le pillage, la dévastation vous poursuivent sans relâche, lors surtout qu'au milieu de tous les fléaux qu'engendrent la guerre et les révolutions, on cherche vainement cette conviction généreuse, cette foi sainte dans l'avenir qui peut racheter tant d'erreurs et purifier tant de souillures ? La France aussi a traversé des temps douloureux, l'histoire de son affranchissement a aussi des pages néfastes, et nous avons trop cruellement ressenti les terribles effets des luttes politiques, pour ne pas considérer d'un œil indulgent des luttes et des crises semblables; mais du moins, dans nos plus mauvais jours, ni la foi, ni l'énergie ne nous ont manqué; à côté des grands crimes brillaient les grandes vertus et les grands talents; et à l'époque même où la guillotine, comme un spectre fatal, se dressait sur nos places, le regard du bon citoyen pouvait se détourner avec orgueil et confiance sur ces grands administrateurs qui savaient créer l'ordre au sein de l'anarchie et organiser la victoire, sur ces armées enfin, modèles de discipline et de patience, qui commençaient dès lors à tailler les premières pierres de l'Arc-de-triomphe immortel que la France vient d'élever. Mais ici, sur quoi reposerons-nous nos yeux? Je suis resté dix mois à Madrid; en voilà quatre que je parcours les villes et les campagnes de près de la moitié de l'Espagne, et je n'ai vu encore que de fausses révolutions, de faux enthousiasmes, de faux succès, de fausses réformes, à chaque instant démentis par les faits, et dissimulant mal un trop légitime découragement. Je voulais vous décrire l'Espagne, et malgré moi je commence par la plaindre, et par me plaindre moi-même de la continuité d'un spectacle qui ne peut exciter, au fond de tout cœur honnête, que des alternatives de tristesse et d'indignation.

Le voyageur qui revient en France, après avoir visité l'Angleterre, l'Amérique, la Prusse, la Russie même, tout éloignée qu'elle est de l'esprit de notre civilisation, celui-là peut espérer de rapporter des idées utiles; il aura observé des institutions politiques ou financières, de belles voies de communication, des établissements pénitentiaires, un développement militaire, industriel ou philosophique dont l'étude peut être profitable à son pays; et ce rôle d'interprète entre deux civilisations différentes forme, si je ne me trompe, la portion la meilleure et la plus élevée des attributions du voyageur. Sous une forme ou sous une autre, ce qu'il a eu sous les yeux, c'est le spectacle toujours instructif de la vie des nations; et si, au milieu de cette moisson abondante, il a su choisir les fruits susceptibles d'être transplantés utilement, son temps et ses fatigues n'auront point été perdus. Ici, n'attendez rien de semblable : ce que j'ai à vous montrer, c'est le tableau d'une agonie qui ne peut pas finir, d'un désordre sans limite et sans terme assignable, c'est la ruine certaine et progressive d'un peuple qui, tout un siècle durant, a fait la loi à l'Europe, qui vit sur la terre la plus riche et la plus favorisée peut-être qui soit sous le ciel, mais que les fausses expériences ont tellement découragé, qu'il se sent et se regarde périr avec une sorte de résignation fataliste dont on essaie en vain de le faire sortir à grand renfort de mots sonores et de phrases retentissantes. D'autres pourront s'évertuer à vous montrer l'ordre et le progrès organisés sur le papier, l'enthousiasme régnant dans les proclamations officielles, les victoires se succédant sans interruption dans les bulletins, et les Cortès enfin poursuivant, avec une gravité digne de la chaise curule des anciens sénateurs romains, le grand œuvre de la régénération nationale. Notre tâche à nous sera plus triste et plus sévère; ce sera de faire disparaître tous ces brillants fantômes devant la triste lumière des faits, de vous montrer le mal dans toute son étendue et de vous faire voir combien sonnent creux toutes ces fondations de granit si miraculeusement élevées par les mains de la faiblesse, de l'imprévoyance et du gaspillage. Je ne vous réponds pas d'aller jusqu'au bout de la tâche que j'entreprends; il y a un terme où la plume vous tombe des mains; on ne fait point l'analyse du néant; mais si je puis vous faire voir combien est faux et pernicieux le prétendu système de régénération qui achève en ce moment la ruine de l'Espagne, combien les mœurs, les préjugés et les intérêts de ce pays sont antipathiques au régime prématuré auquel on l'a soumis, et quels funestes et peut-être irréparables effets sont résultés de cet empressement puéril de tout changer et de tout refaire, je croirai avoir rendu, dans la mesure de mes forces, un service véritable à la cause de l'Espagne. Voilà trop longtemps qu'on répète chaque jour que l'Espagne est le pays des anomalies politiques, que rien ne se passe là comme ailleurs, et que toutes les prévisions y sont déjouées par une sorte de marche capricieuse et désordonnée qu'aucun calcul ne peut saisir. Pour moi, il m'a semblé, je l'avoue, que l'Espagne est, sous ce rapport, un pays comme tous les autres, où, comme dit l'Évangile, celui qui sème le vent recueille la tempête; et la meilleure preuve à fournir du développement logique des évènements en Espagne, c'est précisément la persévérance des démentis donnés par les faits depuis quatre ans à des hypothèses bienveillantes si l'on veut, mais erronées à coup sûr et dénuées de toute espèce de fondement.

Vous devez être, j'imagine, très étonnés en France de l'espèce de guerre que se font ici carlistes et christinos, de ces grandes victoires qui ne profitent point au vainqueur, de ces grandes défaites qui n'empêchent point le vaincu de prendre l'offensive, ou, pour parler plus clairement, de toutes ces grandes jactances dont on aime ici à embellir le texte assez peu épique de l'histoire des opérations militaires. Vos tacticiens doivent être surpris de voir que ces carlistes, perpétuellement battus depuis quatre ans, traités journellement de lâches par leurs vainqueurs (*esos cobardes*, etc.), ont pu sortir de leurs montagnes, parcourir l'Aragon, la Catalogne, Valence, et, quoique réellement inférieurs en cavalerie, s'avancer de revers en revers jusqu'aux portes de Madrid. Et cependant, à tout prendre, les opérations militaires sont encore certainement le beau côté de l'Espagne constitutionnelle. Si les généraux manquent de tactique et les soldats de discipline; si les sergents font des révolutions libérales et les officiers des réactions modérées, du moins faut-il convenir qu'officiers et soldats se battent bien, et s'ils ne pourfendent pas autant de montagnes qu'ils le prétendent, il est vrai de dire cependant qu'ils échangent avec l'ennemi des coups de fusil très réels; ils tuent et se font tuer, ils font des marches forcées, supportent des privations rigoureuses et rachètent par de solides qualités militaires l'esprit d'indiscipline et de désordre qui les agite. Malheureusement, je ne suis point militaire, ce n'est point de l'armée, c'est du gouvernement que j'ai à vous entretenir. Ici, je vous l'avoue, mon embarras est grand; y a-t-il un gouvernement en Espagne, n'y en a-t-il pas? qui est-ce qui commande, qui est-ce qui obéit? Où est le gouvernement? où est le pouvoir? où est la force et l'autorité? et comment vous faire comprendre à vous autres, heureux habitants d'un pays organisé, l'espèce de bonne aventure qui régit ici toutes choses?

Il est un fait dont, au bout de quelques mois de séjour en Espagne, on demeure profondément convaincu : c'est que le gouvernement constitutionnel et les institutions libérales n'existent là que dans l'opinion de la presse anglaise et française. Que le pays soit en révolution, ce n'est que trop évident; qu'il éprouve, sinon le désir réfléchi, du moins le besoin impérieux de l'ordre d'abord, et ensuite d'une foule de réformes dans toutes les branches de l'administration publique, que le rétablissement de l'ancien et absurde système qui, depuis trois cents ans bientôt, endort et assoupit encore le génie déjà trop apathique de la nation, soit devenu odieux à une grande partie de la population, et que le rétablissement en soit à peu près impossible, c'est ce dont on ne saurait douter; mais, après avoir proclamé hautement cette vérité, permettez-moi d'attaquer sans ménagement le système, ridiculement absurde, par lequel on a espéré fonder, en Espagne, des institutions nouvelles, et dont le résultat a été un désordre tel que je ne pourrai qu'à la longue vous en donner une idée incomplète. La longue tournée que j'ai faite dans les provinces ne m'a point fait découvrir aux évènements de ce pays d'explication nouvelle; elle n'a pu que confirmer, par une multitude d'exemples, une idée que je vous ai souvent répétée, et que je demande la permission de vous répéter encore.

Le gouvernement constitutionnel tel que nous l'entendons, c'est le gouvernement des classes moyennes et possédantes. La propriété joue dans ce système un rôle important; d'autres éléments peuvent et devront sans doute s'y faire une place considérable, mais la difficulté de reconnaître les titres légitimes, purement intellectuels, a assuré jusqu'ici la suprématie à la propriété qui seule aujourd'hui représente des idées de stabilité et de perpétuité. La propriété chez nous, très divisée et, grâce au ciel, très divisible, assure par là même au gouvernement une base plus large et dont les racines plongent au cœur même de la nation. La propriété et les droits politiques semblent liés dans notre civilisation moderne par une parenté si étroite, qu'en Angleterre, par exemple, nous voyons l'aristocratie, la Chambre des Lords, appuyée sur ses immenses possessions, exercer encore aujourd'hui une influence énorme, et balancer les intérêts de l'Irlande et du reste de la nation; et sans doute ce n'est pas trop s'avancer que d'affirmer qu'un des premiers usages que la réforme fera de sa victoire, ce sera d'attaquer l'aristocratie au cœur, c'est à dire à l'endroit de la propriété. Le progrès, en Angleterre, s'accomplit d'une manière lente et continue; l'aristocratie d'ailleurs occupe une position tellement forte que bien d'autres questions précéderont sans doute celle-là; mais l'existence déjà puissante du parti radical indique à elle seule dans l'avenir le moment où le droit d'aînesse et les substitutions seront attaqués.

Nous n'avons point ici à prévoir le résultat de cette lutte, nous avons voulu seulement faire sentir l'intime connexion que la nature même des choses doit établir entre les droits politiques et la propriété, dans les pays où la chute des anciennes institutions spirituelles n'a laissé de refuge à l'idée de propriété et d'hérédité que dans la possession et la transmission du sol. Maintenant, que ce système soit attaqué précisément de ce côté; que certaines opinions veuillent déplacer la base du pouvoir et que ce soit avec fondement ou non, c'est encore là une question où nous n'avons point à nous entremettre pour le moment; qu'il nous suffise d'établir ce fait que personne, je crois, ne contestera, savoir qu'il n'y a et qu'il n'y a eu jusqu'à ce jour de gouvernements constitutionnels réguliers et vraiment dignes de ce nom, que ceux qui ont pour base et pour garantie la propriété.

Cette réflexion, à coup sûr, bien simple et bien élémentaire, suffira presque seule à nous donner la clef des contradictions bizarres qui font de l'Espagne un pays de tout point inexplicable pour l'observateur superficiel.

Lorsque Ferdinand mourut, en quelles mains

se trouvait la propriété en Espagne? dans les mains de la noblesse et du clergé. Les nobles, presque tous ruinés, possédaient à peine assez de capitaux pour faire valoir leurs terres dont la plus grande partie restait en friche ou mal cultivée. Le clergé, bon administrateur, mais conservateur par essence et n'ayant que des besoins constants qu'aucun accroissement de famille ne venait stimuler, le clergé se bornait à entretenir ses propriétés et ne se livrait à aucun des grands travaux que l'Espagne réclamerait et qui pourraient facilement lui permettre de tripler sa richesse et sa population. Leur gestion, bien qu'imparfaite, s'étendait néanmoins sur la plus grande partie du sol. Quant à la bourgeoisie, son influence comme propriétaire était, comme elle l'est encore, presque nulle : sur le littoral, à Barcelonne, à Cadix, le commerce; dans l'intérieur, les emplois publics étaient à peu près les deux seules voies ouvertes à son ambition. Lors de la mort du Roi, l'insurrection de don Carlos d'une part, de l'autre la rentrée des émigrés et les espérances hautement avouées des anciens libéraux, eurent pour effet de rejeter, en dehors du parti de la Reine, une portion du clergé tant régulier que séculier, c'est à dire une classe de propriétaires importants. Quant à la portion du clergé demeurée neutre, les massacres des moines, la suppression des couvents et la confiscation de leurs biens, arrachée au gouvernement par les *exaltados*, amenèrent l'anéantissement d'une classe de propriétaires qui se trouva sans héritiers immédiats, puisque l'État s'emparant de leurs biens, de nouveaux intérêts n'avaient point le temps de se former. Voilà donc déjà, par le fait de l'insurrection de Navarre et de la marche inférieure des affaires, une classe tout entière de propriétaires ou rendue hostile ou anéantie sans être remplacée, c'est à dire un élément territorial de moins pour l'édification du nouveau gouvernement.

Restaient la noblesse et le clergé séculier. *L'estatuto real,* en établissant une chambre haute, avait blessé peut-être le sentiment d'égalité si énergique en Espagne; mais si la Chambre des Proceres était entièrement dépourvue de prestige nobiliaire, elle représentait, du moins en grande partie, l'élément territorial et pouvait, sous ce rapport, rendre service au pays et donner de la consistance aux réformes commandées par les circonstances. Mais le parti exalté, peu satisfait de ses précédents succès, fit la révolution de la Granja et *reproclama* la Constitution 1812, déjà deux fois proclamée et deux fois morte d'impuissante. Le résultat fut la suppression de la Chambre des Proceres ; c'est à dire que la dernière trace de l'élément territorial disparaissait du gouvernement et lui devenait par conséquent hostile.

En dehors du gouvernement une classe influente de propriétaires était, jusqu'à ces derniers temps, restée neutre à son égard. Je veux parler du clergé séculier, depuis les évêques jusqu'aux desservants de paroisses ; ils avaient reconnu l'autorité de la Reine et se tenaient soigneusement en dehors de toute action politique. En effet, dans l'hypothèse du triomphe de don Carlos, ils étaient sûrs, comme clergé, que leur influence serait reconnue des champions de l'ancienne foi ; et, dans l'hypothèse du triomphe de la Reine, ils avaient tout à perdre en se compromettant. C'était donc une neutralité doublement garantie. Eh bien! une loi récente vient de saisir, au profit du gouvernement, la dîme qui faisait la meilleure part du revenu du clergé séculier. Le gouvernement se charge de solder directement les ministres du culte. Mais comme on sait en quelle monnaie le gouvernement paie ses employés, ses armées, les pensions des moines et celles des religieuses dont il a saisi les dots, toute la hiérarchie ecclésiastique doit désirer du fond de l'ame la ruine d'un gouvernement qui lui enlève ses moyens de subsistance. Le clergé séculier est nombreux; c'est incontestablement de toutes les classes de la société espagnole celle qui réunit le plus de lumières et le plus d'influence; c'est donc un ennemi dangereux.

Récapitulons.

On est arrivé du despotisme éclairé de M. Zéa jusqu'au gouvernement constitutionnel, par l'élimination successive de toutes les classes possédantes, qui jusqu'ici avaient été considérées comme offrant la base et la principale garantie d'ordre[1] des gouvernements constitutionnels. L'expérience est nouvelle et les résultats sont dignes d'être examinés de près. Nous aurons donc à étudier les moyens dont la bourgeoisie s'est

[1] Cette idée, qu'on ne peut admettre pour la France qu'avec certaines restrictions, est surtout vraie en Espagne, où le commerce et la propriété mobilière sont loin de faire équilibre à la richesse territoriale.

servie pour arriver au pouvoir, la manière dont elle en use, les résultats moraux et économiques de sa gestion, et les garanties d'ordre et de bonne administration qu'elle offre au pays. Ensuite je vous parlerai du peuple des campagnes et de celui des villes, au moins tel qu'il m'est apparu dans les lieux où j'ai pu l'observer. Cela fait, nous serons mieux en mesure pour débattre les chances favorables ou contraires aux armes de don Carlos; car il est facile de voir que le succès ou la ruine du Prétendant est moins encore une question militaire qu'une question politique, et que le savoir-faire des généraux que possède l'Espagne y peut moins que ne pourrait un bon gouvernement. Je ne sais si je e fais bien comprendre; mais la matière est embrouillée, et je ne saurais d'une fois y faire pénétrer la lumière.

LETTRE

XXI

LA BOURGEOISIE CONSTITUTIONNELLE EN ESPAGNE.

Cadix, 12 septembre 1837.

En cherchant à analyser la situation actuelle de l'Espagne, je m'efforcerai de laisser, autant que possible, les noms propres de côté. A l'heure qu'il est, les récriminations ont peu d'intérêt, et il importe moins de savoir qui a fait le mal que d'en connaître la gravité et d'en chercher le remède.

Je vous faisais remarquer, dans ma précédente lettre, que l'ascendant progressif du parti exalté avait eu pour résultat de rejeter en dehors du gouvernement et de sa cause les deux classes qui se trouvaient, par le fait, dépositaires de presque toute la richesse territoriale de l'Espagne. L'élimination de ces deux classes, dont l'une, le clergé, s'est trouvée plus particulièrement en butte aux attaques et aux rigueurs du pouvoir, a laissé le champ complètement libre aux espérances de la bourgeoisie qui est aujourd'hui dominante, qui depuis un an dirige tout, et qui depuis beaucoup plus longtemps, exerçait déjà une influence, irrégulière il est vrai, mais décisive. Il vaut donc la peine de nous arrêter un instant à étudier cet élément tout nouveau dans l'histoire d'Espagne, et qui vient de faire pour la première fois son entrée sur la scène politique.

La bourgeoisie espagnole n'est pas, comme la nôtre, cette classe innombrable qui s'étend depuis l'ouvrier récemment établi jusqu'au pair de France roturier, et qui forme, tant par sa masse que par le libre accès qu'elle ouvre toujours aux classes inférieures, le fond même et l'étoffe de la nation. Soumise longtemps comme tout le reste au despotisme royal, ne possédant ni les lumières, ni les richesses du haut clergé, ni surtout son crédit sur les masses, la bourgeoisie espagnole, en admettant qu'elle doive un jour marcher sur les traces de la nôtre, n'est encore qu'au début de sa carrière; c'est encore une classe isolée qui doit compter comme classe, mais qui n'est point en état aujourd'hui d'absorber ou de supplanter toutes les autres. Depuis trente ans, depuis vingt surtout, la bourgeoisie s'est donné beaucoup de mouvement; c'est elle qui a fait la révolution de 1820, c'est elle qui vient de jouer encore un rôle plus important que brillant dans les évènements de ces dernières années. Pourquoi sa première tentative révolutionnaire a-t-elle trouvé si peu d'appui dans le pays, pourquoi la seconde vient-elle de plonger l'Espagne dans un inexprimable désordre? En dehors de l'influence accidentelle des évènements, nous en trouverons la cause dans la constitution même de la bourgeoisie. Elle ne possède, nous l'avons vu, ni la popularité, ni la richesse que possédait le clergé; elle n'a vécu jusqu'ici que du commerce et des emplois publics. Or l'opinion en Espagne a été longtemps défavorable au commerce; l'ancien point d'honneur castillan était sévère pour les pratiques de l'habileté commerciale, et comme me le disait dernièrement une vieille femme, à Elche, dans le royaume de Valence : *El honor de un commerciante es mas delicado que no el de una doncella* : l'honneur d'un commerçant est plus fragile que celui d'une vierge. Le noble qui faisait le commerce encourait la déchéance; aussi les gentilshommes ruinés préféraient-ils entrer en service comme domestiques, conformément à un vieil adage qui dit que, dans la domesticité, la noblesse sommeille, mais que dans le commerce elle périt. Ces anathèmes portés par l'opinion sur une classe suffisent le plus souvent, on le sait, à engendrer les vices qu'ils condamnent. Si vous mettez, en outre, en ligne de compte la pratique universelle de la contrebande par les négociants, le coup porté au commerce espagnol par l'émancipation de l'Amérique, et la substitution des fraudes de détail et de la méfiance à l'esprit des grandes affaires, vous concevrez que la classe, d'ailleurs peu nombreuse, des négociants n'est point en état d'aspirer aujourd'hui à aucune suprématie morale ou politique. Qu'il se trouve parmi les commerçants espagnols des hommes distingués sous tous les rapports, c'est ce que personne ne contestera ; mais je parle d'une classe et non de quelques exceptions.

Quant à la classe des employés, sa situation morale est moins favorable encore. Grâces aux antiques abus du système de gouvernement, à l'absence de contrôle réel, au mauvais exemple depuis si longtemps donné d'en haut, les emplois publics sont aujourd'hui le réceptacle de toutes les corruptions. Je ne veux pas vous parler ici de la justice pour laquelle je réserve un chapitre à part; mais, par exemple, il est public qu'un bon tiers des impôts s'égare en route et n'arrive jamais dans les caisses de l'État ; que, dans le trajet qui sépare le Trésor de la destination définitive des espèces, une autre portion s'égare encore; que, par exemple, on n'a pas vu une fois, mais vingt, les *contadores*, ou payeurs de l'armée, recevoir trois mois de solde pour les troupes, se faire donner reçu des trois mois, en verser un et empocher le reste, laissant encore le soldat très heureux d'avoir reçu quelque chose. Quelques exemples faits à propos par M. de Toreno, pendant le cours de son administration financière, firent hausser, m'a-t-on assuré, le revenu de vingt-cinq millions de réaux; et l'opinion à ce sujet est telle, qu'une personne qui, depuis longtemps, s'occupe par état des finances d'Espagne m'a dit être convaincue que, sans rien changer à l'assiette des impôts, un contrôle sévèrement exercé ferait élever la recette annuelle de trois cents millions de réaux. Il faut ajouter qu'aujourd'hui les employés n'étant point payés depuis longtemps se paient par leurs propres mains et ne balancent pas, pour gagner une piastre, à en faire perdre quarante à l'État; que les douaniers vous font à chaque pas leurs offres pour la contrebande dont les gardes-côtes ont usurpé le monopole sur presque tout le littoral.

Chaque employé se trouvant ainsi dans sa sphère une espèce de despote au petit pied, vous ne vous étonnerez pas si les emplois sont recherchés avec fureur. Dans tous les pays du monde, je crois, on aime les places; mais chez nous, par exemple, mille autres voies plus fructueuses étant ouvertes à l'activité des classes instruites, ceux-là seuls se dirigent vers les emplois que des études ou une vocation spéciale y appellent. En Espagne, l'ambition de tout homme qui sait quatre mots de mauvais latin, c'est d'être employé du gouvernement; aussi voyez-vous arriver des provinces à Madrid des volées de candidats *que vienen a buscar un destino*, qui viennent chercher un emploi. L'argent, les protections (*los empenos*) sont mis en jeu pour en obtenir, et le préjugé à cet égard est tel que, l'hiver dernier, un très riche cordonnier de Madrid, fort au dessus, par sa fortune, d'être obligé de recourir aux emplois pour ses enfants, arriva triomphant chez une de ses pratiques, disant qu'il était le plus heureux des hommes, qu'il venait d'obtenir, pour son fils, la permission de *porter l'uniforme* d'employé de la loterie. L'uniforme sans les appointements! qu'eût-ce été si l'honneur et le profit eussent marché de front?

A ces deux classes, les commerçants et les employés, il faut joindre les avocats dont les aptitudes et les tendances sont connues, les gens de justice, sur lesquels je ne puis glisser aussi rapidement, et qui exigent une mention spéciale ; et vous aurez une idée de ce qu'il faut entendre par ce mot : la bourgeoisie espagnole. Tous ces hommes ont embrassé ou ont dû embrasser le parti de la Reine. L'ancien système ne leur avait point laissé de place ; ils espéraient s'en faire une dans le nouveau. A leur tête marchaient quelques hommes distingués qui s'étaient fait, sans doute, illusion sur la force réelle de ce parti, et qui prenaient leurs espérances pour des réalités. Avec eux marchaient aussi, et aux premiers rangs, les émigrés rentrés qui avaient peut-être appris à connaître la France et l'Angleterre, mais qui, à leur retour, avaient bien certainement oublié l'Espagne.

On se rappelle combien fut désappointée l'opposition française, écho de la bourgeoisie espagnole, lorsque, peu après la mort de Ferdinand, M. Zéa Bermudez prononça le mot célèbre de *despotisme éclairé*. Il faut reconnaître qu'avec l'opinion répandue en France et en Angleterre ce système n'était pas possible ; mais, à vrai dire, c'était là le plus grand obstacle. Si M. Zéa eût frappé, dès l'origine, sur l'insurrection des coups vigoureux, le gouvernement était maître de sa marche et ne se voyait pas forcé de tenter en trois ans l'œuvre de cinquante années. Le grand reproche à faire à l'administration de M. Zéa, à celle de M. Martinez de la Rosa et à celles qui l'ont suivie, c'est toujours de n'avoir pas su se rendre maître de tout, en se rendant maître de la guerre civile. Mais l'insuffisance militaire du gouvernement fournit beau jeu à la bourgeoisie impatiente, qui, au lieu de faire corps avec le gouvernement et de suspendre ses prétentions jusqu'à l'issue de la guerre, se mit à profiter de la faiblesse du pouvoir, à le battre en brèche, et se prévalut des avantages des carlistes pour placer le pouvoir entre la double artillerie de l'insurrection navarroise et d'une guerre intérieure de discours dans les Cortès et d'émeutes dans la rue. Quelques actes du ministère Martinez de la Rosa montrent clairement à quels moyens les impatients avaient recours, et en même temps quelle illusion le pouvoir se faisait sur la force réelle du mouvement. Au printemps de 1834, le choléra, qui sévissait alors à Madrid, fournit aux sociétés secrètes le prétexte d'une émeute contre les moines; l'émeute eut son cours, et le gouvernement, prévenu quarante-huit heures à l'avance, se contenta de faire assister la garnison, l'arme au bras, au massacre des moines; il en périt une quarantaine; le lendemain, une exhortation à la concorde parut dans la *Gazette officielle;* des désordres de la veille, pas un mot. N'est-il pas évident que le gouvernement craignait de se compromettre vis à vis d'un parti dont il s'exagérait la force, et qu'il espérait désarmer par ce pieux holocauste?

Le 18 janvier suivant, sur le bruit d'une réaction anti-libérale que devait tenter Llauder, M. Cardero, simple lieutenant, s'empare de l'hôtel des Postes, avec quelques centaines d'hommes, tue le capitaine-général Canterac, et soutient un siége de deux jours; le gouvernement capitule avec lui: l'insurrection militaire sort paisiblement, enseignes déployées, et s'achemine vers l'armée du Nord, qui, plus tard, devait si bien profiter de la leçon. La mort de Canterac reste impunie. Dans ces deux actes d'audacieuse révolte d'une part, de coupable faiblesse de l'autre, vous pouvez lire le germe de tout ce qui a suivi. Le massacre des moines de Madrid a engendré celui de Barcelonne et de

Reuss; à l'assassinat de Canterac a succédé celui de Quesada. Mais ce parti, qui, pour assassiner impunément, a toujours crié à la trahison, une fois parvenu au pouvoir, déploiera-t-il contre l'ennemi commun, contre les carlistes, cette énergie sanguinaire qui a effrayé un ministre trop crédule? non. Il fera signer à la Reine (septembre 1836) que l'assassin de Canterac a bien mérité de la patrie; il laissera circuler, dans les rues de Madrid, l'héroïque citoyen qui rapporta dans un mouchoir les membres encore palpitants de l'infortuné Quesada; il sera le protecteur et l'ami de ceux qui, à Malaga, ont assassiné Saint-Just et Donadio; voilà qui est bien, mais l'énergie révolutionnaire qui devait sortir glorieuse de toutes ces infamies, qu'est-elle devenue? Sous le faible ministère de Martinez de la Rosa, les carlistes étaient confinés en Navarre; à quelle époque Gomez a-t-il pu sortir de ses montagnes et traverser toute l'Andalousie sans résistance? à quelle époque l'insurrection a-t-elle osé déborder sur l'Aragon, sur la Catalogne, sur Valence, sur la Castille, et troubler le sommeil des héroïques gardes nationales de l'héroïque ville de Madrid? Est-ce sous *l'Estatuto*, par hasard? Qui donc paralyse l'enthousiasme du peuple affranchi? Qu'est devenu M. Cardero? Où est M. Inglada? Tous ces héros de la liberté ne seraient-ils bons, par hasard, que pour assassiner des vieillards sans défense et des généraux qui ont rendu leur épée?

Une remarque importante, et qui donne tout de suite la mesure du parti exalté, c'est que, depuis Riego jusqu'à la dernière tentative manquée d'Espartero, toutes les révolutions ou mouvements politiques ont été faits par l'armée. Jamais on n'a vu en Espagne une population se soulever, les populations sont toujours restées en dehors; mais, quand il y avait un coup à faire, on excitait ou bien l'on payait les soldats; on faisait faire des révolutions qu'on n'avait ni la force ni l'audace d'accomplir soi-même. Aussi, indépendamment de ce qu'il y a de mesquin dans ces misérables mouvements faits à prix d'argent, dans ces prétendus mouvements populaires, où l'on ne trouve que des soldats avilis mus par quelques bourgeois qui tirent prudemment la ficelle de derrière la coulisse, considérez un peu quels ravages ont produits dans l'esprit de l'armée ces nouvelles et étranges fonctions. Faut-il s'étonner si les officiers délibèrent des réformes politiques, si les généraux sont obligés de s'entourer des lumières d'un conseil de sergents (1) et de n'agir que sous leur dictée, si les soldats, enfin, cohue indisciplinée, donnent à chaque instant l'affreux spectacle de généraux massacrés, comme dernièrement, à Pampelune, le malheureux Escalera. L'exemple de M. Cardero, aujourd'hui membre des Cortès, a-t-il bien porté ses fruits? Vous venez de voir, récemment encore, un exemple des impossibilités que les hommes qui gouvernent se sont eux-mêmes créées. Vous avez entendu parler du duel du général Seoane avec l'un des officiers dont la délibération à Arravaca a contribué à renverser le ministère Mendizabal. Seoane les accuse de s'être indûment mêlés de politique et d'avoir manqué à la discipline. Le reproche est juste; mais qui le signe? C'est Seoane, qui a accepté la capitainerie générale de Castille des mains du sergent Garcia, Seoane qui, comme le lui reprochent ses adversaires,

---

[1] Mesure de prudence adoptée par le général Carrondelet, après l'assassinat d'Escalera à Pampelune.

a pu protéger et sauver Quesada, et ne l'a pas fait. Voilà donc des officiers qui reprochent à un général la complicité d'un infame assassinat; lui leur reproche leur indiscipline, et ils ont déplorablement raison des deux parts; aussi l'issue du débat est-elle un duel. Voilà, Monsieur, toute l'histoire de l'Espagne d'aujourd'hui; le droit, la justice ne sont d'aucun côté; la force brutale règne seule, et ce n'est plus pour des principes qu'on se bat.

Vous remarquerez encore que l'opinion exaltée n'a jamais déployé son ardeur que contre le gouvernement, jamais contre l'ennemi. Toutes ces villes qui, l'an passé, proclamèrent la Constitution des premières ont-elles essayé seulement de s'opposer, deux ou trois mois plus tard, à la marche de Gomez? Les habitants de Cadix sont restés chez eux; ceux de Séville, une ville de plus de cent mille ames, commençaient à déménager et à s'embarquer pour Cadix, dont la position fortifiée leur offrait plus de sécurité contre l'attaque de six mille hommes mal équipés. Quelques gardes nationaux de Malaga vinrent, il est vrai, se faire battre assez honteusement par Gomez; mais aussi ils étaient plus compromis, et l'assassinat de leurs deux gouverneurs, civil et militaire, les engageait plus que d'autres. Tous ces braves ont eu juste l'énergie nécessaire pour renverser un gouvernement trop facile à intimider; depuis que leurs hommes sont au pouvoir, quelles marques de dévouement ont-ils données à la cause constitutionnelle? Si Montès, le fameux *torero* (tueur de taureaux) vient donner des représentations à Port-Sainte-Marie, vous verrez accourir, de vingt lieues à la ronde, dix mille jeunes gens forts et robustes; on dit que le général Narvaez est en ce moment à Séville, où il veut lever une armée andalouse; nous verrons s'il obtiendra autant de succès que Montès.

La bourgeoisie, aujourd'hui triomphante, commence à s'apercevoir des difficultés de la situation, et à comprendre que les fonctions d'électeur ou de député ne sont pas tout plaisir. Soit par l'effet de ce sentiment, soit par le peu d'espérances qui restent attachées aux opérations du scrutin, on a vu partout les salles électorales désertes. L'an passé, dans les élections d'où sortirent les Cortès constituantes aujourd'hui régnantes, j'entrai par hasard à Madrid dans une salle électorale, au moment du scrutin, il y avait six électeurs; du plus au moins, c'était à peu près de même partout. Ne voilà-t-il pas une belle base d'opération pour des fondateurs de constitution nouvelle!

On dira peut-être : mais comment, si la bourgeoisie exaltée a si peu de force et d'énergie, le gouvernement de l'*Estatuto* a-t-il pu se laisser si facilement renverser? C'est là en effet un évènement tout à fait incompréhensible pour tout autre pays que l'Espagne. La meilleure explication que je puisse vous en donner, c'est que le gouvernement a cru que ses adversaires étaient plus forts que lui. J'étais à Madrid, et j'ai vu manœuvrer les exaltés pendant les deux jours que dura l'incertitude de ce qui se passait à la Grandja. Quesada faisait des patrouilles, lui cinquième, par les rues, et contint tout Madrid, pendant tout ce temps, sans brûler une amorce. C'était, au pied de la lettre, une émeute à faire dissiper à coups de canne par vingt agents de police. Dans toutes les villes du Midi où j'ai passé, j'ai pris des renseignements sur les lieux mêmes, et le résultat de ces informations a été pour moi la ferme persuasion qu'on aura toujours raison du parti exalté qui, tout exalté qu'il est, est très prudent, et sait toujours parfaitement à qui il a affaire, si dans la ville la plus exaltée et la plus turbulente on met un chef un peu énergique à la tête de cinq cents hommes, pourvu, bien entendu, que les cinq cents hommes ne soient pas de ceux qu'on puisse acheter. Combien de fois avons-nous vu depuis trois ans des villes se déclarer indépendantes? Au printemps dernier, Tarragone se proclama république; quinze jours après, personne n'en parlait plus, la république était morte et enterrée. Des faits analogues se sont passés plusieurs fois à Malaga; mais ce sont choses dont il ne faut jamais s'effaroucher, attendu que ces insurrections sont d'une nature à part, et qu'il faut connaitre une fois pour toutes. En général, quand une ville de commerce se déclare indépendante, c'est qu'il y a sous jeu quelque intérêt de contrebande. On dépose les autorités, et l'on institue une junte qui, en Espagne, est la panacée universelle et le remède à tous les maux. La junte se compose ordinairement de négociants, et son premier acte d'autorité est de suspendre les droits d'entrée et les tarifs de douanes. Soit qu'une décision spéciale ait été prise à cet égard, soit que, dans le trouble inséparable de la fondation d'une ère nouvelle, la junte ait éprouvé des distractions trop excusables, toujours est-il que la nouvelle république est infestée, pendant quinze jours, d'un déluge de marchandises anglaises qui se trouvaient par hasard toutes prêtes à l'entrée du port. Lorsque le déchargement est sur le point de finir, il s'opère d'ordinaire dans les esprits une réaction modérée, la voix de la raison commence à se faire entendre, les membres de la junte, ennuyés du fardeau d'une autorité désormais inutile, s'en retournent paisiblement à leur comptoir, et la pièce est finie. Cependant, comme pour déposer les autorités, pour diriger les élections dans un sens *patriote,* il faut bien être le plus fort, on supplée au nombre par l'audace et l'habileté. Ainsi, pour faire une révolution, le moyen consacré est d'acheter tout ou partie de la garnison et d'assassiner le capitaine-général. Dans les élections, on emploie un autre procédé. Dernièrement, ici même, à Cadix, le parti modéré, parti qui se compose de tout ce qu'il y a de sage et d'honnête dans toutes les classes, et dont le seul tort politique est une faiblesse désespérante, le parti modéré portait, comme candidat aux futures élections, M. Isturitz. Après une polémique assez vive, les exaltés crurent voir que la balance pencherait presque inévitablement du côté de leurs adversaires. Partout ailleurs on se serait résigné, mais ici on ne se décourage pas pour si peu; on écrit tout simplement à l'ami qui s'était chargé de soutenir la candidature de M. Isturitz qu'il ait à l'abandonner, ou qu'autrement il lui arrivera malheur. Si cette expression ne vous paraît pas claire, je vais vous l'expliquer. Il y a quelques mois, à Madrid, M. Donoso Cortès, jeune écrivain véritablement distingué, entreprit de faire, dans le journal *l'Espagnol*, un examen de la nouvelle constitution. Son examen déplut, et après les premiers jours il reçut une lettre, sans signature, où on l'engageait à discontinuer ses articles. Au lieu d'obtempérer à l'invitation, il imprime la lettre dans le journal et poursuit son travail; peu de temps après, il reçut un coup de couteau, qui heureusement ne fut pas mortel. Avec des arguments aussi persuasifs, ceux qui ne sont pas dans l'usage d'employer des moyens analogues n'ont plus qu'à se résigner et qu'à se soumettre. Et voilà pourquoi et comment quelques centaines de coupe-jarret, mis en jeu par des intrigants, ont pu parvenir à se rendre maîtres de l'Espagne. Il y a un peu plus d'un an, ils commencèrent à organiser la garde nationale à leur façon, et si vous voulez savoir quelle est la composition de la garde nationale régénérée, je vous dirai que, l'an passé, ce furent une quarantaine de gardes nationaux qui louèrent des voitures pour aller assassiner Quesada, arrêté à Hortaleza, qui le coupèrent par morceaux, et qui firent voir ses membres étalés toute la soirée sur la table du *Café Nuevo* : c'est le café du mouvement. Quand je vous parlerai de la justice, je vous citerai un autre trait qui montre combien, grâce aux institutions démocratiques, le dépôt de la sûreté publique est en bonnes mains. Mais puisque j'en suis aux faits de détail, je veux vous en citer un qui vient de se passer à Cadix. Dans les dernières élections de la garde nationale, un capitaine fut élu, auquel il ne manqua qu'une seule voix pour être élevé au grade de chef de bataillon. Savez-vous quel est cet homme? c'est un contrebandier de profession, de ceux que l'on appelle ici *contrabandista de trabujo,* parce qu'ils font la contrebande à main armée et le tromblon au poing. Le fait porte son commentaire avec lui.

Comprenez-vous maintenant comment le parti exalté, si peu nombreux qu'il soit, fait partout la loi, et prolonge si longtemps le scandale de son règne? Tant qu'il ne s'agit que de faire une émeute, d'enlever une élection, de faire taire un écrivain incommode, ces hommes-là sont les premiers hommes du monde; s'agit-il de gouverner, ils tombent au dessous de l'absurde. Nous reviendrons plus d'une fois sur leurs actes, mais aujourd'hui voyez seulement leurs paroles. Au moindre succès, quelle ridicule emphase! Ce sont les Titans qui vont escalader le ciel. Au moindre échec, au moindre embarras sérieux, ils ne savent plus que devenir. Les Cortès gémissent et s'adressent aux ministres, les ministres gémissent et s'adressent aux Cortès, la capitale compte sur les provinces, qui ne comptent que sur la capitale, et, en résumé, personne ne compte ni sur soi ni sur personne. C'est qu'à l'heure du danger tous ces représentants de la nation se souviennent qu'ils ne représentent, en réalité, que l'émeute, la *bullanga* de leur ville, et qu'ils ne trouveront derrière eux, pour les soutenir, ni la faveur des populations, ni le suffrage des honnêtes gens. Ils sont seuls, et ils ont la conscience de leur isolement; toute cette machine gouvernementale est une triste chose, c'est une anarchie froide et plate qui n'a pas l'excuse de la passion.

J'ai essayé de vous donner une idée de l'esprit, des intérêts et des procédés du parti exalté; dans une prochaine lettre, nous examinerons sa gestion économique et l'usage qu'il a fait des biens nationaux.

LETTRE

XXII

LES BIENS NATIONAUX. — LA DIME.

Cadix, 14 septembre 1837.

C'est véritablement un pays singulier que l'Espagne, et il faut reconnaître qu'il s'y passe des phénomènes qu'on chercherait vainement ailleurs. Ainsi, par exemple, l'Espagne offre aujourd'hui le bizarre spectacle d'un État assez riche pour rembourser le capital d'une dette, dont il est depuis longtemps et aujourd'hui encore dans l'impossibilité de servir l'intérêt. Autre anomalie : cette dette dont on offre à tous venants le remboursement, non pas en argent, il est vrai, mais en belles et bonnes terres, ne trouve pas pour cela plus de faveur. La dette active est cotée à 21, la dette passive à 4, sur les places de Paris et Londres; et cependant ce ne sont pas les facilités qui manquent pour le paiement. Le Trésor espagnol n'exige des acquéreurs de biens nationaux qu'un cinquième comptant; pour le paiement des quatre autres cinquièmes, il accorde huit ans si l'acheteur paie en papier, seize ans si c'est en argent, et il reçoit au pair les titres de cette même dette qui, en dépit de tant de garanties et de facilités, continue par une étrange contradiction à osciller entre 21 et 22, entre 4 et 5, sans que les chances les plus favorables de la guerre puissent, le moins du monde, alléger la lourdeur de son vol : c'est là une énigme qui n'a pas dû, j'imagine, se représenter souvent dans l'histoire du monde financier. Essayons de la déchiffrer.

Le 19 février 1836, M. Mendizabal qui, un mois auparavant, avait obtenu des Cortès le fameux *vote de confiance*, M. Mendizabal publia un décret royal contre-signé par lui, et qui ordonnait la mise en vente de tous les biens ayant appartenu aux couvents et devenus biens de l'État. Par ce décret, toutes facilités et toutes garanties sont assurées aux acheteurs. On n'exige, comme nous l'avons dit, qu'un cinquième comptant, le reste est payable en huit ou en seize ans, selon qu'on paie en papier ou en argent. L'acheteur a le droit de provoquer l'estimation de tout bien à sa convenance et de faire intervenir dans l'expertise un homme de son choix; enfin, tout l'argent, espèces, qui pourra provenir de la vente desdits biens, sera invariablement consacré au rachat et à l'anéantissement des titres de la dette; car, ainsi que le dit un long rapport qui précède le décret, le but du gouvernement doit être de relever le crédit de l'Espagne en offrant à ses créanciers un gage positif, et aussi de diviser la propriété, de créer de nouveaux propriétaires qui, devant au régime constitutionnel leur nouvelle et meilleure condition, deviendront naturellement les plus fermes soutiens du trône d'Isabelle. Ce décret avait donc deux objets principaux : l'un financier, l'autre politique, et le double succès que s'en promettait M. Mendizabal devait couvrir de gloire la régence de Christine et par contre-coup le ministre dont le nom se trouvait associé à cette grande mesure.

Analysons un peu et successivement le succès financier et le succès politique.

Quant au succès financier, la côte de la bourse est-à-elle toute seule la plus éloquente des réfutations. Mais comment est-il possible qu'une dette *portant intérêt* et dont on offre de rembourser le capital en fonds de terre excellents soit cotée à 24 ? Voilà le problème. D'abord il faut remarquer que, depuis un an, l'Espagne, qui avait toujours mal payé, ne paie plus du tout, de sorte que la dette sans intérêt et la dette portant intérêt se trouvent aujourd'hui dans des conditions tout à fait identiques, c'est à dire que les porteurs de rentes ont entre les mains une *promesse* de paiement qui s'effectuera peut-être un jour, mais qui, aujourd'hui, ne représente qu'un espoir. Si maintenant le porteur de rentes veut échanger son titre contre la possession plus réelle en apparence d'une terre, la terre qu'on lui offre est-elle elle-même autre chose qu'un espoir, soumis à toutes les chances de la guerre civile? Le champ qu'on veut lui vendre est-il autre chose qu'un champ de bataille disputé depuis quatre ans sans résultat décisif? Après la bataille de Cannes, le Sénat romain fit vendre à l'encan le champ où campait Annibal. Mais l'Espagne d'aujourd'hui n'est pas Rome, les Cortès ne sont point le Sénat, et le fussent-ils, il est permis de douter que ces procédés antiques obtinssent grande faveur à la Bourse. Si l'on eût attendu, pour vendre les biens nationaux et rembourser la dette, que don Carlos fût anéanti, l'ordre rétabli, le trône constitutionnel consolidé, nul doute que la vente n'eût obtenu plus de succès; mais en 1836 la mesure était prématurée : échanger un titre douteux contre une possession douteuse, ce n'est vraiment pas la peine. Et voilà comment il se fait que la mise en vente des biens des couvents n'a point relevé le crédit national.

Malheureusement il est des matières où l'on ne se trompe pas impunément : que la vente des biens du clergé n'ait eu nulle action sur le crédit de l'Espagne, c'est un malheur, mais ce n'est pas le seul.

Vous savez comment furent supprimés les

couvents. Ce fut l'émeute qui se chargea de l'affaire; on massacra quelques moines, les autres se sauvèrent, en sorte que le décret du 25 juillet 1835, qui ordonnait la suppression des couvents, trouva la besogne toute faite. En admettant, ce que je crois, qu'il fallût toucher aux couvents et préparer leur suppression, il faut convenir que le procédé employé contre eux était moralement odieux et politiquement peu honorable pour le parti qui l'employait et pour le gouvernement qui le tolérait. Mais, financièrement parlant, il ne valait guère mieux, et cela devait être, car l'émeute a la vue courte. Le gouvernement, en supprimant ainsi d'un coup tous les monastères, se faisait trente mille ennemis; mais ceci n'est rien. Sur ces trente mille moines, dix-neuf mille étaient engagés dans les ordres, et comme on ne pouvait guère décemment les laisser mourir de faim, on leur alloua par décret à chacun 5 réaux (25 sous) par tête et par jour, ce qui pour 19,000 moines fait à peu près une dépense annuelle de huit millions et demi de francs; voilà donc, avant tout bénéfice, le Trésor grevé de huit millions et demi.

Il est vrai qu'on n'en a jamais payé un sou.

Mais ce n'est pas tout. Les moines, hommes, en général, parfaitement inutiles, avaient du moins le mérite de bien administrer leurs propriétés. Dès qu'on entrait sur les terres d'un couvent, on remarquait dans la culture une différence notable; l'esprit conservateur du clergé s'annonçait et se faisait sentir. Et comme le clergé payait généralement à l'État de 66 à 68 pour 100 de ses revenus, la supériorité de son administration tournait doublement à l'avantage du gouvernement. C'était un percepteur qui, pour ses frais d'administration et de perception, retenait un tiers du revenu; en Espagne, c'est peu, d'autant plus qu'il cultivait mieux que d'autres.

On a mis les moines à la porte; aujourd'hui c'est l'État qui administre leurs biens; mais ce n'est plus la même chose, on s'aperçoit que la terre a changé de main; le revenu diminue, et les employés qui président à cette détérioration, il faut les payer, ce qui serait une autre charge pour le Trésor, si le Trésor les payait, mais il ne les paie pas, et le gaspillage en augmente d'autant.

Autre chose. Les couvents sont restés vides. Que faire de ces immenses bâtiments qu'aucun particulier ne peut acheter, faute de savoir qu'en faire? Ici M. Mendizabal, le grand financier, s'est surpassé lui-même. Ce qu'on fait des couvents! on les démolit on l'on en vend les matériaux; j'entends qu'on les vend quand on peut, car on démolit toujours. Vous concevez que l'opération doit être, financièrement parlant, très fructueuse pour l'État. Beaucoup de ces édifices renfermaient des parties d'architecture admirables; des tombeaux de familles anciennes qui essaient inutilement de les disputer au marteau du maçon. OEuvres d'art, souvenirs historiques, rien ne sert, tout cela n'est plus que de la pierre et du plâtre. *Memento quia pulvis es!* J'ai vu démolir à Grenade un magnifique couvent, tellement solide, que les délégués de M. Mendizabal avaient peine à en venir à bout. J'ignore si l'on aura mis aussi en morceaux les colonnes de marbre noir qui décoraient la porte principale. Encore à Grenade, tout n'était-il pas perdu. Le gouverneur civil, M. Romero, qui est, à ce qu'il paraît, un homme de goût, avait eu l'heureuse idée de meubler et d'orner sa maison avec les richesses des couvents en démolition; et plein de cette noble assurance qui sied aux grands cœurs, il faisait transporter dans son prétoire les dépouilles des vaincus, à la face du soleil, et sous les yeux des quatre-vingt mille habitants de cette bonne et excellente ville de Grenade.

Sans suivre dans toutes leurs ramifications les dilapidations effrontées qui s'alimentent aux dépens des nouvelles propriétés nationales, remarquons seulement que l'Espagne n'a point, comme on l'espérait, relevé son crédit; que, dans la tentative entreprise pour y réussir, elle a contracté des charges nouvelles; que des richesses réelles ont été anéanties, et qu'en prenant au pair un papier que tant de sacrifices maladroits n'ont pu relever, elle a aliéné à vil prix des biens qui, plus tard, une fois la guerre finie, auraient été, pour les créanciers de l'État, une hypothèque excellente, et pour le pays un gage de prospérité et le point d'appui économique du régime nouveau. Voilà pour le succès financier; arrivons maintenant au succès politique.

M. Mendizabal s'était proposé, comme nous l'avons vu, de répartir entre les classes laborieuses la propriété jusque-là concentrée dans trop peu de mains, et de créer dans les nouveaux propriétaires une classe tout entière d'intéressés à la consolidation du régime constitutionnel. C'était là sans doute une excellente politique; malheureusement encore, les moyens d'exécution ne furent point à la hauteur du but proposé.

Plusieurs causes s'opposaient à ce que les propriétés nationales se vendissent bien. Il faut se souvenir qu'en 1820 les biens du clergé avaient déjà été vendus par les Cortès; que Ferdinand les rendit aux couvents, en même temps que, par une honteuse mauvaise foi, il persistait à considérer comme amorties les créances rachetées au moyen de ces mêmes biens; en sorte que, les créanciers se trouvaient à la fois frustrés et de leur titre et du gage contre lequel ils l'avaient échangé. Ce souvenir est resté vivant en Espagne; aussi, dans l'incertitude de l'avenir, tous ceux qui veulent faire des acquisitions sérieuses préfèrent-ils acheter des biens patrimoniaux. L'exagération même des avances faites aux acheteurs, les facilités sans nombre qui leur sont accordées, le vil prix auquel les terres sont vendues, puisqu'une terre de 100,000 fr. peut être acquise avec des chiffons qui n'en représentent le quart que grâce au bénéfice d'une fiction convenue entre les joueurs de la Bourse, tout concourt à discréditer la solidité de l'opération. Il s'opère néanmoins un nombre de ventes assez considérable, qu'on enregistre précieusement chaque jour dans un bulletin officiel intitulé *ad hoc*. Mais ce qu'il faut comprendre, c'est l'esprit dans lequel ces achats sont faits. Ceux qui ont du papier de la dette, les joueurs de la Bourse qui ont des relations en Espagne, voilà, en général, les acheteurs; dans l'incertitude de l'avenir, et avec la certitude que l'intérêt de leur créance ne leur sera peut-être jamais servi, ils prennent un billet à la loterie. Si la Reine finit par triompher, ils se trouveront en possession d'un bien qui ne leur aura presque rien coûté. Si, au contraire, la chance tourne en faveur de don Carlos, qu'auront-ils perdu? peu de chose. Ils n'ont payé comptant qu'un cinquième, et encore est-ce en un mauvais papier que le succès de don Carlos aurait rendu plus mauvais encore. Quant au reste, ils ont seize ans, c'est 5 pour 100 par an du prix d'achat, et le revenu de la terre, employé à acheter du papier, suffit et au delà à couvrir la dépense. Ils ont donc beaucoup à gagner et presque rien à perdre. Aussi qu'arrive-t-il? Les nouveaux propriétaires désirent le triomphe d'Isabelle, il est vrai, mais comme on désire gagner un quine à la loterie; et comme ils ont peu à risquer, ils ne prendront pas le fusil pour aller sur le champ de bataille défendre leur propriété éventuelle; c'est à dire que le gouvernement de la Reine a fait, dans tous les cas, un marché de dupe, car il a vendu à vil prix pour se créer des défenseurs, et il ne trouve point de défenseurs. Il faut convenir aussi que c'était une idée bizarre que d'aller chercher des défenseurs à la Bourse, où, en général, on goûte peu l'odeur de la poudre et le son de la trompette.

Quant aux classes laborieuses, au fermier, au journalier, à tout ce qui est forcément attaché au sol, à tout ce qui vit du sol, leur condition n'est changée en rien; ils ne se rendent pas acquéreurs, parce qu'ils ne possèdent point de papier de la dette et qu'ils n'entendent rien aux tripotages de coulisses; quant à l'argent comptant, les réquisitions, les emprunts forcés, les paiements par avance de contributions extraordinaires leur fournissent un emploi tout trouvé de leurs économies, quand ils en ont, et ils n'en ont guère. Ils changent de maîtres, voilà tout : au lieu d'un moine, ils ont un banquier pour propriétaire; trop heureux quand le nouvel arrivé, qui connaît, à un centime près, le prix de l'argent, n'exige point un fermage plus élevé. Voilà tout ce que peuvent gagner au changement les classes laborieuses, et pourtant c'était là qu'il était important de recruter des partisans; car, du jour où le peuple espagnol se mettrait sérieusement de la partie, je vous réponds que le procès de D. Carlos serait bien vite instruit.

Enfin, comme dernière conséquence de la glorieuse conception de M. Mendizabal, il faut ajouter que la mise en vente simultanée d'une masse de biens aussi considérable a fait tomber en Espagne la valeur de toutes les propriétés, nouvelle cause d'irritation ajoutée à toutes celles que nourrit déjà la classe des propriétaires.

On avait demandé aussi jusqu'à quel point il était raisonnable de commencer à rembourser une dette dont le chiffre n'est pas encore connu, avec des biens dont la valeur ne l'est pas davantage. Mais, comme il n'est encore résulté de cette anomalie autre chose qu'une absurdité théorique, sans conséquences pratiques aujourd'hui appréciables, cela ne vaut pas la peine d'en parler.

Jusqu'à présent, les résultats économiques et politiques de la suppression des couvents et de la mise en vente des biens nationaux ont donc été :

De grever le Trésor d'une pension en faveur des moines;

De l'entretien d'une administration plus dispendieuse et moins entendue;

De démolir et de gaspiller des édifices admirables dont on pouvait faire des hospices, des casernes, des écoles, etc.;

D'avilir la propriété en Espagne et d'irriter encore les propriétaires;

Enfin de se dessaisir à vil prix de valeurs territoriales immenses.

Le tout pour relever un crédit qui s'est si peu relevé, que la dette active est cotée à 24, la dette passive à 4, et que le gouvernement aux abois ne peut, depuis plus d'un an, venir à bout de contracter un nouvel emprunt.

Et tout ceci est l'œuvre de M. Mendizabal, qui est le plus habile homme, ou, pour parler plus exactement, le seul habile homme du parti exalté.

Mais votre étonnement redoublera encore quand vous saurez que les avertissements les plus sages furent, dès l'origine, donnés au ministre qui n'en tint pas compte et poursuivit imperturbablement sa marche. Aux mois de février et de mars 1836, le journal l'*Espagnol*, alors dirigé par M. Andres Borrego, publia plusieurs articles sur l'usage à faire des biens nationaux ; ces articles, dont quelques uns portaient la signature de M. Florez Estrada, prédisaient, ou peu s'en faut, tout ce que nous venons de raconter. Ils indiquaient en même temps la marche à suivre. Voici en quelques mots quel était ce projet qui paraît avoir alors obtenu, et qui a conservé jusqu'à ce jour l'adhésion des hommes sensés, amis de l'ordre et véritablement au courant de l'état et des habitudes de l'Espagne.

Il existe en Espagne une forme de loyer très ancienne et très usitée ; elle consiste à céder à un fermier la jouissance d'une terre, moyennant une redevance annuelle invariable ; le contrat est éternel, toutes les améliorations réalisées par le fermier tournent à son profit, en sorte que, sauf la redevance à laquelle sa terre est soumise, il jouit des droits et des avantages de la condition de propriétaire. Cette forme de bail s'appelle : *censo enfiteotico*. Quand le contrat est temporaire, comme, par exemple, cinquante ans, cent ans, plus ou moins, cela s'appelle louer à *censo reservativo*. Le terme du contrat expiré, le propriétaire rentre dans ses droits primitifs, ou renouvelle à son gré. Cette forme, on le sent, est éminemment favorable aux intérêts du travailleur, auquel la longue durée ou même l'éternité du bail permet de jouir, lui et sa descendance, des améliorations réalisés par ses soins.

Suivant le projet proposé par M. Florez Estrada, tous les biens des couvents auraient été loués à *censo reservativo*, et le revenu en aurait été exclusivement affecté au service des intérêts de la dette. Les intérêts de la dette, fidèlement payés, auraient effectivement relevé le crédit de l'Espagne; on évitait la dépréciation des propriétés, inévitable résultat d'une vente en bloc, et à l'expiration du bail, l'État se retrouvait en possession de tous les biens nationaux, nécessairement améliorés par la longue gestion du fermier. Ce système avait l'avantage que les classes agricoles, qui n'ont que leurs bras et point de capitaux, pouvaient être directement et immédiatement intéressées; on pouvait d'ailleurs, au moyen de paiements par annuités, faciliter au colon l'acquisition complète, en un nombre déterminé d'années, de la terre qu'il aurait eue à cultiver. De plus, la répartition à *censo* de toutes les terres pouvant, sans aucune difficulté, être menée à terme en quelques mois, on évitait par là le gaspillage désastreux et interminable des frais d'administration.

Quant aux édifices qui avaient appartenu aux moines, l'usage en était tout trouvé; dans les villes, on en eût fait des casernes, des hôpitaux, des écoles, des magasins; dans les campagnes, des villages. Mais le parti exalté en Espagne a eu de tout temps, à ce qu'il paraît, le génie de la dévastation. En 1822, les couvents ayant été, comme aujourd'hui, supprimés, la junte provinciale de Cadix eut à délibérer sur l'usage à faire d'une immense chartreuse située près de Xérès. Un projet avait été présenté aux Cortès, on leur offrait d'y fonder un village de deux cents familles; il n'y avait pas un sou à dépenser. Chaque cellule de moine, avec ses dépendances et son petit jardin, pouvait recevoir une famille, et en jetant par terre le mur extérieur d'enceinte, chaque famille avait une sortie sur le champ qu'elle devait cultiver. Alors, comme aujourd'hui, la manie des Cortès était de rembourser la dette; elles refusèrent le projet. Vainement la junte leur offrit-elle de céder à la caisse d'amortissement, en échange de la chartreuse, une valeur égale de terrains communaux (*baldios*), tout fut inutile. On voulut attendre les acheteurs; mais, comme il est impossible qu'un aussi vaste monument puisse convenir à un particulier, les acheteurs ne se présentèrent pas : le couvent abandonné se dégrada, des tableaux de l'école espagnole, des sculptures en bois, des fresques furent pourris par la pluie et ne servirent qu'à abriter des chouettes et des chauves-souris. Vous voyez que les libéraux de 1837 sont les dignes fils des libéraux de 1820; on peut dire d'eux, comme de nos vieux Bourbons, qu'ils n'ont rien oublié ni rien appris.

Puisque j'en suis à la gestion économique du

parti exalté, permettez-moi encore, avant de finir, un mot sur la récente suppression de la dîme. Le clergé séculier, au lieu de lever directement la dîme à son profit, sera payé par l'État; la dîme est abolie et sera remplacée par un impôt. Cependant la dîme est conservée encore pour cette année. Voilà, en quatre mots, les arrangements pris relativement aux intérêts financiers du clergé.

Autant de dispositions, autant de fautes. L'État va payer le clergé directement. Mais, comme l'État est aujourd'hui dans l'impossibilité de payer personne, cela revient à dire qu'on enlèvera purement et simplement au clergé ses moyens d'existence. C'est se faire gratuitement un ennemi puissant et habile.

La dîme sera remplacée par un autre impôt. Il est vrai qu'à force d'être endoctriné contre la dîme, le paysan, dans beaucoup de provinces, la payait de mauvaise grâce. Mais ceci était l'affaire du clergé qui, à force d'adresse et d'insinuation, finissait presque toujours par se faire payer. On va établir un autre impôt; mais entendons-nous ! Le paysan sera fort aise de ne plus payer la dîme, c'est vrai; mais de payer un autre impôt, c'est autre chose; car enfin, impôt pour impôt, la dîme se payait en nature, considération importante dans les campagnes où la rareté des transactions rend le numéraire peu commun. La dîme se payait au moment de la récolte, c'est à dire au moment où le paysan se sent le plus riche, et où il lui coûte le moins de donner; enfin elle se payait au clergé, qui savait attendre et temporiser. Maintenant l'impôt qui remplacera la dîme se paiera en argent, en toute saison, et au fisc qui n'attend personne.

Enfin vous supprimez la dîme, mais vous la maintenez pour la présente année. Il valait mieux différer la suppression d'un an, car le mot de suppression une fois prononcé, comptez que le paysan ne paiera pas; et pourtant le Trésor n'est pas en situation de faire des libéralités à personne[1].

En terminant cette rapide analyse des chefs-d'œuvre financiers de M. Mendizabal, vous me demanderez peut-être si tant d'inepties obstiné-

---

[1] Les nouvelles Cortès, nommées par l'influence du parti modéré, ont provisoirement suspendu les effets de la suppression précédemment décrétée. On espère que ce n'est là qu'un premier pas, et que, conformément à l'équité et à l'intérêt de l'État, la dîme finira par être définitivement maintenue.

ment accumulées proviennent seulement de l'incapacité de ce ministre, où si quelque intérêt de bourse et de brocantage a présidé à ces incroyables combinaisons. Ici, que vous répondre? Comment croire, d'un côté, que le coryphée d'un parti, qu'un homme qui a pu se faire quelque réputation d'habileté, ait pu, mille fois averti, tomber deux ans de suite, les yeux fermés, de bévue en bévue? et, d'un autre côté, comment penser qu'il pourrait exister un homme assez monstrueusement égoïste pour consacrer son habileté à la ruine systémaque et intéressée d'une nation, et pour préférer un intérêt misérable à une belle fortune politique et à un grand nom dans l'histoire? Entre ces deux solutions, choisissez si vous pouvez; pour moi, je m'y perds.

LETTRE

XXIII

LA JUSTICE.

Cadix, 27 septembre 1837.

Les violences des partis, les fausses combinaisons économiques inspirées par l'esprit révolutionnaire ne sont, Dieu merci! pour l'Espagne que des fléaux passagers; c'est un tribut payé en passant aux désordres malheureusement inséparables de la guerre civile et du déchaînement des passions politiques, d'autant plus furieuses qu'elles se sentent moins appuyées et qu'elles trouvent moins d'écho dans le cœur de la nation. Que de façon ou d'autre l'insurrection soit étouffée, et l'on serait étonné de voir que toutes ces agitations, qui paraissent aujourd'hui si menaçantes, ne troublent que la surface du pays; que ces infatigables démolisseurs, qui semblent s'attaquer aux bases mêmes de l'ordre social, ne sont, en réalité, que quelques centaines de misérables qui veulent des places, et que le premier geste d'un gouvernement sérieux ferait immédiatement rentrer sous terre. Aussi, tout en déplorant la funeste influence dont les a laissés s'emparer la faiblesse ou la complicité du pouvoir, n'y a-t-il pas lieu de s'alarmer outre mesure de leurs progrès ou de leur domination à venir? Leur existence durera juste autant que la guerre civile, et la ruine de don Carlos en délivrera l'Espagne. Ils sont nés de l'insurrection absolutiste; ils périront avec elle, leurs destinées sont solidaires. Mais il y a en Espagne des fléaux plus difficiles à extirper, des abus enracinés, séculaires, il y a sur ce vieux tronc de la monarchie espagnole des branches tellement pourries, que l'on comprend à peine comment, lorsque des temps meilleurs rendront la réforme possible, le législateur pourra se rendre maître d'une contagion qui des institutions a passé dans les mœurs, et qui, grâce à une impunité immémoriale, a pris place au rang des choses admises et consacrées. A la tête, et en première ligne parmi ces vieux ulcères désespérés, il faut placer l'administration de la justice. N'attendez pas, pourtant, une analyse détaillée de ce déplorable sujet. L'histoire des abus serait interminable et prête plus d'ailleurs au romancier qu'au publiciste; quant à l'histoire de l'institution, c'est l'affaire de deux paroles : elle n'existe pas. En matière de justice, il ne s'agit point ici d'une réforme, mais d'une création. Que si l'assertion vous semble exagérée, accordez-moi seulement quelques minutes d'attention; quelques détails significatifs suffiront pour vous convaincre.

Les formes extérieures de la justice espagnole ne sont pas sans quelque analogie avec la marche de notre procédure; avant d'être admis en première instance, les plaideurs doivent se soumettre à un *jugement de conciliation* prononcé par l'alcade qui, à ses fonctions ordinaires de magistrat municipal, réunit en cette circonstance les attributions de juge de paix. Si les parties ne se trouvent pas bien jugées, elles portent leur différend devant le juge de première instance. Au dessus du juge de première instance est placée la *audiencia real*, qui répond à nos Cours royales, et qui, comme elles, se divise en plusieurs chambres. Le plaideur peut appeler du premier jugement d'une chambre devant une autre chambre qui, par cette raison, prend le nom de chambre de révision (*sala de revista*). Enfin, de l'audience royale, la cause est portée à Madrid, devant un tribunal suprême, comme est chez nous la Cour de cassation ; seulement, pour user de ce dernier degré de juridiction, il faut, au préalable, déposer une assez forte somme, qui, lorsque le jugement de l'audience royale est confirmé, est confisquée au profit des magistrats qui ont prononcé l'arrêt. Sauf cette disposition fiscale, les degrés de juridiction sont, vous le voyez, échelonnés à peu près comme chez nous. L'alcade réside dans toutes les municipalités ; le juge de première instance (*el juez de primera instancia*) habite d'ordinaire au centre des populations, qui, dans ce pays inégalement peuplé, appartiennent à sa juridiction. Son siége, du reste, n'est point fixe; il fait des tournées et se porte tantôt sur un point, tantôt sur un autre, selon les besoins du service; enfin l'audience siège dans toutes les capitales de province.

Une des causes qui ont contribué à corrompre en Espagne l'administration de la justice, c'est l'effroyable confusion qui règne dans la jurisprudence. Les lois *Alfonsines, la novisima recopilacion*, les décrets royaux qui, sous le régime absolu, avaient force de loi, tout cela réuni forme un chaos de termes contradictoires, dont on porte le chiffre à quatre-vingt mille environ. C'est là ce qu'on appelle la législation espagnole. Toutes ces lois promulguées à des époques différentes, dans des intérêts contraires, sans que les dernières en date aient entraîné l'abolition des précédentes, contiennent par conséquent un peu de tout; le pour et le contre s'y peuvent également invoquer, et comme d'ailleurs il n'est pas de mémoire humaine qui puisse supporter ensemble le poids de tout ce fatras, il en résulte que le bon plaisir du juge est, en définitive, la loi suprême et la seule possible ; et cela est si bien entendu, qu'une disposition spéciale interdit aux avocats de citer, dans leurs plaidoiries, le texte de la loi qu'ils invoquent en faveur de leur client ; ils doivent s'en rapporter à la mémoire, c'est à dire au libre arbitre du juge.

Cette immense latitude, laissée par le fait à la volonté du juge, devait faire de cette volonté souveraine le point de mire de toutes les attaques et de toutes les séductions des plaideurs, aidés d'ailleurs en ceci par la modicité du traitement alloué aux fonctions judiciaires; mais, avant de passer outre, il faut que je vous dise un mot d'un personnage qui joue un rôle capital dans l'administration de la justice, et dont l'esprit, les fonctions, et jusqu'au nom, jouissent ici d'une célébrité proverbiale, je veux parler de *l'Escribano*. *L'Escribano* n'est pas, de sa nature, un être facile à définir; il y a en lui du greffier, du juge d'instruction, du notaire, du rapporteur; il fait tout, il est tout, il est l'ame, la cheville ouvrière de toute la machine; si vous vous mariez, c'est *l'Escribano* qui rédige votre contrat; si vous achetez un bien, c'est lui qui dresse et conserve l'acte de vente; si vous avez un procès, c'est à *l'Escribano* qu'il faut faire parler; si vous avez eu le malheur, dans un moment de besoin ou de vivacité, de prendre la poche d'un passant pour la vôtre, ou d'enfoncer la lame de votre *navaja* trop avant entre les côtes d'un ami, c'est encore à *l'Escribano* qu'il faut vous adresser; car c'est lui qui rédige le rapport de votre affaire et le jugement aussi, et qui fait signer le juge de confiance; c'est lui, si le juge est méchant, qui sait les arguments capables de l'émouvoir; c'est lui qui vous dira, au juste, à combien d'onces (80 francs) vous reviendra la mort d'un homme, et qui, suffisamment *encouragé*, saura, s'il le faut, vous retirer du fin fond de l'enfer. Point de prison si noire, de cachot si profond, de barreaux si serrés et si épais qui résistent au pouvoir de *l'Escribano.* Au demeurant, il est homme de conscience, et sait faire acception de la condition et des ressources de chacun. Nul n'a plus de tact et ne sait mieux, à l'encolure d'un homme, reconnaître ce qu'il peut valoir. D'ailleurs il sait se contenter, et si un pauvre diable trouve moyen de lui mettre dans la main deux ou trois onces, il saura s'il a fait tout ce qu'il a pu, s'il en faut espérer davantage, et agira en conséquence. Êtes-vous riche, tant pis pour vous, votre affaire traînera en longueur ; il vous faudra faire de grands efforts ; mais après tout, n'est-ce pas justice ? Et l'Évangile ne dit-il pas formellement qu'on demandera davantage à ceux qui ont reçu davantage ? C'est *l'Escribano* enfin qui est le médiateur officieux interposé entre le coupable et le glaive de la justice ; c'est l'entremetteur de tous les bons offices ; c'est, par le fait, l'arbitre souverain de toutes les causes. Aussi ces philanthropiques fonctions ne sont-elles pas infructueuses. Il est rare qu'un *Escribano* ne fasse pas fortune ; on en cite à Madrid qui sont millionnaires ; et ceci vous enseigne, ó jeunes candidats de la magistrature espagnole, que le savoir-faire, la persévérance et la fidélité aux traditions des ancêtres trouvent toujours leur récompense !

Indépendamment de la vénalité, qui est le péché dominant de presque tout le corps judiciaire en Espagne, il existe, dans la législation même, de nombreuses causes d'abus. Comme je n'ai ni l'intention ni la possibilité de vous improviser ici un examen critique de la législation espagnole, je me bornerai à vous indiquer quelques dispositions de la procédure criminelle, qui exercent sur les mœurs une influence plus directe et plus corruptrice. Il règne en général, dans cette partie de la législation, un esprit de fiscalité peu en rapport avec l'élévation connue du vieux caractère castillan; on dirait que l'idée fixe du législateur a été de rentrer à tout prix dans ses déboursés et de *faire ses frais*. Le résultat a été atteint, mais vous allez voir ce qu'il coûte. Un homme est assassiné dans la rue, il crie et appelle au secours. Il est encore de bonne heure, on passe encore dans la rue, les portes des maisons sont encore ouvertes, et l'on voit de la lumière aux fenêtres. Si pareille chose arrivait chez nous, en pareille circonstance, chacun accourrait aux cris de la victime, les passants s'attrouperaient, les voisins sortiraient avec des flambeaux, tout le quartier serait en rumeur. En Espagne, un homme assassiné crie au secours, qu'arrive-t-il? Les passants s'enfuient à toutes jambes, les portes se ferment, les lumières s'éteignent; cette rue, tout à l'heure si vivante et éclairée, devient un sombre désert; vainement les cris de la victime redoublent, il s'établit autour d'elle un silence de terreur, et les meurtriers peuvent consommer leur crime en pleine sécurité. D'où vient donc cet épouvantable égoïsme? Sont-ce les assassins qu'ils redoutent? non; c'est la justice; car si, mu par un sentiment irréfléchi d'humanité, vous venez au secours et que la justice arrive, la première chose qu'elle fera, ce sera de vous saisir comme témoin; et si, par malheur, l'homme assassiné, ou sa famille, n'est pas en état de payer les frais de la poursuite, ce sera sur vous, témoin, que retombera le fardeau; et voilà comment la justice peut être légitimement accusée et de l'assassinat commis, et du lâche égoïsme de tous ces témoins cachés qui retiennent leur souffle de peur de trahir leur présence.

On frémit des épouvantables conséquences engendrées par cette avidité fiscale de la justice. A Madrid, l'an passé, un vieillard est assassiné dans la rue, la justice vient trouver son fils et lui demande s'il compte se porter partie civile. Moi! répond celui-ci, vous vous trompez, cela ne me regarde pas; je ne connais pas cet homme.

Le malheureux avait raison; s'il se fût porté partie civile, la justice le tondait jusqu'aux os et convertissait tout son avoir en paperasses. Devrons-nous encore nous étonner des faits repoussants qui se produisent trop souvent en Espagne, et ne faudra-t-il pas plutôt s'étonner qu'il puisse se trouver encore quelques vertus chez un peuple soumis depuis des siècles à tant de principes actifs de démoralisation?

C'est ainsi, par exemple, qu'en certains cas le service militaire est considéré comme une peine afflictive, et que le tribunal vous condamne à tant d'années de service dans l'armée. Par une autre anomalie, la peine des travaux forcés n'entraîne pas ici, dans l'opinion, une idée absolue de dégradation. Cela tient-il à l'abus qui a été fait de cette peine? je ne sais; mais il n'est pas rare d'entendre dire, de tel ou tel individu, qu'il a été aux galères; c'est une idée qui n'a rien de très effarouchant; et j'ai vu, à Carthagène, un monsieur (un caballero) qui, après être sorti du bagne de cette ville, avait rédigé à Madrid un journal *patriote*, et était revenu sur le théâtre de ses premiers exploits, envoyé par M. Mendizabal pour *chauffer* l'opinion. Les anciens malheurs de ce patriote ne l'empêchaient pas de jouer son rôle, qui, d'ailleurs, il faut l'avouer, n'exige pas ici une bien grande consistance morale.

Mais le trait sinon le plus noble, du moins le plus pittoresque de la physionomie du magistrat espagnol, c'est dans ses rapports avec les voleurs qu'il faut le chercher. Vous souvenez-vous de Gil Blas, de son arrestation et de son interrogatoire après sa sortie de la caverne, du capitaine Rolando devenu alguazil et menant de front avec ses austères fonctions une correspondance active avec cette fameuse compagnie de sujets catalans? Eh bien! si Gil Blas revenait au monde, il ne trouverait rien de changé; tout est aujourd'hui comme alors, et il pourrait employer sa verve et son esprit à vous conter des histoires qui valent bien celles de son temps. Il verrait que les alcades et les *escribanos* d'aujourd'hui n'ont point dégénéré des corrégidors du règne de Philippe III; il remarquerait même, dans la position sociale des voleurs et dans la sécurité qu'offre l'exercice de leur profession, de notables perfectionnements. Par exemple, c'en est fait de toutes les tracasseries de la Sainte-Hermandad, plus de batailles sur les grands chemins; la confrérie des voleurs a passé de l'état militant à l'état triomphant, ils sont en possession incontestée et peuvent faire valoir en leur faveur la prescription et les droits acquis; la justice enfin, revenue de ses anciens préjugés, négocie au lieu de combattre, transige au lieu de châtier, et déploie, à l'égard de cette recommandable corporation, les égards les plus touchants et les procédés les plus fraternels. Quelques exemples, pris au hasard, vous montreront quels remarquables progrès l'esprit d'association a faits de ce côté.

Il y avait, il y a peu de temps, sur la lisière du royaume de Valence et du Bas-Aragon, un alcade qui avait imaginé l'ingénieuse transaction que voici : les amendes imposées au voleur sont ordinairement divisées en trois parts : une pour le dénonciateur, une pour l'alcade, la troisième pour les juges de l'audience royale. Or le susdit alcade, ayant soigneusement calculé le produit moyen de ces amendes, imagina de contracter avec l'audience une sorte de mar-

ché à forfait; il s'engageait à lui payer, bon an
mal an, une somme fixe représentant la part
moyenne des profits, prenant à sa charge toutes
les éventualités de l'opération dont les bénéfices
comme les pertes devaient demeurer à son
compte. Le marché fut accepté, et notre alcade
voulant, comme de juste, régulariser son revenu, imagina la combinaison suivante : il re-
monta sur un meilleur pied son personnel de
police, encouragea la dénonciation, et se mit à
prendre le plus de voleurs qu'il put. Une fois
en prison, il commençait à leur tirer de l'argent et à les saigner sans miséricorde. Quand
leurs ressources étaient épuisées, que leurs
femmes avaient apporté leur dernière once, que
la famille s'était cotisée pour payer la rançon du
prisonnier, vous croyez peut-être qu'il envoyait
le patient aux galères! Pas si bête. Notre in-
dustrieux magistrat, fidèle à sa parole, relâchait
purement et simplement son voleur, qui, tout
efflanqué et tout amaigri du régime de la prison, ruiné et sans un réal dans sa poche, s'é-
lançait de la prison sur les grands chemins
comme un loup enragé, battait le pays, et
pressé de réparer le temps perdu, faisait, en six

mois, la besogne de deux ans. L'alarme se mettait dans les environs; on osait à peine se risquer hors de chez soi ; les plaintes pleuvaient près de l'alcade, qui restait impassible et faisait la sourde oreille; il avait son plan ; enfin, lorsqu'il jugeait que son homme devait s'être suffisamment refait, le digne magistrat se réveillait de sa léthargie et déployait une activité merveilleuse qui, au bout de quelques semaines, amenait pour la seconde fois dans ses filets le héros de la grande route. Nouvelle saignée non moins copieuse et non moins réitérée que la précédente, et au bout de quelques mois une inconcevable fatalité faisait trouver, pour la seconde, fois au voleur un nouveau moyen d'évasion avant même que son affaire eût pu être portée devant le juge. Grâce à cet ingénieux système appliqué avec une persévérance tout aragonaise, l'audience était régulièrement payée; le voleur, qui esquivait les galères, sortait ruiné, mais libre et prêt à réparer ses pertes; l'alcade s'enrichissait, et, sauf le public, tout le monde était content. J'ignore quel a été le dénouement de l'affaire ; mais je crains que l'indiscrète publicité donnée aux idées du spirituel alcade n'ait fini par nuire aux succès de sa combinaison.

A peu près vers la même époque, un fait non moins caractéristique se passait à Elda, petite ville située sur la frontière de Murcie et de Valence : un Français, châtreur de chevaux, venait de faire une tournée dans le royaume de Murcie; sa campagne avait été fructueuse, et il revenait portant sur lui une vingtaine d'onces (1,600 fr.), lorsqu'en arrivant à Elda six gardes nationaux lui demandent son passeport. Il avait un passeport français en règle; néanmoins ces scrupuleux protecteurs de l'ordre public, peu satisfaits des explications du Français, lui intiment l'ordre de les suivre chez l'alcade; on se met en route; mais, au lieu de le conduire chez l'alcade, on le conduit hors des murs de la ville; les gardes nationaux lui volent ses onces, et, pour couper court aux réclamations, ils le laissent pour mort sur la place, percé de coups de baïonnette. Sa bonne étoile voulut qu'aucune des blessures ne fût mortelle; il revint donc à lui et se traîna tant bien que mal jusqu'à la ville, où il fut arrêté et mis en prison. Au bout de quelque temps, il fallut bien le relâcher, mais il n'entendit plus parler de ses onces. Arrivé à Valence, le premier soin du malheureux Français fut de porter plainte auprès du consul de France, M. Gautier d'Arc, dont l'énergie et l'activité, non plus que la gracieuse hospitalité, n'ont jamais fait défaut à ses compatriotes. Sur ses instances, une enquête est provoquée, et les gardes nationaux en sortent blancs comme neige. Peu satisfait de ce résultat, le consul va aux informations, et il apprend que, pendant tout le cours du procès, les accusés régalaient leurs juges et dînaient avec eux tous les jours. Sur ses nouvelles instances, un juge spécial est envoyé de Madrid; la connivence du premier est constatée. Vous croyez peut-être qu'on va le destituer; point du tout; on le réprimande, c'est vrai, mais on le maintient. Quant aux six honorables défenseurs de l'ordre public, lorsque je quittai Valence, leur procès n'était point encore terminé.

Et voilà, comment la justice, l'ordre, les institutions libérales sont entendus en Espagne; tel est le discernement apporté dans l'application du régime constitutionnel, que les moyens qui, partout ailleurs, assurent et garantissent la liberté ne servent ici qu'à organiser légalement le désordre. On veut gouverner ici par la classe moyenne; or, comme cette classe moyenne n'est rien par elle-même, on va lui chercher des recrues dans les conditions les plus flétries. Les gens sensés vous disaient qu'il n'était pas possible d'avoir aujourd'hui, en Espagne, une garde nationale, ou, du moins, qu'il fallait se montrer extrêmement sévère dans l'admission des individus dont elle devait se composer. Les exaltés ont répondu que c'était chimère que toutes ces craintes, et ils ont distribué des armes à qui a voulu en prendre; ils en sont venus à leur honneur, ils ont une garde nationale, vous voyez bien qu'ils avaient raison. Oui, ils ont une garde nationale, et sous la sauvegarde de cette noble milice l'Espagne peut dormir tranquille. La garde nationale est chargée de contenir les passions furieuses de la multitude; c'est la garde nationale qui loue des voitures pour aller assassiner Quesada; la garde nationale est chargée de protéger la liberté des élections; c'est elle qui, à Cadix, entre, le sabre à la main, dans la salle électorale; qui renverse le scrutin et assassine les électeurs; la garde nationale est chargée de veiller à la sûreté des routes; c'est elle qui, à Elda, détrousse les passants et les assassine avec ces mêmes baïonnettes qu'on ne lui confia que pour les protéger; la garde nationale doit prêter main-forte à l'autorité contre la contrebande; qui pourrait douter de son appui lorsqu'elle met à sa tête des contrebandiers de profession? Je vous dis que le salut et la sûreté de l'Espagne sont en bonnes mains. Où sont-ils ces timides partisans de l'*Estatuto*, ces insolents pionniers du despotisme éclairé? Ils disaient que l'Espagne n'était pas mûre pour le régime de la liberté; qu'une nation composée de vingt nations, divisée par mille haines, dévorée par une administration gangrenée, ne devait pas, sous le feu de la guerre civile, ouvrir la porte à tous les serpents de la discorde, et faire sortir de la fange où elles sommeillaient toutes les passions envieuses et anarchiques. Où sontils avec leurs prédictions sinistres? Comme l'évènement les a démentis! Il est vrai que tous les propriétaires, que toute la classe aisée s'efforce de réaliser son bien et de quitter l'Espagne, que des sommes énormes sont placées à

la Banque de Londres, que le midi de la France
regorge d'émigrés; il est vrai que l'Espagne
tarit par un gaspillage inepte les sources les
plus fécondes de sa prospérité future; il est
vrai qu'on ne trouve plus de ministre qui veuille
s'atteler à cette machine en désarroi; il est vrai
que la guerre civile s'étend et s'installe dans
des provinces jusque-là respectées; mais qu'importent ces misères? On a des Cortès constituantes; on trouve encore douze électeurs pour
renommer M. Mendizabal, c'est moitié plus
qu'il ne faut; on va avoir deux Chambres, et
un sénat nommé en bloc, sous l'inspiration tutélaire de M. Mendizabal, et par la grâce de la
garde nationale; car, avant toutes choses, on
a une garde nationale. Qu'est-ce donc qu'un
pays libre? N'est-ce pas un pays où l'on a deux
Chambres, un corps électoral et une garde nationale? Eh bien! en dépit de l'envie, l'Espagne
possède ces précieuses institutions : donc l'Espagne est pays libre, et tout est pour le mieux
dans le meilleur des mondes possibles.

Qu'en pensez-vous?

LETTRE

XXIV

CHANCES DE D. CARLOS.

Madrid, 12 décembre 1837.

Nous savons maintenant ce que le parti exalté a fait de l'Espagne. Des classes puissantes tout entières dépossédées ou inquiétées; les biens nationaux, ce trésor de l'Espagne libérale, scandaleusement dilapidés et devenus à la fois, entre les mains d'une administration insensée, stériles pour l'avenir et onéreux dans le présent ; dans les élections, la violence appelée au secours du mensonge ; les institutions faussées tournées contre la cause de l'ordre et de la sûreté publics, et le poids de toutes ces calamités nouvelles ajouté à l'héritage déjà si lourd des anciens abus de la monarchie ; la guerre civile enfin, grandissant chaque jour à la faveur de ces dissentions intestines, voilà les œuvres de ce parti et ses titres à la reconnaissance de la nation espagnole. Lorsqu'on songe cependant que des hommes si notoirement incapables ont pu surprendre et supplanter, momentanément sans doute, la masse des gens honnêtes et modérés, seuls véritablement intéressés à une sage réforme, et que les destinées de la liberté espagnole sont aujourd'hui confiées aux soins de semblables tuteurs, on ne peut s'empêcher de reporter un regard inquiet vers les montagnes de la Navarre et vers l'insurrection dont elles ont été le berceau et dont elles sont encore aujourd'hui le plus sûr asile.

Les causes de l'insurrection des provinces basques ont toujours été fort diversement appréciées, et n'ayant pu en juger sur les lieux mêmes, je ne puis rien affirmer sur ce sujet. D'après ce que j'entends dire, beaucoup de motifs fort divers ont contribué à faire naître la révolte. Un vieil esprit d'hostilité dédaigneuse contre le reste de l'Espagne règne depuis longtemps dans ces provinces, qui seules, dans toute la Péninsule, n'ont jamais été conquises, et qui se sont librement et volontairement réunies à la couronne de Castille, mais à des conditions que n'ont point assez songé à respecter les entrepreneurs de nouvelles constitutions. Un juste prix attaché à des formes d'administration démontrées par l'expérience bien supérieures à celles de la couronne d'Espagne, un attachement plus fort aux principes religieux très mal à propos froissés par le libéralisme dans chacune de ses nombreuses tentatives, des intérêts de douane et de contrebande ajoutant au reste une nouvelle force, toutes ces causes également alléguées, et jointes peut-être à d'autres moins connues, ont donné naissance à la révolte, et aujourd'hui les haines réciproques engendrées par quatre ans de lutte, et l'obstination naturelle au caractère espagnol, suffiraient seules, à défaut de tout autre motif, à perpétuer la guerre. On dit même que quelques hommes éclairés et sincères ont été portés à soutenir les prétentions de Don Carlos, par l'appréhension des maux que pourrait attirer sur leur pays l'esprit dissolvant et peu éclairé des libéraux extrêmes.

Quoi qu'il en soit, toujours est-il que le Nord, les provinces basques, les Castilles, la Haute-Catalogne, le Bas-Aragon, semblent plus portés vers la cause du Prétendant, tandis que le Midi et généralement tout le littoral favorisent le parti de la Reine et sourient aux idées de réforme dont le triomphe d'Isabelle donnerait nécessairement le signal. Les provinces de l'intérieur, privées de communication de commerce, de relations avec les étrangers, inclinent naturellement vers le parti rétrograde, et, par la même raison, les campagnes, où les idées pénètrent plus difficilement, gardent pour Don Carlos toute la sympathie que les villes, par la raison contraire, réservent pour le gouvernement libéral.

Les forces se trouvant ainsi réparties, il faut remarquer, à l'avantage de Don Carlos, que les populations du Nord sont plus belliqueuses que celles du Midi. Les Basques, les Navarrais, les Aragonais, les Catalans des montagnes, sont des races tout autrement énergiques que les Andalous, par exemple. Lors de l'invasion des

Arabes, l'Andalousie fut perdue par une seule bataille et n'essaya plus de résister; le Nord se défendit, échappa à l'invasion, ou s'en affranchit de bonne heure, et ce fut le Nord qui sortit de ses montagnes et qui reporta au Midi les souvenirs presque éteints de son ancienne nationalité. Lors de l'invasion plus récente des Français en 1808, toute la résistance fut, pour ainsi dire, concentrée dans le Nord. Saragosse, Gironne, Tarragone, Tortose, Murviedro supportèrent tout le poids de la défense; ce fut des montagnes de la Navarre que sortit Mina, et ce fut dans ces mêmes vallées, espèces de forteresses naturelles, qu'il trouvait un abri contre la poursuite de nos troupes. Pendant ce temps, les Andalous, grands orateurs, discutaient la Constitution; mais de bataille, point.

À l'humeur plus belliqueuse, à la forte position géographique des provinces carlistes, il faut ajouter deux autres éléments de succès, tous deux très dignes d'être pris en sérieuse considération. L'un est l'existence encore assez vivace du principe religieux; l'autre, la nature même du principe politique que soutient Don Carlos. L'esprit religieux, ainsi que j'aurai occasion de le développer plus tard, joue encore un grand rôle en Espagne; le clergé fait corps avec la nation, d'une manière qui n'a peut-être pas d'exemple dans aucun autre pays; et bien que l'esprit religieux ait singulièrement perdu depuis vingt ans, il a tant et de si vieilles racines, qu'il est fâcheux de l'avoir contre soi; aussi ne saurait-on trop regretter la manière violente et maladroite dont le parti exalté a compromis, vis à vis du clergé, le gouvernement de la Reine. Nous reviendrons plus au long sur ce sujet; bornons-nous seulement à constater ce que le fanatisme doit avoir de force dans des provinces ignorantes, peu accessibles et livrées à l'ascendant d'un clergé mécontent. Quant au principe politique que soutient Don Carlos, c'est le principe d'autorité dans son extension la plus illimitée. Or, quelque funestes que puissent être en temps régulier les conséquences de ce principe, on ne peut nier qu'il ne soit merveilleusement commode et avantageux dans l'action. Tous les peuples, même les plus susceptibles en fait de liberté, l'ont toujours adopté pendant la guerre; il est la loi naturelle, pour ainsi dire, de la société militaire, et il faut avouer que la force de concentration qui lui est propre n'est pas pour Don Carlos un médiocre avantage. Il peut concerter ses opérations comme il lui plaît, destituer un général, s'il est mécontent de lui; il peut se tromper même, sans avoir chez lui, et dans les rangs de son propre parti, des ennemis à l'affût pour prendre avantage d'une erreur ou d'une faute. Ce qu'on sait des affaires intérieures de Don Carlos, on ne le sait que par les journaux étrangers, et on le sait mal. Chez lui, on parle peu, on délibère peu, et on agit beaucoup. C'est sans doute à cet esprit d'unité, de secret et d'activité qu'il faut faire honneur des progrès véritablement remarquables de l'insurrection. Quand on songe qu'au début de la guerre, Don Carlos n'avait pour toute armée que quelques *guerilleros* sans discipline, et qu'aujourd'hui il balance les forces de la reine, tout en détestant la cause, on ne peut s'empêcher d'admirer le résultat. Il eut, il est vrai, le bonheur de rencontrer dès l'origine un Zumalacarréguy pour organiser ses volontaires; mais Zumalacarréguy lui-même aurait-il pu faire ce qu'il a fait, si de perpétuelles discussions avaient élevé dès l'abord contre sa volonté de fer des myriades de bannières hostiles? Don Carlos a pu, sans la moindre difficulté, disgracier Gomez qui revenait pourtant d'une expédition brillante. Croyez-vous que le gouvernement de la reine n'y regarderait pas à deux fois, même avec les plus légitimes motifs, avant de frapper Espartero? C'est un grand avantage à la guerre qu'une autorité une ; c'est un grand avantage d'être maître chez soi, surtout quand on a affaire à des ennemis chez qui la discussion est organisée, et qui, à force de s'expliquer, finissent par ne plus s'entendre. Enfin les mouvements du prétendant paraissent contestés avec plus d'entente et de tactique que ceux des généraux constitutionnels. Si, en rase campagne, ses troupes, accoutumées à la guerre de montagnes, ne peuvent tenir contre celles de la reine, du moins on remarquera qu'il a toujours l'offensive, et que c'est toujours lui qui choisit le théâtre des opérations ; en sorte que si la guerre devait se prolonger, il serait à craindre que, l'habitude venant à façonner ses montagnards à la guerre de plaine, cette heureuse inégalité ne finît par s'effacer. Pour expliquer la supériorité de tactique des carlistes, les constitutionnels disent que tous leurs plans d'opérations sont combinés par des officiers appartenant à l'armée d'une des puissances du nord, renommée pour la belle éducation militaire de ses troupes.

Vous voyez que la cause de Don Carlos n'est nullement désespérée, et qu'elle possède, même abstraction faite de tout appui étranger, d'assez nombreux éléments, je ne dis pas de succès, mais au moins de durée. Ajoutons que ce qui a fait jusqu'à présent sa plus grande force, c'est la désunion de ses adversaires, leurs discordes intestines et le pitoyable maniement de leurs ressources.

Est-ce à dire pour cela qu'il faille s'attendre à voir, dans un temps plus ou moins long, le prétendant remplacer la reine à Madrid et soumettre à ses lois l'Espagne constitutionnelle? J'avoue que de toutes les solutions qui peuvent s'offrir à mon esprit, cette dernière me paraît la plus invraisemblable. Je n'ai point dissimulé, vous avez pu le voir, les forces réelles du prétendant; il me reste à vous parler des obstacles qui rendent aujourd'hui, et plus encore à l'avenir, le succès de sa cause à peu près impossible.

Militairement parlant, si D. Carlos a pour lui les campagnes des provinces de l'intérieur, on peut

dire que tout le littoral, depuis Barcelonne jusqu'à
Cadix, est très décidément prononcé contre lui;
que toutes les villes notamment, si l'on en excepte
quelques villes de l'intérieur, comme Cordoue,
par exemple, appartiennent à la reine de fait et
d'intention; vous remarquerez que, même dans
les provinces basques, les carlistes ne possèdent
pas une seule ville de quelque importance; ils
ont tenté deux fois inutilement le siége de Bilbao, et deux fois ils ont éprouvé une héroïque et
victorieuse résistance. La possession des villes
est une chose capitale; car on sait comment les
Espagnols se battent derrière des murailles; nos
armées de l'empire en savent quelque chose, et
les siéges de Saragosse, de Tarragone et vingt
autres attestent leur savoir-faire en ce genre.
C'est un trait commun avec les Orientaux, auxquels ils tiennent par tant de côtés. Or, comme
je vous le disais tout à l'heure, tout le littoral,
c'est à dire la partie la plus éclairée, la plus industrieuse et la plus riche de l'Espagne, ne peut
plus aujourd'hui rentrer sous les lois du prétendant. J'ai pu, dans le long et pénible trajet que
j'ai fait dans ces provinces, m'assurer des dispositions de la population. Elle ne veut se mêler

de rien aujourd'hui, parce que, dans son bon sens, elle professe un égal mépris pour D. Carlos et pour M. Mendizabal, et que d'ailleurs elle n'est pas sérieusement menacée ; mais, au fond, les moines ont perdu là leur prestige : ils n'y sont pas détestés comme individus ; mais on ne veut plus de l'institution, économiquement parlant, parce que, comme me le disait un paysan des environs de Barcelonne : *En el tiempo de los frailes, todo era para ellos* ; parce que, du temps des moines, il n'y avait que pour eux. Dans les provinces moins avancées de l'intérieur, l'administration et les aumônes des moines pouvaient être d'un grand secours au paysan ; mais sur le littoral, où la terre est plus divisée et plus arrosée, le paysan serait fort aise et fort capable de devenir propriétaire à son tour. Enfin c'est dans les villes du littoral surtout que la bourgeoisie, plus commerçante, retrouverait du courage, si elle voyait ses espérances sérieusement compromises par les succès de D. Carlos. Mais au dessus des motifs d'intérêt il faut placer un sentiment qui élève entre le prétendant et les populations compromises un mur infranchissable, je veux dire la crainte des réactions.

Au commencement de la lutte, la question était moins une question de principes politiques qu'une question de légitimité. Beaucoup ont embrassé la cause de la Reine, non par haine de l'absolutisme, mais simplement par la conviction de son droit. Les principes bien ou mal entendus n'ont été introduits que plus tard; mais la responsabilité des conséquences pesant également sur la tête de tous les adhérents de Christine, quels qu'aient pu être originairement leurs motifs, il en résulte pour tous un péril et une nécessité égale de se défendre. Peut-être si Don Carlos était un autre homme et l'Espagne un autre pays, la lassitude et le mépris qu'on éprouve pour les *bullangueros* (les émeutiers) auraient-ils déterminé beaucoup de constitutionnels à transiger; mais qu'espérer d'un tel homme et d'un tel parti? On peut honorer dans Don Carlos le courage avec lequel il dispute personnellement sa couronne, et l'on s'accorde en général à dire que sa parole est sûre et qu'on y peut compter; mais ceux-mêmes qui lui concèdent les éloges que méritent ces deux qualités reconnaissent en lui un esprit étroit, bigot, hostile à toute lumière, et une dureté de caractère qui ressemble passablement à la cruauté. Avec de pareilles dispositions, toute transaction est impossible, très heureusement pour l'Espagne qui n'a pas fait la guerre et souffert mille maux depuis tant d'années, pour revenir purement et simplement au *statu quo [ante bellum;* mais il y a plus : en supposant que Don Carlos bien conseillé consentît à des transactions raisonnables, il lui serait matériellement impossible de contenir son propre parti. Il faut penser à ce qu'il y a de haines, de vengeances, à ce qu'il y a de sang entre Don Carlos et le trône d'Espagne; il faut penser à tout ce qu'ont souffert ces Basques, ces Navarrois, à l'âpreté avide de ces misérables bandes qui courent les campagnes pieds et jambes nus, avec une chemise et un caleçon pour tout vêtement, et le fusil par dessus; il faut songer aux représailles qu'aurait à exercer un Cabrera dont on a fusillé la mère, et tant d'autres qui se trouvent dans des situations analogues, et qui couvent de pareils ressentiments; il faut songer à tout cela pour se faire une idée de ce que pourrait être une restauration en Espagne. Les guerres civiles sont des guerres impies; mais il n'en est point de plus affreuse que la guerre civile espagnole, parce qu'aux dissentiments politiques, aux griefs religieux, aux haines personnelles, se joint une profonde antipathie de race. Basques et Castillans sont déjà ennemis sous le drapeau de Don Carlos ; jugez ce que ce serait si le Basque victorieux pouvait venir venger sur les plaines de la Castille ou de l'Andalousie son pays ravagé, ses enfants tués, sa maison brûlée, et si sa vengeance, achetée à la pointe du sabre, pouvait se confondre dans son esprit avec le service de Dieu et de son roi! Aussi n'ayez pas peur que le parti libéral se laisse endormir par des protocoles, des amnisties et des promesses. Un homme influent du parti modéré m'écrivait dernièrement de Madrid que, lors de la dernière approche de Don Carlos, il y avait eu, gasconnade à part, une énergique et universelle résolution de se défendre. Je le crois ; car alors on ne combattait plus pour l'*estatuto* ou pour la Constitution ; il s'agissait de la vie ; et alors les modérés qui, en toute autre circonstance, restent chez eux et ne se mêlent de rien, les modérés se joignent à leurs adversaires, et dès que l'union s'établit, et elle s'établira toujours dans le dernier danger, les forces de Don Carlos ne suffisent plus.

Depuis la révolution de la Granja, les modérés usent d'une tactique que nous ne concevons guère, nous autres Français; mais qui est bien dans le caractère temporisateur des Espagnols. Peu de temps avant de quitter Madrid, je demandais à l'un des hommes les plus distingués de cette opinion d'où venait leur inertie à l'égard des exaltés, le peu de résistance qu'ils avaient opposé à leurs attaques, et l'espèce d'abandon qu'ils semblaient faire des intérêts de leur parti. Sa réponse me frappa. « Si nous entrions aujourd'hui en lutte avec les exaltés, me dit-il, ce serait faire un pont à Don Carlos, et c'est ce que nous voulons éviter par dessus tout. Quant aux *bullangueros*, leur triomphe est un mal, mais un mal temporaire; ils sont tellement ineptes qu'ils se détruiront eux-mêmes, et alors le pouvoir nous reviendra de lui-même et presque sans lutte. » Puisse sa prophétie se réaliser jusqu'au bout! — Il paraît, en effet, qu'en dépit des arguments électoraux employés à Barcelonne et à Cadix, la majorité sera aux modérés. Mais, pour nous borner à ce qui fait l'objet de cette lettre, de même que la désunion du parti de la Reine a fait jusqu'à présent la principale force de Don

Carlos, de même il y a lieu de croire que l'union, qui est le fruit naturel de l'extrême péril, déconcertera toujours ses efforts.

En admettant même, chose peu vraisemblable, que le prétendant parvînt à s'emparer de Madrid, la guerre ne serait pas finie pour cela; vous verriez les troupes constitutionnelles se réfugier dans Barcelonne et dans toutes les places de la côte, d'où elles viendraient faire des incursions sur les provinces du centre. Don Carlos et Christine auraient changé de rôle, et la guerre recommencerait, ou pour mieux dire continuerait sous cette nouvelle forme; car Madrid, vous le savez, n'entraîne nullement l'Espagne, comme Paris, par exemple, entraîne la France. Rien de semblable n'existe; D. Carlos aurait une ville de plus, voilà tout; mais comme aujourd'hui il n'en possède pas une seule un peu importante, il n'y a pas lieu de croire qu'il débute par celle-là.

Vous voyez que, dans l'état présent des choses, il règne entre les deux partis rivaux un équilibre fatal. D. Carlos, appuyé sur les vieilles sympathies traditionnelles, est inexpugnable dans ses montagnes; fort de l'unité de son pouvoir et de l'obéissance plus grande qui en est la suite, il a toujours grandi depuis quatre ans; il ne peut être vaincu, mais il ne peut vaincre. Le parti de la Reine, divisé lui-même en deux partis, a passé son temps à s'entre-déchirer, et a laissé l'ennemi se fortifier à la faveur de ses divisions. Toutefois, grâce à la possession des villes, à l'appui de tout le littoral et aussi à la meilleure organisation de ses troupes, son existence n'est point en danger. Il a en lui, au fond, une force réelle; des idées d'amélioration ont été conçues, qui ne peuvent être abandonnées, et la bourgeoisie elle-même, telle que je vous l'ai définie et pour laquelle on ne m'accusera pas de partialité, a droit, sinon à gouverner, du moins à exister et à grandir par les moyens légitimes. Elle en a le droit et elle a conscience de son droit. En ce sens seulement, le temps, qui favorise la diffusion des idées, combat aussi pour la cause libérale; il n'y a donc pas lieu de craindre sa ruine. Ainsi voilà deux partis pour qui l'offensive est périlleuse et la défensive pleine de ressources. Vous sentez ce que tout ceci veut dire; il y a là un cercle vicieux, une question sans issue et sans fin. Il y a dans un problème ainsi posé la promesse d'une guerre tiède, qui passera à l'état chronique, qui ne pourra pas finir, et dont le seul résultat sera d'enfanter, chaque année, une moisson régulière de massacre, de pillage et de dévastation.

Pour trouver une issue à ce cercle fatal, il faudrait une chose impossible ou peu s'en faut ; il faudrait que, pendant que l'équilibre est maintenu sur les champs de bataille, le pays pût s'organiser sous le bouclier de l'armée ; alors le surcroît de forces qui naîtrait naturellement de cette organisation progressive pourrait peut-être, à la longue, faire pencher la balance. Ceci revient à ce que je vous disais l'autre jour, que la question entre D. Carlos et la Reine était de nature à se décider plutôt par la politique que par la guerre. Mais une œuvre semblable, difficile pour tous les peuples et dans tous les pays du monde, trouverait en Espagne dans la nature même des choses des obstacles d'une gravité particulière.

Dans ma prochaine lettre, j'essaierai de vous en donner une idée.

LETTRE

XXV

DES CHANCES D'ÉTABLISSEMENT D'UN GOUVERNEMENT RÉGULIER.

Paris, juillet 1838.

Parmi les obstacles qui rendent si difficiles le triomphe définitif et l'organisation intérieure du gouvernement de la Reine, il en est quelques uns qui frappent les yeux tout d'abord, comme, par exemple, le délabrement des finances, la ruine du crédit, l'impéritie des généraux et les rivalités qui les divisent. Des difficultés de cette nature sont grandes sans doute; mais si elles étaient seules, nous n'y verrions point de motif suffisant pour désespérer du succès. Ce sont là, en effet, des accidents où le hasard entre pour beaucoup et que le hasard peut corriger. Au milieu de généraux médiocres, un homme de talent peut surgir, et, quant à l'état des finances pour lesquelles il est vrai, on ne peut rien espérer du hasard, des exemples nombreux et décisifs ont montré combien l'élan énergique d'un mouvement national pouvait créer de ressources inespérées. Nos glorieux conscrits de la révolution ont commencé bien des campagnes nu-pieds et presque sans pain, et il s'en sont néanmoins assez passablement tirés. C'est plus avant, c'est au fond même de l'organisation sociale qu'il faut aller chercher le secret de cette irrémédiable faiblesse qui se trahit chaque jour par mille symptômes, par mille désastres qu'on devrait s'être habitué à prévoir et qui étonnent toujours, tant ils sont peu expliqués.

Grâce à la tendance positive et matérialiste de notre siècle, on ne tient guère compte aujourd'hui que des arguments et des explications qui peuvent se réduire en chiffres. Je ne prétends nullement infirmer la valeur des considérations de cet ordre; mais il me semble toutefois qu'elles n'ont guère qu'une importance secondaire et ne peuvent servir qu'à achever des démonstrations commencées plus haut. Cette vérité, applicable à tous les peuples, l'est surtout aux Espagnols, dont toutes les actions sont déterminées par la passion, par le tempérament et par l'empire des habitudes, plutôt que par le raisonnement et les théories. Chez nous, en France, les désirs, les espérances des partis, les vœux des populations sont vite ramenés à une formule générale qui devient comme la devise et le mot d'ordre de toute une époque; c'est un mètre sur lequel on mesure tout, jusqu'à ce que toutes les institutions se soient conformées au régime qui a été conçu et qui représente la tendance et l'idéal qui sont au fond des esprits. Les Espagnols ne procèdent point ainsi, ils ne sont point comme nous des *abstracteurs de quintessences;* ils vont où l'instinct les mène et marchent plus lentement vers un but moins nettement déterminé. Il ne faut donc pas s'étonner si, depuis tant d'années que l'ancien régime est attaqué chez eux, leur vœu ne s'est pas encore exprimé par une de ces formules brèves que leur clarté rend à l'instant populaires. Ce sont les étrangers qui ont toujours pris la peine de faire la théorie de leurs révolutions, et la plupart du temps ces étrangers, pleins des idées et des préjugés de leur propre pays, ont contribué à compliquer des questions déjà très obscures d'une foule de notions fausses et sans rapport aucun avec l'état réel des choses. La crise qui désole l'Espagne depuis quatre ans nous en fournira un exemple remarquable.

L'ancienne constitution de l'Espagne, qui était le résumé de son histoire et qui, pour n'avoir jamais été couchée sur parchemin, n'en avait pas moins une existence très réelle et très énergique, pouvait se ramener à quelques éléments fort simples.

D'abord l'esprit et les institutions municipales dont l'origine remonte au moins aux Romains. Dans les pays si nombreux et si divers soumis à leur domination, les Romains, avec cet instinct du gouvernement qui les a caractérisés en tout temps, avaient toujours laissé les populations se régir par leurs propres institutions sous l'obligation d'un tribut dont les proconsuls étaient chargés de surveiller et d'assurer la perception. On peut voir, dans l'intéressant ouvrage de M. Viardot [1], le détail de l'ancienne organisation romaine; un sénat en général héréditaire, une assemblée municipale élective ou curie représentée par les décurions qui administraient la cité, recouvraient les impôts et levaient les troupes sous l'inspection du *comes*, espèce de commissaire attaché à chaque municipalité et relevant du proconsul, qui relevait lui-même du préfet du prétoire. Cet esprit municipal et local, favorisé par les circonstances politiques et par la configuration même du sol, a toujours joué un grand rôle en Espagne; nous aurons occasion d'y revenir.

L'esprit provincial et les *fueros* qui en étaient l'expression politique jouèrent, au moyen-âge, un rôle considérable. Si l'on en excepte les provinces basques, toutes les autres, y compris l'Aragon, perdirent leurs *fueros* à la suite de la révolte des *communeros* sous Charles-Quint,

[1] Études sur l'histoire des institutions, de la littérature, du théâtre et des beaux-arts en Espagne. Paris, Paulin, 1835.

plus tard sous Philippe II, et enfin sous Philippe V et la dynastie française. Mais l'esprit provincial a survécu, et aujourd'hui encore c'est un des mobiles les plus énergiques qui aient résisté à la fatigue de trente années de révolution. Comment pourrait-il en être autrement? de province à province, il existe de profondes différences de climats, d'intérêts, de caractères et de races. La Galice et les Asturies, pays de petite propriété, l'Auvergne et la Savoie de l'Espagne; les provinces basques et la Navarre, pays de priviléges et d'indépendance obstinée; les Catalans, navigateurs et manufacturiers; les Valenciens et les Murciens, cultivateurs habiles; l'Andalousie, pays de poésie, d'amour, de paresse et de *far niente;* les Castilles enfin, vastes et fertiles plateaux plus façonnés que le reste au joug monarchique, forment des groupes tellement dissemblables de tout point, tellement séparés par la nature, par les mœurs, par tout ce qui imprime aux hommes un caractère spécial, qu'on peut dire, au pied de la lettre, que ce sont six nations différentes juxta-posées, mais qui ne sont ni confondues, ni même unies. Chez nous sans doute, le Flamand et le Provencal, le Normand et le Gascon, le Breton et l'Auvergnat accusent à l'œil de profondes différences de type et de physionomie; mais tous ces éléments hétérogènes ont été pétris par nos guerres avec le continent, par notre vieille lutte avec l'Angleterre, tous ces tronçons ont été soudés sous le marteau de l'ennemi. Puis, au centre de la France, s'élève Paris, vaste foyer d'unité où les générations de toutes les parties de la France entrent, pour ainsi dire, périodiquement en fusion, et dont elles ne sortent qu'après avoir reçu la trempe commune. En Espagne, point de capitale, point de circulation active du centre à la circonférence et de la circonférence au centre; mais l'amour de la province, du village, du foyer natal; point de voyage, point de communication, point de commerce, rien de ce qui rapproche, de ce qui lie les hommes. Les préjugés, les traditions, les sentiments d'autrefois, préservés de tout contact et de toute altération, se conservent dans l'isolement comme des momies dans des bandelettes parfumées. Séparés par le sang, par les mœurs, par le costume, les hommes des provinces le sont aussi par le langage. La langue espagnole est pour eux la langue castillane ; le paysan valencien ou catalan ne l'entend pas. Enfin une profonde antipathie vient résumer, en quelque sorte, toutes ces oppositions. Entre provinces éloignées, c'est du mépris ; entre voisins, c'est de la haine. Le Catalan, actif et grossier, ne fait que rire de la poltronnerie et de la paresse andalouses, mais il déteste le Valencien qui le lui rend avec usure. C'est cet assemblage incohérent de peuplades ennemies qu'on a baptisé du nom commun de nation espagnole.

Depuis le XVIe siècle, une sorte d'unité plus apparente que réelle est venue comprimer plutôt que détruire ces germes invétérés de désunion. La réunion des couronnes de Castille et d'Aragon et bientôt l'avènement de la puissante maison d'Autriche donnèrent à la royauté, jusque-là faible et contestée, un ascendant décidé sur l'esprit provincial vaincu et soumis avec Padilla et les *communeros*. Mais le lien le plus fort, le contre-poids le plus efficace opposé à l'esprit de dissidence, ce fut sans contredit l'influence que la défaite et l'expulsion des Maures donnèrent au clergé. La vie de l'Espagne, au moyen-âge, n'avait été qu'une longue croisade ; la religion avait été constamment mêlée aux évènements politiques et les avait pénétrés de son esprit. Aussi le premier acte du clergé triomphant fut-il d'obtenir de la royauté l'établissement de l'inquisition. Tous deux violents et despotiques dans la forme, le clergé et la royauté n'ont pas moins été, depuis Charles-Quint jusqu'à nos jours, le seul lien politique de l'Espagne, et l'on peut croire que l'énergie de concentration que conservèrent si longtemps ces deux institutions ne fut que juste suffisante pour faire équilibre à la tendance dissolvante de l'esprit provincial et municipal, fortifiée de tout ce que la configuration du sol, profondément sillonné de chaînes de montagnes, peut ajouter de force à une tradition qui se perd dans la nuit des temps.

Le clergé, les évènements de ces dernières années l'ont assez prouvé, a beaucoup perdu de son crédit; les deux invasions des Français, en 1808 et 1823, et le contact des Anglais alliés à l'Espagne contre Napoléon ont semé sans doute dans les esprits beaucoup d'idées révolutionnaires : mais ce serait une grande erreur de croire que les idées voltairiennes et anticléricales jouent en ce moment, en Espagne, la centième partie du rôle qu'elles ont joué dans notre révolution. Lorsque la constitution actuellement en vigueur était discutée au sein des Cortès constituantes dans l'hiver de 1836—1837, on voulait écrire la liberté des cultes au nombre des droits nouveaux que réclamaient les besoins de l'époque. Ce fut l'opposition la plus avancée, représentée par M. Olozaga, qui repoussa cette proposition. « L'Espagne, disait l'orateur, au milieu de tous les germes de discorde qui l'agitent, a eu, par un privilége spécial, le bonheur d'échapper aux querelles de religion. Il n'y a point en Espagne de dissidents religieux ; sans doute, si de nouvelles sectes venaient à s'y propager, l'état des mœurs et l'esprit de l'époque interdirait contre eux toute poursuite ; mais pourquoi inscrire dans la loi et consacrer un mobile de désunion de plus, alors que rien n'en fait sentir la nécessité. » Le discours de M. Olozaga, applaudi de tout ce que l'Espagne renferme d'hommes sages et intelligents, fut couronné d'un plein succès, et aujourd'hui l'Espagne libérale, l'Espagne révolutionnaire, qui a détruit les couvents et égorgé les moines, n'a pas voulu profiter de son triomphe pour se donner une des libertés que nous avons été plus empressés à réclamer. Un fait de cette nature suffirait seul à démontrer que la question révolutionnaire n'est pas posée en Espagne comme chez nous.

D'un côté, l'esprit provincial et municipal tendant au fédéralisme, de l'autre la royauté et le clergé tendant au despotisme ou, pour mieux dire, à l'immobilité, telles sont les puissances réelles entre lesquelles un certain équilibre s'était établi; c'était un extrême tempéré par un autre, comme il arrive toujours en Espagne; car de rêver le juste-milieu pour un semblable pays, c'est une chimère; si cet esprit moyen venait jamais à prévaloir en politique, ce serait une exception à la nature même de l'Espagne; pays d'insouciance sans bornes ou d'activité désordonnée, de fertiles oasis à quatre récoltes par an, perdues au milieu de friches immenses et de terres crayeuses où l'herbe même refuse de pousser; sol brûlé en été par des chaleurs suffocantes de 30, 33 et 38 degrés (Réaumur) au pied des mêmes montagnes où, l'hiver, les soldats en faction sont trouvés gelés et roides de froid.

Au fond, je le répète, le débat n'a jamais

existé en Espagne qu'entre l'esprit provincial et
l'esprit de centralisation monarchique. C'est là
même, on peut le dire, toute la querelle entre
l'Espagne constitutionnelle et les provinces basques; c'est là surtout une des raisons encore
peu aperçues, si ce n'est sur les lieux mêmes,
de la difficulté que le gouvernement de la Reine
trouvera à s'affermir d'une manière définitive.
Depuis quatre ans, il n'est point de grief libéral
qui n'ait été articulé contre le gouvernement. On
a parlé de tout, hormis du point important.
En effet, comment en aurait-on parlé? c'eût été
s'écarter du symbole tout rédigé du libéralisme
français sur lequel on s'est si fidèlement modelé.
Conformément aux traditions de la révolution
française, on a déclamé contre la noblesse, la
plus bénigne, la plus inoffensive et la plus populaire de toutes les noblesses; on a inventé un
parti démocratique qui n'existe que sur le papier;
le fédéralisme est la seule chose dont on n'ait
pas parlé, bien que le fédéralisme n'ait pas laissé
de faire silencieusement son chemin, comme
nous le verrons tout à l'heure. Pour revenir au
parti démocratique, je dis qu'il n'existe pas et
ne peut pas exister dans le sens français du mot.

En France, pays de travail, le paysan et l'ouvrier ont un lourd fardeau et une dure servitude à porter; la concurrence, les besoins factices diminuent leur aisance réelle, et l'égalité leur a rendu communes avec la classe bourgeoise les charges et les restrictions légales. Dans toute l'Espagne, si l'on excepte le littoral de la Catalogne, le travail manufacturier et la concurrence sont à peu près nuls. Sobre, presque sans besoins, jouissant sans limite du droit de port d'armes, du droit de chasse, du droit de pêche, le paysan trouve à se procurer, à un prix excessivement modique, toutes les denrées de première nécessité [1]. Une démocratie qui n'est travaillée ni par la misère, ni par l'ambition, ni par un sentiment d'égalité hostile contre les classes plus favorisées, une démocratie où cha-

---

[1] L'abondance du vin est telle en Catalogne, qu'une pipe de 650 bouteilles de vin très chaud et très généreux ne revient, futaille et transport compris, qu'à 20 piastres (105 fr.). Dans la vieille Castille, la fanègue de blé de 90 livres ne coûte, année moyenne, que 7 réaux (35 sous). On est même souvent obligé, faute de débouché, de jeter le blé de surcroît ou de laisser pourrir le raisin sur la vigne. J'ai voyagé, dans les royaumes de Murcie et de Grenade, avec des muletiers qui gagnaient par jour 3 réaux (un peu moins de 16 sous). Ils faisaient trois repas par jour : de la viande le matin et à dîner, le soir du pain et des œufs, le tout arrosé largement d'un excellent vin, dont on n'aurait pas l'équivalent, à Paris, à moins de 20 sous, pris au détail.

cun est ou se croit aussi noble que le Roi et vit content de son sort, n'est pas naturellement très remuante; aussi, quelques efforts qu'on ait tentés depuis quatre ans, la démocratie continue-t-elle imperturbablement à mener ses mulets, à labourer son champ et à faire sa contrebande, ni plus ni moins que dans le bon vieux temps de l'ancien régime; il est résulté de là une situation assez singulière. La révolution était d'abord partie d'en haut, c'était la royauté qui avait donné le signal de la réforme. Mal conseillée, inhabile, impuissante, la royauté échoua, et débordée par le parti exalté, elle fut annulée de fait par la révolution de la Granja. On devait croire qu'en changeant de main, qu'en passant de la royauté à la *nation*, la révolution allait prendre de tout autres allures et retourner tout de fond en comble. Rien de tout cela n'arriva. On supprime la Chambre des Proceres déclarée absurde et surannée, et on la remplace par un sénat dont le rôle politique n'est guère plus intelligible que celui du *procerazgo*. Un an à peine s'est écoulé, le parti *national* tombe en faillite morale et politique, et le pouvoir, échappé de ses mains défaillantes, va retomber, par un ricochet inconcevable, aux mains de cette pâle royauté encore toute meurtrie et toute flétrie par les brutales étreintes des sergents de la Granja. Cela revient à dire que l'unité politique, que le pouvoir central et dirigeant, arraché des mains du clergé, brisé dans celles de la royauté, s'est trouvé trop lourd pour le parti qui croyait représenter la nation, et que si la lassitude des partis et la conscience de leur impuissance leur défendent de prétendre au gouvernement, toute apparence d'autorité, de direction, de commandement n'est aujourd'hui qu'un vain simulacre, qu'un fantôme sans consistance. L'Espagne, en un mot, est aujourd'hui livrée à la plus complète anarchie. L'absence de tout mobile énergique ne laisse se développer qu'avec lenteur les conséquences logiques d'un pareil état de choses; mais, à partir d'aujourd'hui, ce n'est plus qu'une affaire de temps.

Un fait très remarquable se produit déjà, qui montre dans quelle voie l'Espagne est désormais engagée. Je veux parler de l'importance politique récemment conquise par les députations provinciales.

En temps régulier, les députations provinciales peuvent être assimilées, pour les fonctions et l'importance, à nos conseils généraux de département, de même que l'*ayuntamiento* répond à nos conseils municipaux. Les membres de l'ayuntamiento et de la députation provinciale sont élus par tous les citoyens actifs majeurs de la commune ou du chef-lieu de la province, et tous les électeurs sont éligibles. Pour être nommé de la députation provinciale, un revenu décent est exigé, cette condition n'existe pas pour les ayuntamientos. Une particularité très curieuse, c'est que l'autorité de ces deux corps ne se borne pas, comme chez nous, à des attributions d'édilité ou d'administration locale. Par une confusion qui n'est pas d'hier, puisqu'elle date de l'occupation romaine, ils servent d'instrument au gouvernement central pour la levée des troupes et le recouvrement des impôts. Ce ne sont point, comme en France, des agents ministériels, préfets, receveurs généraux, qui remplissent ces fonctions. Le gouvernement fixe seulement le contingent de chaque province, la députation provinciale opère la répartition entre les communes (*los pueblos*), et l'ayuntamiento de chaque *pueblo* entre tous les membres de la commune. Le gouverneur civil ou préfet, le capitaine-général ou commandant militaire surveille les opérations pour le compte du gouvernement, mais il ne les dirige pas. Les conséquences de cette ancienne organisation sont écrites dans toute l'histoire d'Espagne; c'est la facilité que trouve une province mécontente à secouer le joug du gouvernement et à faire elle-même ses propres affaires. Dès que la révolte est une fois convenue, rien de si simple; la députation s'assemble, elle lève des hommes, de l'argent, c'est un gouvernement complet, c'est une république tout organisée. Anéantir Paris, ce serait décapiter la France; chaque partie de la France ne vaut que par le lien qui l'unit au reste; c'est comme un organe, un viscère séparé auquel la vie vient du cœur. Il n'en est point ainsi de l'Espagne. Semblable à ces reptiles dont les tronçons divisés deviennent autant de centres de vie, chaque province, chaque ville, chaque village est un être politique complet. Sa vie est en lui, faible et chétive sans doute, mais indépendante. Il ne ressent point cette circulation active, cet afflux du sang qui porte toute la vie sur le point menacé. La Bretagne et la Provence, la Flandre et le Béarn sont plus liés, plus unis, plus solidaires que deux villages espagnols situés à deux lieues l'un de l'autre.

Depuis le commencement de la guerre civile, mais surtout depuis la révolution de la Granja, les députations provinciales se sont presque partout mises en possession du pouvoir de fait. Les nombreux assassinats commis sur la personne des capitaines-généraux ont intimidé leurs successeurs; les courses des bandes carlistes qui coupent les communications avec Madrid ont, d'un autre côté, contraint souvent les provinces à se suffire à elles-mêmes; grâce aux députations provinciales, la machine est toute montée; on a des hommes, de l'argent; qu'a-t-on besoin de Madrid ? Madrid demande de l'argent et n'en envoie jamais, il en est de même pour les hommes; Madrid est la ville des employés, c'est à dire de la lèpre de l'Espagne; c'est une armée de fonctionnaires nécessiteux, affamés, qui perpétue les traditions de la vénalité et de la concussion la plus effrénée. Je ne veux pas dire que l'administration provinciale vaille mieux, mais c'est une raison de plus pour n'en garder qu'une au lieu de deux. On ne saurait croire combien peu les ordres de Madrid agissent sur la province, et les députés, qui se plaignent que le gouvernement ne se fasse pas obéir en province, ont sans doute bien complètement oublié ce qu'ils ont vu mille fois de leurs yeux. Un ordre arrive de Madrid; on répond au Ministre pour lui accuser réception, on lui débite force compliments et protestations d'obéissance, puis l'ordre est mis en poche, et c'est une affaire finie. Il y a un proverbe pour exprimer cette louable habitude : *se obedece, pero no se cumple;* on obéit, mais on n'exécute pas. C'est une chose miraculeuse que de voir combien peu l'on s'inquiète, à Barcelonne, par exemple, de ce que font ou disent les *lechuguinos* (les dandys, les beaux fils) de Madrid. On se bat contre les carlistes, on se bat entre soi dans la ville; le capitaine-général et la députation provinciale sont en guerre, on déclare l'état de siége, on le lève, on se déclare indépendant; les ministres apprennent cela par les journaux et viennent aux Cortès déclarer que tout est pour le mieux et que le gouvernement est parfaitement satisfait. Quand le capitaine-général est un homme de vigueur et de résolution, comme le baron de

Meer, il prend quelquefois le dessus; quand c'est un homme faible comme Palarea et vingt autres, il devient le très humble serviteur et le premier commis de la députation provinciale.

Si les députations provinciales, en s'emparant des pouvoirs, l'exerçaient dignement, il n'y aurait que demi-mal; mais, nommées en général à l'aide de la *bullanga*, elles abusent de mille manières de l'autorité qu'elles ont usurpée. Ainsi elles méconnaissent les droits des étrangers, ne veulent pas entendre parler des traités qu'elles ne connaissent ni ne reconnaissent, et tyrannisent impitoyablement tout ce qui est condamné à subir leur mauvais-vouloir. Enfin, fatigué de tant d'abus, le gouvernement vient de présenter aux Cortès un projet de loi pour limiter les attributions des députations provinciales. On le dit fort sage, et il sera probablement voté par les Cortès. Le voter, ce n'est pas là le difficile; mais le faire exécuter, qui s'en chargera? L'armée est occupée dans le Nord, on ne la distraira pas de ses opérations pour l'envoyer sur les provinces. Il y a plus, bien des personnes pensent que la guerre civile, si fatale, si désastreuse qu'elle soit, est pourtant le seul lien qui empêche une rupture ouverte, et que, si le souci de la défense commune ne faisait pas sentir le besoin d'un reste d'union, l'Espagne, privée désormais des deux instruments de son unité spirituelle et temporelle, retournerait, pour un temps du moins, à l'état purement fédéral. Et en effet, quand on songe qu'il n'y a, pour résister à cette vieille et organique tendance de l'Espagne, que l'appareil stérile et factice d'un gouvernement à l'anglaise qui, en Espagne, ne représente rien, on se trouve conduit à prévoir le fédéralisme comme l'issue naturelle de la réaction antireligieuse et antimonarchique.

Car, de croire que les Cortés qui ont, en réalité, hérité du pouvoir royal puissent, aussi bien que lui, représenter et maintenir l'unité politique du pays, ce serait une grave erreur. Une assemblée, par la multiplicité des opinions qu'elle renferme et la mobilité de sa composition que l'élection renouvelle périodiquement, est, par le fait, hors d'état de montrer dans l'exercice du pouvoir la suite, la tenue, la préoccupation de l'ensemble qui n'appartient qu'à l'autorité d'un seul, si imparfaitement exercée qu'on la suppose. Mais cette impossibilité n'existerait pas pour un pays calme, prospère, et où toutes les questions politiques sont nettement posées, qu'il n'en faudrait rien conclure en faveur de l'Espagne travaillée depuis trente ans par les changements révolutionnaires et les inévitables désordres qu'ils traînent à leur suite. La France, lors de la révolution de 92, était bien autrement préparée pour l'unité par toute son histoire, depuis Philippe-Auguste jusqu'à Louis XIV, préparée surtout par la solidarité que les guerres avec l'Europe avaient établie entre toutes les provinces. Elle se trouvait, de plus, sous la main du comité de salut public, c'est à dire de la dictature la plus énergique qui ait peut-être jamais existé, et cependant à quoi a-t-il tenu que le fédéralisme ne compromit son existence et ne la livrât désarmée au mauvais-vouloir de l'Europe ? Les résolutions hardies et le sacrifice des intérêts privés à l'intérêt général ne sont pas en général, nous en savons quelque chose, le côté brillant du gouvernement parlementaire. Or, si à ces vices organiques en quelque sorte vous ajoutez par la pensée les réelles et inconciliables oppositions d'intérêts qui existent en Espagne de province à province, vous comprendrez facilement que de réunir en un même corps les représentants de toutes ces antipathies, c'est avoir peu fait pour l'unité. La Catalogne manufacturière et commerçante ne peut pas avoir en matière de douanes les mêmes principes que l'Andalousie exclusivement agricole ; l'une appelle la liberté du commerce, l'autre la repousse. Croit-on que de mettre face à face les députés de Malaga et ceux de Barcelonne ce soit avoir avancé de beaucoup la fusion des intérêts? C'est tout simplement avoir commencé une querelle importante à vider sans doute, mais peu opportune, tant que la guerre civile continue à mettre tout en question. Les Cortès espagnoles renferment beaucoup plus d'éléments de division que la Convention nationale, et elles n'ont ni Danton, ni Saint-Just, ni aucun de ces terribles apôtres de l'unité qui argumentaient avec la guillotine et la mitraille.

Il y a d'ailleurs, dans les antécédents du peuple espagnol et dans les longues habitudes de son intelligence, quelque chose qui semble profondément répugner aux fictions du régime représentatif tel qu'il existe aujourd'hui. L'Espagne est un pays catholique, façonné, par l'esprit catholique, au sentiment de la foi et de l'autorité. L'esprit de la réforme, les doctrines de libre examen inaugurées dans le monde par Luther, sont venus expirer au pied des bûchers de l'inquisition. L'Espagnol raisonne peu, discute mal, il entend peu de chose aux subtilités de l'analyse; la discussion, au lieu de l'éclairer, au lieu de le décider, le jette dans le doute et dans l'incertitude; il a besoin, pour agir, d'avoir foi dans celui qui commande, et je ne crois pas que ce peuple puisse supporter comme nous l'action dissolvante de la discussion appliquée aux questions de pouvoir et d'autorité. L'unité de la France n'est plus seulement une croyance, une théorie, c'est un fait, et lors même que nous ne trouvons plus dans le pouvoir le symbole de l'unité sociale, nous sommes avertis, par tout ce qui nous entoure, que cette unité existe quelque part et qu'elle finira par se produire. L'Espagne, au contraire, assemblage incohérent de peuples, de climats, d'intérêts opposés, n'avait, pour lier ces éléments hétérogènes, que le ciment de la foi monarchique et religieuse; les idées révolutionnaires de liberté ont à peu près achevé de le dissoudre; aussi y a-t-il peu de chances pour que le fantôme expirant de l'unité monarchique résiste longtemps encore à la réaction fédérale. Il est assez remarquable, d'ailleurs, que les formes parlementaires de gouvernement n'ont encore, à proprement parler, régné que dans le Nord et chez les peuples de race anglo-saxonne, l'Angleterre et les États-Unis; car j'ai trop haute opinion des destinées de la France pour croire que ce que nous voyons chez nous puisse être autre chose qu'une forme de transition et qu'un moyen régulier d'arriver à une constitution du pouvoir plus conforme à la nature des besoins de notre époque. Essayée dans les républiques de l'Amérique espagnole, cette forme politique n'a enfanté qu'un inextricable chaos qui fait craindre pour l'Espagne quelque chose de semblable. Je voudrais que ceci fût une crainte purement conjecturale; mais, quand on a pu observer de près et à distance l'effet des discussions des Cortès, on sent qu'il manque là quelque chose, et l'on reconnaît dans ces institutions je ne sais quoi d'étranger qui contraste avec l'humeur et le génie national; c'est une plante exotique née sous les brouillards de l'Angleterre, qui sèche et dépérit sous l'ardent soleil de la Péninsule. Les luttes oratoires sont là, comme ailleurs et plus qu'ailleurs, une joûte de vanité personnelle, où la forme emporte le fond. Ce qui réussit aux Cortès, ce sont les grands mots bien sonores, les phrases ronflantes; on voit par exemple, à chaque instant, les tribunes applaudir alternativement des orateurs parlant dans un sens opposé. Croyez-vous que ce soit à l'opinion, au système que s'adressent les applaudissements? pas le moins du monde; c'est à la période oratoire, à la déclamation accentuée, au geste brillant. Le public écoute en artiste et applaudit en connaisseur, comme aux taureaux, un beau coup de corne ou un beau coup d'épée; bravo, toro! bravo, torero! Quant au fond de la question, rien de plus indifférent. Au mois de janvier 1837, le ministère Calatrava avait demandé une loi en vertu de laquelle il fût autorisé à faire sortir de Madrid, dans les quarante-huit heures, tout étranger suspect, sans autre forme de procès. On était au fort du siége de Bilbao. Néanmoins l'affaire était tellement grave, tellement importante pour la sûreté de l'État que, toute affaire cessante, on entama la discussion qui dura huit jours, et dans laquelle M. Argüelles se signala par un discours qui occupa à lui seul deux séances, en tout onze heures. Après mainte réplique et mainte controverse, le ministère obtint sa loi. Savez-vous ce qu'il en fit? On expulsa un jeune Français, le plus inoffensif des hommes, on en tracassa deux ou trois qui ne voulurent point partir et qui ne partirent pas; mais cela suffisait, la patrie était sauvée, et surtout les orateurs pour et contre s'étaient signalés par une verve qui avait un peu réveillé les tribunes toujours amies des fêtes et du spectacle. Fondé et exercé par la classe bourgeoise, le gouvernement parlementaire se ressent de son origine. Il est favorable aux idées d'ordre, d'économie, à tout le détail des affaires; mais, par opposition, il est empreint de je ne sais quoi de médiocre, de mesquin, de terre-à-terre; il n'a rien de ce qui peut satisfaire à ce besoin de poésie, d'éclat extérieur et de grandiose qui caractérise le génie espagnol. Ces bourgeois en frac, qui se disputent et se disent publiquement des injures, font peu d'impression sur un peuple accoutumé à se découvrir devant *le roi son seigneur* (*el rey su señor*) et à suivre avec respect les cérémonies pompeuses du culte et les longues processions des moines. Dépouillé de tout son antique éclat, le pouvoir est devenu si terne, si décoloré, que les yeux du peuple ne l'aperçoivent plus et qu'il ne veut pas croire que ce soient là ses chefs. Le peuple espagnol est désorienté, il ne sait plus à qui entendre, à qui obéir, à qui se rallier. Dans des circonstances aussi graves que celles où il se trouve placé, une pareille démoralisation est fatale, plus fatale que tout.

Résumons-nous. Difficultés militaires, administratives et financières, déconsidération jetée sur le pouvoir royal par la faiblesse qu'il a déployée dès l'origine et par l'humiliation qu'il a subie à la Granja, déconsidération justement acquise au parti exalté par l'usage qu'il a fait de sa victoire, hésitation et découragement universels, progrès toujours croissant vers la dislocation fédérale, insuffisance des pouvoirs nouveaux qui ont tenté de s'élever sur les ruines de la royauté et du clergé, tels sont les principaux obstacles qui s'opposent aujourd'hui à l'établissement d'un gouvernement fort et régulier. Et pour soulever cette montagne de difficultés, de quelque côté qu'on tourne les yeux, on ne trouve pas en Espagne un seul point d'appui résistant. Aussi le paysan espagnol, dans son bon sens profond et résigné, répète-t-il d'un bout de la Péninsule à l'autre : « Perdida està España; si no vienen los Franceses, eso no se acaba nunca. » L'Espagne est perdue; si les Français ne viennent pas, ça ne finira jamais.

C'est donc le cas de dire ici un mot en passant sur cette question d'intervention qui, deux ans de suite, a donné lieu dans nos Chambres à des débats tout à la fois si éloquents et si peu décisifs.

LETTRE

XXVI

CONCLUSION.

Paris, juillet 1838.

Le temps qui s'est écoulé depuis que la plupart de ces lettres sont écrites n'a point apporté de changement bien grave dans la situation respective des partis. Des mécontentements, des révoltes militaires ont éclaté dans le camp de Don Carlos sans que le parti constitutionnel, arrêté par l'argent, ait pu mettre à profit cette heureuse diversion. C'est toujours des deux côtés même impuissance d'en finir, seulement il est visible que Don Carlos a perdu toute chance décisive, et que sa plus grande ambition doit se borner maintenant à inquiéter ses ennemis avec plus ou moins de succès, et à perpétuer le désordre. Si l'Espagne pouvait finir cette guerre avec ses seules ressources, ce serait évidemment en exploitant avec habileté le mécontentement et les germes de dissidence qui mûrissent chaque jour dans les provinces. Isoler les Basques de Don Carlos, ce serait déjà, pour le gouvernement de la Reine, un avantage immense, au point de vue européen surtout ; la difficulté, d'ailleurs, n'a rien d'insurmontable. La principale barrière qui sépare les provinces du reste de l'Espagne, ce sont leurs priviléges municipaux, leurs *fueros*, et les douanes. Quant aux *fueros*, la Constitution les a supprimés ; mais on dit que le gouvernement de Madrid ne serait pas éloigné de transiger sous ce rapport, et ce ne serait que justice. Outre qu'on ne sait guère en vertu de quel droit Madrid a pu abolir les priviléges de provinces souveraines et librement réunies à la couronne, tout le monde reconnaît que l'administration libre des provinces était infiniment supérieure à la dévorante incapacité de l'administration royale; les Basques ont contracté des emprunts pour subvenir à leurs dépenses, ils ont à supporter des obligations et des charges résultant de leur vieille indépendance. Passer le niveau sur des faits de cette importance et tout faire plier devant la passion un peu puérile d'une égalité symétrique, ç'a été un grand tort, et il serait à désirer que le gouvernement de la Reine, mettant à profit les leçons d'une expérience chèrement acquise, offrît solennellement aux Basques de revenir sur une erreur qui a été certainement la cause principale de leur résistance opiniâtre.

Quant aux douanes, il y a lieu de croire que les provinces transigeraient. On sait que la frontière commerciale de l'Espagne n'est pas sur les Pyrénées ni sur la mer, mais sur la limite des provinces et de la vieille Castille. Il en résulte bien pour elles cet avantage, qu'elles peuvent commercer librement avec l'étranger sans rien payer au fisc; mais cet avantage est compensé par d'assez graves inconvénients; ainsi les Basques paient les droits à la frontière de Castille, et s'ils jouissent de la libre importation des marchandises du dehors, en revanche leurs produits sont exclus des marchés de la Péninsule, ou du moins assimilés à ceux de l'étranger. La même loi règle leurs relations avec les colonies espagnoles. Aussi les villes commerçantes seraient-elles, dit-on, assez disposées à laisser reporter aux Pyrénées la frontière commerciale ; ce qu'il y a du moins de remarquable, c'est que les villes du littoral, telles que Bilbao par exemple, ont montré, depuis le commencement, une préférence marquée pour la cause constitutionnelle et un éloignement invincible pour le prétendant. Il faudrait bien s'attendre à l'opposition des contrebandiers de la frontière intérieure ; mais c'est là une considération tout à fait secondaire.

Reconnaître franchement les *fueros* et négocier pour les douanes, voilà ce que le gouvernement de la Reine pourrait faire dès aujourd'hui, et nul doute que des intentions aussi conciliantes, hautement manifestées, n'ébranlassent fortement la plupart des adhérents de Don Carlos. La tentative de Munagorry n'a point eu le succès qu'on en attendait ; mais néanmoins des révoltes militaires ont eu lieu, la discorde est dans le camp de l'insurrection. Faut-il s'en étonner ? voilà maintenant cinq années que les provinces sont dévastées par la guerre, que le propriétaire ne touche plus de fermages, que le négociant ne fait plus d'affaires, que le paysan n'a plus d'autre industrie possible que celle des coups de fusil ; c'est un pays las, fatigué, épuisé, qui ne demande qu'un prétexte honnête pour poser les armes. Toutefois quelques efforts que fassent les cortès, à quelques moyens conciliants qu'on ait recours, il y a tout lieu de douter qu'on puisse jamais arriver à un arrangement définitif, tant que la France ne consentira pas à se porter garant et médiatrice. Ce n'est pas seulement parce que l'orgueil des Basques répugne à se soumettre au joug espagnol, c'est surtout parce qu'après de si longues et de si cruelles hostilités, la crainte bien légitime des réactions épouvante, c'est enfin qu'il n'est pas naturel que des populations armées se mettent à la discrétion d'un ennemi qui n'est pas encore vainqueur. Les chefs carlistes l'ont répété à plusieurs reprises : que la France fasse une seule démonstration, et les provinces saisiront avec empressement cette occasion pour se soumettre sans honte.

Faut-il donc que la France prenne parti dans les affaires de l'Espagne ?

Cette question, deux fois résolue négativement par le gouvernement d'accord avec les chambres, peut-elle encore être posée de nouveau ? nous le croyons. La question d'Espagne, lorsqu'elle a été débattue devant les chambres, n'a guère été débattue, discutée pour elle-même. Derrière les choses, on apercevait les personnes; derrière l'intervention, apparaissait clairement la question de cabinet, le renversement ou le maintien du ministère. Des considérations de cette nature peuvent, dans des circonstances données, influencer le vote d'une assemblée délibérante, elles ne changent rien au fond des choses, ni aux intérêts permanents d'une nation. C'est pourquoi nous demandons la permission d'ajouter quelques réflexions impartiales aux débats passionnés et éloquents, mais trop évidemment intéressés des chambres.

Que la France ait un grand intérêt commercial et surtout politique à voir finir promptement la guerre civile espagnole, c'est ce qui n'a été nié par personne ; ceux là même qui s'opposaient avec le plus de chaleur à toute intervention active ne croyaient pas pouvoir se dispenser d'offrir à l'Espagne libérale le tribut annuel de leurs sympathies. La question se réduisait donc à savoir s'il était possible ou opportun d'entrer dans la Péninsule pour la pacifier. Nous insisterons peu sur l'opportunité. Quand un gouvernement se retranche derrière les ténèbres du sanctuaire diplomatique, il est difficile de l'y suivre et de l'y forcer. Bornons-nous seulement à remarquer qu'un gouvernement, convaincu de l'importance d'en finir, aurait bien du malheur si, dans un espace de cinq années, il ne savait trouver ou faire naître le moment favorable. Aussi faut-il croire que le gouvernement français n'a pas compris l'importance du résultat, ou qu'il s'est exagéré les difficultés de l'entreprise.

La révolution de juillet marquera une époque décisive dans l'histoire de la civilisation française. D'une part, la chute irrévocable des derniers débris du régime féodal, de l'autre l'avènement politique de la bourgeoisie apportant avec elle au pouvoir ses traditions de travail pacifique, ses habitudes d'ordre, d'économie, et préparant, par son activité industrielle et son habileté administrative, l'affranchissement de fait de cette masse immense de prolétaires, de salariés qui forment le fonds et la base de la nation, et qui, convenablement préparés par l'éducation, devront, dans un avenir plus ou moins rapproché, devenir les associés des bourgeois qu'ils appellent encore leurs maîtres. Ces idées qui sont le résumé de l'histoire de la France et du monde, et qui, il y a quelques années à peine, paraissaient de folles utopies, sont aujourd'hui si bien entrées dans toutes les têtes pensantes, qu'elles ne trouvent plus devant elles d'autre obstacle que le temps, et qu'il ne se produit pas dans toute notre société industrielle et intelligente une seule idée, un seul fait qui n'aient pour effet de nous acheminer visiblement vers ce but désormais clairement aperçu de tous. Nous qui vivons en France sur le théâtre même où ces idées sont nées et fructifient, nous savons que le travail et la science sont appelés à devenir les instruments les plus efficaces de cette grande et pacifique révolution. Mais si telle est la glorieuse mission que la France commence à se concevoir, si elle arrive chaque jour à préférer davantage les conquêtes intérieures qui fécondent et améliorent aux conquêtes sanglantes qui détruisent et qui dévastent, il y aurait toutefois par trop de simplicité à croire que l'Europe qui entend encore vibrer à ses oreilles l'écho magique des mots de liberté et d'affranchissement, et qui pendant vingt ans a vu le drapeau tricolore flotter sur toutes ses capitales, puisse voir avec sécurité et bienveillance une révolution qui, bien que contenue dans les limites de la France, a donné dans le monde entier un coup fatal au régime du privilége et des exceptions sociales. Tout l'Est de l'Europe constitué sur le principe féodal a dû voir dans la France de juillet, même pacifique, une menace organisée, une atteinte vivante à la perpétuité de ses institutions. Il y aurait donc, ce nous semble, une haute imprudence à ne pas tenir compte de ce mauvais-vouloir et à ne pas supprimer, à mesure qu'elles se produisent, toutes les chances sur lesquelles il peut compter. La paix, bien qu'achetée par de pénibles sacrifices, n'en a pas moins été un grand bienfait; reconnaissons-le, sans oublier non plus que la paix n'a fait qu'ajourner l'explosion des volontés hostiles, et ne les a pas converties. La paix, d'ailleurs, n'a pas, pour asseoir et consolider une dynastie, l'efficacité souveraine de la guerre, et si la crainte bien légitime d'une conflagration générale a dû faire renoncer le gouvernement français à tirer parti des chances que la guerre lui offrait à l'origine, du moins serait-il d'une politique prudente de tourner les évènements en sa faveur, de multiplier et d'affermir ses alliances, d'aplanir les difficultés à mesure qu'elles se produisent, de mettre le temps dans son parti et de chercher à rendre sa position tellement nette et tellement forte, que ses ennemis les plus décidés perdissent la tentation de l'attaquer.

En partant de ce principe, il nous semble que la France ne peut, sans se manquer à elle-même, rester spectatrice impassible d'une lutte dont l'issue peut établir à ses portes un ami ou un ennemi. Présenter le succès ou la ruine de la révolution espagnole comme une alternative indifférente nous paraît donc un sophisme indigne de réfutation sérieuse. Si appauvrie et si désolée que soit aujourd'hui l'Espagne, elle ne forme pas moins une masse de douze millions d'hommes, et l'alliance ou l'inimitié d'une nation de douze millions d'hommes ne saurait, quoi qu'on dise, être considérée comme un accident sans valeur.

Je ne veux point faire intervenir ici les sentiments d'humanité. On aurait pu peut-être, dans d'autres temps, trouver beau de soustraire à la barbarie qui l'envahit chaque jour une nation voisine, en proie à une crise que nous lui avons inoculée, victime de nos exemples et dupe de nos encouragements. Nous savons que le siècle se fait positif et qu'il se refuse aux générosités dispendieuses; aussi laisserons-nous de côté les considérations de sentiment pour ne parler que le langage de l'intérêt, c'est un langage universellement compris de nos jours.

Commercialement parlant, nos provinces du Midi ont déjà beaucoup souffert des troubles de la Péninsule, et l'on peut affirmer, sans exagération, que les pertes qu'elles ont supportées depuis cinq ans eussent été plus que suffisantes pour payer les frais d'une démonstration énergique. Il faudrait d'ailleurs ajouter à la suppression de leurs affaires courantes le dommage bien plus grand qu'elles éprouvent à être privées des débouchés importants que la paix leur eût ouverts. Toute paralysée qu'elle est aujourd'hui, l'Espagne participe néanmoins à tel point à l'activité industrielle, qui est le fait dominant du siècle, que douze ou quinze bateaux à vapeur tant anglais que français desservent mensuellement les points les plus importants du littoral, qui n'en avait pas un seul il y a six ans. Une fois le pays pacifié, les habitudes et les besoins de la vie française contractés par tant d'Espagnols durant l'émigration donneraient lieu nécessairement à de nombreuses demandes dont notre commerce profiterait. Mais tout cela est encore secondaire; à vos yeux, la question politique prime tout.

L'Europe est en paix, cela est vrai en ce sens du moins qu'on ne se bat nulle part; à cela près toutes les puissances se tiennent sur le pied de guerre, et nous voyons, à chaque mesure un peu compromettante réclamée par l'opinion, le gouvernement se retrancher derrière les éventualités et s'autoriser de l'état précaire de l'Europe et des événements possibles pour opposer à tout ce qui engagerait l'avenir un perpétuel refrain d'inopportunité. En effet, tant que le gouvernement de juillet ne se sera pas fait accepter à l'Europe par quelque coup décisif, le roi Louis-

Philippe, considéré des cours étrangères en raison de ses talents, ne sera jamais pour elles qu'un bâtard de bonne maison qu'elles supporteront sans l'adopter, et l'on verra se prolonger cet état faux, ces relations équivoques qui ne sont ni la paix ni la guerre et qui fatiguent et démoralisent l'opinion. Le chef de la nouvelle dynastie a eu jusqu'ici beaucoup d'habileté et de bonheur. Le duc de Reichstadt est mort; la duchesse de Berri s'est déconsidérée, la république s'est follement compromise et s'est fait écraser. Il semble que, fortifié par tant de succès, son gouvernement aurait dû prendre à tâche de vider une à une toutes les difficultés de la position. C'est ce qu'on n'a point fait; après s'être montré habile à l'intérieur, on a déployé dans les questions extérieures un esprit de temporisation qui n'a peut-être de la sagesse que les apparences. La question belge n'est point terminée et peut d'un moment à l'autre amener un conflit; la question espagnole n'est guère plus avancée que le premier jour, et en cas de guerre il y aurait là une belle ouverture laissée aux légitimistes et au duc de Bordeaux, qui, d'ici à quelques années, devra, sous peine de déshonneur, faire sa tentative. En pareille occurrence, le camp de D. Carlos, aujourd'hui si peu redoutable, serait un mauvais voisinage pour nos provinces méridionales. Nous ne sommes pas de ceux qui désespèrent facilement des destinées de la France, et nous croyons que même, en mettant toutes choses au pire, elle saurait défendre ses conquêtes et faire encore une fois front de tous côtés. Mais enfin pourquoi faire soi-même un pont à ses ennemis, pourquoi ne pas mettre la paix à profit pour liquider ce vieux reliquat de la restauration? Est-ce de la prudence, est-ce de la dignité que de laisser déployer impunément depuis cinq ans sur sa frontière un drapeau publiquement salué des vœux de tous ses ennemis? Quand un intérêt est si direct, si prochain, la prudence qui le sacrifie n'est plus de la prudence, et elle doit recevoir un nom moins honorable, à moins, toutefois, que ce que demandent l'honneur et l'intérêt du pays ne présente dans l'exécution d'immortelles difficultés.

Aussi les partisans de la neutralité de la France n'ont-ils que faiblement contesté les avantages qu'il y aurait, pour nous et pour notre commerce, à pacifier l'Espagne et l'attitude tout autrement imposante que nous donnerait, vis à vis de l'Europe, D. Carlos écrasé et le gouvernement constitutionnel définitivement affermi dans toute la Péninsule. C'est sur les difficultés qu'on s'est rejeté.

Nous serons bien aise de nous arrêter un peu sur ce point, car il nous semble que les difficultés d'une intervention en Espagne ont été monstrueusement exagérées. Il n'y a rien de difficile comme les choses qu'on ne veut pas faire; mais nous croyons que les hommes qui ne veulent pas entreprendre sont de mauvais juges des difficultés de l'entreprise, parce qu'ils tiennent compte de tout, excepté de l'énergie et de la volonté, cette puissance souveraine à qui rien n'est difficile.

L'intervention devrait naturellement rencontrer des obstacles en Espagne, en Europe, en France; examinons rapidement la portée réelle de ce triple danger.

Quant aux difficultés qu'une intervention rencontrerait en Espagne, elles seraient tout à fait subordonnées à la manière dont l'intervention serait conçue et exécutée. Certainement, s'il fallait, ainsi l'ont soutenu les orateurs du gouvernement, jeter cent mille hommes de l'autre côté des Pyrénées et occuper toute la Péninsule pendant dix ans, s'il fallait pendant dix ans se faire le tuteur et le pédagogue d'une nation tout entière, ce serait là une entreprise que pas un homme sage ne voudrait conseiller. Une pareille entreprise a quelque chose de chimérique ; mais, si l'on réfléchit que ce plan gigantesque a été présenté par ceux-là même qui conseillent à la France une inaction complète et indéfinie, ne sera-t-il pas permis de croire qu'on a exagéré ses demandes afin de se faire plus sûrement refuser? Quant au projet si habilement développé par M. Thiers et connu sous le nom de coopération, il nous paraîtrait de nature à décider complètement la question, surtout si, en même temps qu'on agirait militairement contre D. Carlos, on négociait avec la cour de Madrid la reconnaissance de *fueros* des provinces. Le prétendant, isolé des populations basques, ne représentant plus les libertés locales, et réduit au contraire à n'être plus qu'un symbole de ruine et une cause de dévastation, ne tiendrait pas six semaines devant vingt-cinq mille Français bien commandés. En combinant ainsi l'action militaire et diplomatique, le succès ne pourrait être douteux, parce que, je le répète, les Basques sont horriblement fatigués de la guerre, très dégoûtés de D. Carlos, et que voilà déjà deux ans qu'un de leurs chefs les plus importants a avoué qu'à la première apparition du drapeau tricolore ils saisiraient tous avec empressement l'occasion honorable d'en finir.

Or, D. Carlos éloigné et les provinces pacifiées, voilà ce qui importe à la France. On dit : mais l'Espagne, dans la situation où elle se trouve, aurait encore bien des plaies à guérir, bien des questions à résoudre pour lesquelles elle aurait grand besoin de notre appui. Eh! qui doute que bien du temps, des soins et des efforts ne soient nécessaires pour effacer les traces d'une révolution de trente ans? Mais enfin la guerre civile n'est-elle pas la plus grave difficulté de la situation, et si l'Espagne a pu la supporter depuis cinq ans, pourquoi, en appliquant aux besoins de l'état de paix les forces qu'elle dépense dans la guerre, ne pourrait-elle pas dominer sa situation et reprendre son rang parmi les nations? Mais d'ailleurs, au point de vue français, le principal intérêt n'est-il pas l'expulsion de D. Carlos? et dût l'Espagne se débattre encore longtemps contre ses voleurs, ses contrebandiers, contre son administration plus redoutable et plus onéreuse encore, la France n'aurait-elle pas gagné la partie le jour où la question dynastique serait définitivement hors de cause?

On a beaucoup insisté sur la position délicate qu'auraient les Français en Espagne, environnés de partis contraires qui se disputeraient leur appui et qui parviendraient peut-être à les compromettre; et à ce sujet on a rappelé la lutte de 1808. Pourquoi n'a-t-on pas plutôt rappelé 1823? En 1808, la nation espagnole tout entière avait été trompée, insultée, la querelle était nationale, et pourtant partout où les Français ont séjourné, partout où ils se sont comportés avec justice et modération, comme par exemple en Aragon et en Catalogne, sous les ordres de Suchet, ils ont vécu en très bonne intelligence avec les populations et y ont laissé des regrets après eux. Et en 1823, où le parti constitutionnel avait une bien autre importance que les carlistes aujourd'hui, quelle facilité à se soumettre! Or il faut remarquer que l'Espagne est bien plus lasse aujourd'hui qu'en 1823, qu'elle ne s'agite que faute de trouver une main assez forte pour la maintenir, et que le gouvernement constitutionnel débarrassé de D. Carlos, pouvant disposer de son armée et retrouvant du crédit, aurait plus de force qu'il n'en faut pour contenir un pays qui ne demande plus qu'à se reposer. Je crois donc, avec tous ceux qui ont vu l'Espagne de près, qu'une intervention efficace, suffisante pour abattre D. Carlos, redonner de la force au gouvernement et amener entre Madrid et les provinces une transaction équitable, serait une entreprise facile, peu dispendieuse et qui exigerait beaucoup moins de temps qu'on ne paraît le croire généralement.

Une des raisons les plus péremptoires qu'on ait fait valoir contre l'intervention, ç'a été, sans contredit, l'opposition qu'une pareille démarche rencontrerait de la part de l'Europe. Si vous mettez trente mille hommes en Espagne, a dit le ministre des affaires étrangères, il en faudra mettre deux cent mille sur le Rhin. A la sensation produite par ces paroles, il a été facile de voir que la question était jugée. Pour nous, nous l'avouons, la prophétie fût-elle exacte, nous eussions mieux aimé qu'elle ne fût point portée à la tribune. Quand on a l'honneur de représenter vis à vis de l'étranger les intérêts et la dignité d'une nation comme la France, il est au moins de mauvais goût de se faire, auprès de son propre pays, l'interprète des menaces de l'Europe, et un pareil langage est si peu dans les habitudes françaises, qu'il a dû en coûter beaucoup au ministre de le tenir et à la Chambre de l'entendre. La paix est, sans doute, une fort belle chose; mais il nous semble que c'est un mauvais moyen de la conserver que de la demander si humblement, et de tout sacrifier à la peur de la guerre. L'Europe, d'ailleurs, a-t-elle et peut-elle avoir à notre égard des dispositions si belliqueuses? aurait-elle tant à gagner à la guerre? et la question d'Espagne est-elle pour elle si importante qu'elle voulût tout risquer pour nous empêcher de passer les Pyrénées?

Remarquons d'abord que, dans toute l'Europe, il n'y a que deux puissances, la France et l'Angleterre, qui aient en Espagne des intérêts de commerce. Pour la Russie, pour la Prusse, pour l'Autriche, elles ont réellement peu de chose à perdre ou à gagner dans la querelle qui s'agite;

leur commerce, leur navigation, leurs intérêts matériels sont entièrement hors de la question. Quant à l'Angleterre, les intérêts qu'elle a en Portugal et la solidarité qui unit les destinées des deux royaumes péninsulaires lui font désirer aussi vivement qu'à nous le succès de la cause constitutionnelle. Si l'Europe se décidait à la guerre, ce serait donc exclusivement pour la plus grande gloire du principe de la légitimité. Mais, en vérité, ce serait s'y prendre un peu tard. Comment elle a assisté l'arme au bras à la chute d'une dynastie de huit siècles, et à l'érection d'un trône révolutionnaire; elle nous a laissé fonder à nos portes le royaume de Belgique; elle nous a laissé aller à Anvers, en dépit des intérêts prochains pour lesquels la Prusse et la Russie pouvaient craindre, en dépit surtout de la tiédeur de l'Angleterre, notre seule alliée; elle nous a regardés faire à Ancône; et aujourd'hui seulement elle s'aviserait de se gendarmer parce que nous irions donner le coup de grâce à une royauté déjà plus d'à moitié estropiée, dont elle sent si bien la faiblesse qu'elle n'a pas encore osé la reconnaître; et après s'être résignée de bonne grâce depuis huit ans à tant d'événements désagréables, elle choisirait précisément, pour témoigner sa mauvaise humeur, une question dans laquelle le concours franc et entier de l'Angleterre nous est assuré? Cela est-il probable? Et puis, avant de nous déclarer la guerre, nous croyons que l'Europe y regarderait à deux fois. Si nous l'avons un peu trop oublié, l'Europe se souvient de notre savoir-faire en ce genre; elle sait que nous sommes la seule puissance qui possède à la fois des hommes et de l'argent; elle sait qu'elle ne pourrait plus compter sur les subsides de l'Angleterre; la Prusse embarrassée de ses querelles religieuses, et obligée de prendre garde à ses provinces du Rhin; l'Autriche et la Russie, qui ont l'une l'Italie, l'autre la Pologne à surveiller, savent parfaitement que nous sommes alertes et dispos, et libres de tous nos mouvements; elles savent enfin que, si l'on nous poussait à bout, nous avons, dans notre vieux vocabulaire de la révolution, des mots qui ne sont pas encore tout à fait usés, et qui pourraient leur causer de sérieux désagréments. Ce ne sont pas là des rodomontades de nationalité, c'est l'expression pure et simple de la situation respective des puissances.

Il y a de plus une considération importante sur laquelle il convient de s'arrêter.

La Russie et l'empereur Nicolas jouent un grand rôle dans les patriotiques espérances de nos vieux légitimistes; ils aiment à se le représenter comme un nouveau Nabuchodonosor destiné, par la Providence, à châtier une nation oublieuse et rebelle. Nous ne voulons point décourager des vœux si respectables en faisant remarquer que ce redoutable exécuteur des hautes œuvres de la justice divine a été deux ans sans pouvoir venir à bout de la Turquie, un squelette épuisé, et qu'il lui a fallu une année tout entière pour réduire en Pologne une poignée de soldats héroïques rassemblés à la hâte; nous ne voulons point insister sur l'impuissance financière de ce colosse aux pieds d'argile; nous nous bornerons à une seule remarque. La Russie convoite depuis longtemps l'héritage des sultans, et elle sait que l'Angleterre ne lui cédera pas sans coup férir l'empire de Constantinople et la route de l'Inde; or, quelque zélé pour la légitimité qu'on nous représente le czar, nous croyons qu'il est des intérêts de position qui dominent les sentiments personnels les plus forts, et que la Russie, qui n'a rien à attendre ni rien à prétendre en Occident, n'ira pas, de gaité de cœur, se mettre sur les bras un ennemi comme la France, dont l'attitude en Orient pourrait, d'un jour à l'autre, devenir si décisive pour elle.

Mais nous allons plus loin; nous croyons que le gouvernement français, en prenant, il est vrai, un autre langage et une autre attitude, serait en mesure de faire accepter pacifiquement par l'Europe son intervention en Espagne. Si notre gouvernement eût dit aux gouvernements de l'Europe : « Je
» suis le produit d'une révolution qui pouvait
» mettre le monde en feu et ébranler tous les trô-
» nes; j'ai dompté et contenu cette ardeur de ren-
» versement, c'est à moi que vous devez la paix et
» l'existence; j'ai respecté le droit des souverains
» jusqu'au point de me faire accuser de faiblesse;
» j'ai laissé la Russie aller à Varsovie et à Cons-
» tantinople; j'ai laissé l'Autriche remettre l'Ita-
» lie sous le joug; j'ai sacrifié au désir de la paix
» les vœux et les sympathies de la portion la plus
» énergique de la France; je vous ai laissés faire
» vos affaires, j'entends qu'on me laisse faire les
» miennes; j'ai supporté l'absolutisme chez vous;
» vous, vous respecterez la liberté chez moi. L'Es-

» pagne s'est donné un gouvernement libre, je
» l'ai reconnu ; elle me demande de l'aider à
» soumettre un parti qui la trouble et qui me
» trouble moi-même ; c'est une affaire qui ne
» regarde que moi ; je me rends à ses vœux et
» j'attends de vous la même tolérance dont j'ai
» fait preuve à votre égard. »

Quand on parle de la sorte, qu'on s'appelle le roi des Français et qu'on a pour appuyer sa harangue quatre cent mille baïonnettes régulières et trois millions de gardes nationaux, on a plus qu'il ne faut pour convaincre et pour persuader.

Ce n'est, je le crois, ni en Espagne, ni en Europe, mais en France, qu'il faut chercher les seuls obstacles sérieux qui s'opposent à l'intervention. Dire que la France a intérêt à terminer les affaires d'Espagne, mais que l'entreprise est au dessus de ses forces ou de son audace, ce serait une véritable dérision. La France a accompli des travaux plus difficiles, et, sans aller si loin, la restauration, placée vis à vis de l'Europe et de la France dans une position bien moins heureuse que le gouvernement de juillet, la restauration a su faire accepter à l'Europe une intervention en Espagne bien plus grave et bien plus importante que celle dont il s'agit aujourd'hui. Disons-le franchement : si la France n'est point intervenue, ce n'est pas par crainte des menaces de l'Europe ou des résistances de l'Espagne, c'est tout simplement qu'elle n'a pas cru nécessaire d'intervenir ; ce n'est pas la force ou le courage, c'est la volonté qui lui a manqué ; nous ne faisons aucune difficulté de le reconnaître. Le gouvernement et les Chambres ont par deux fois repoussé l'intervention, et, loin d'en appeler, selon l'usage des vaincus, des Chambres à l'opinion publique, nous reconnaissons volontiers que les Chambres ont été, sur ce point, les représentants fidèles de l'opinion ; que l'intervention est peu populaire en France, et ne soulève aucunement les sympathies du grand nombre. Au lieu de nier cette tiédeur, nous aimons mieux l'expliquer et la combattre ; car rien n'est infaillible en ce monde, pas même les majorités, qui, trop souvent, se laissent détourner de l'intérêt réel des questions par des circonstances secondaires ou accidentelles. La popularité de la mesure est fort peu de chose à nos yeux. A quoi tient, en effet, cette popularité? Si l'on n'eût pas fait de l'intervention une question de personnes et de cabinet; si le gouvernement, qui, en 1835, hésita un instant, s'était décidé pour l'affirmative; s'il eût employé son crédit, son influence, l'éloquence de ses orateurs et le talent des écrivains à prêcher l'intervention; si la thèse que nous soutenons ici, nous, écrivain obscur et sans autorité, avait été développée à la tribune et dans la presse avec l'appui et au nom du gouvernement, cette impraticable et dangereuse intervention aurait été jugée tout aussi universellement pour ce qu'elle est, c'est à dire pour une mesure parfaitement simple, parfaitement réalisable et tellement indiquée par l'intérêt et la dignité de la France, que l'Europe, qui, après tout, n'a rien à y voir, et qui n'affecte, par moments, de désirer la guerre que parce que nous prenons peut-être trop de soin pour l'éviter, nous aurait regardés faire, ainsi qu'elle l'a fait déjà dans des circonstances plus solennelles. Le gouvernement s'y est pris tout à fait comme il fallait s'y prendre pour dégoûter les Chambres Au lieu d'aller de l'avant et de venir dire ensuite aux députés : Voilà ce que nous avons fait dans l'intérêt du pays, il est venu leur dire d'abord : Messieurs, voulez-vous nous donner cent mille hommes et cent millions? C'est là la marche à suivre avec les Chambres toutes les fois qu'on voudra se faire refuser. Le procédé est infaillible, les Chambres ont suivi leur pente et leur mission ; mais nous croyons que le gouvernement sur ce point a manqué à la sienne, en faiblissant devant des inclinations que son devoir est de combattre et non d'encourager.

En effet, les considérations de politique générale, les prévisions lointaines, les intérêts éloignés ne peuvent guère être du ressort des Chambres. Les députés, par exemple, sont, pour la plupart, des hommes spéciaux, légistes, négociants, fonctionnaires, qui, très éminents quelquefois dans les diverses carrières qu'ils ont suivies, sont en général portés, par les doctrines régnantes, à contrôler le pouvoir, à le surveiller, à le restreindre, et à faire prévaloir dans le gouvernement les idées d'économie et d'ordre, beaucoup plutôt qu'à se préoccuper des questions de politique étrangère, des alliances à former, des conflits à prévoir. Envoyés par les départements, représentant à un haut degré l'esprit de localité, très ambitieux d'attirer sur leur arrondissement et sur leurs électeurs la rosée des grâces ministérielles, et obligés, en dépit même de la supériorité de leurs vues, de se conformer, jusqu'à un certain point, à l'esprit de ceux qui les ont envoyés, ils doivent en général se montrer beaucoup plus préoccupés des intérêts particuliers de la France, et plus avides d'obtenir quelques centimes de réduction sur l'impôt, que de voter des millions pour une entreprise dont les politiques de leur arrondissement n'apprécieraient peut-être pas aussi bien qu'eux l'importance nationale. La Chambre des députés, c'est la bourgeoisie exerçant sa part des fonctions souveraines, et apportant, dans ces fonctions récemment conquises, les qualités et les défauts qui lui sont propres. Les qualités, on les connaît, c'est l'ordre, l'économie, l'amour de la paix, l'activité. Ses défauts qui tiennent à la date toute moderne de son avènement politique, c'est l'égoïsme et une certaine médiocrité dans les vues et dans les sentiments. Ceci n'est point un reproche, c'est un fait, et un fait qui ressort tout naturellement des antécédents historiques de la bourgeoisie. La bourgeoisie s'est affranchie elle-même, elle a tiré sa force de son travail et du temps. N'étant pas liée à la royauté, comme la noblesse, par un sentiment de fidélité chevaleresque, n'ayant pas charge d'ame comme la noblesse, ne devant pas, comme elle, protection et patronage au vilain, la bourgeoisie n'a jamais eu à songer qu'à elle-même ; et l'on peut dire que, jusqu'à la révolution de juillet, qui l'a mise en possession, elle a été plus occupée à faire reconnaître ses droits qu'à les exercer. Entraînée sous l'empire par la force unique qui gouvernait toutes choses, jalousée et inquiétée sous la restauration, sa puissance officielle, reconnue, incontestée, ne date que de huit ans, et l'on sent encore dans le nouveau potentat les allures et les sentiments du parvenu. En envahissant le pouvoir, la bourgeoisie y a porté les qualités qu'elle possédait déjà; elle n'a pas encore eu le temps de s'approprier toutes celles que réclame la dignité de ses nouvelles fonctions.

Or, pendant que la Chambre des députés discute et vote des chemins de fer, des canaux, des lois de douanes, pendant qu'elle travaille au bien-être matériel et à la prospérité intérieure du pays, qui prendra souci des intérêts moraux de la France, de sa considération, de sa dignité? qui s'occupera d'assurer, par une politique extérieure, généreuse et forte, un long et honorable avenir à toute cette activité industrielle qu'une guerre européenne pourrait arrêter court au milieu de son développement? qui s'en occupera, si ce n'est le gouvernement, seul placé assez haut pour dominer les intérêts de localité, l'esprit de parcimonieuse économie, et pour initier les *députés des départements au sentiment d'unité française?*

Eh bien! il nous semble que, dans la discussion qui a eu lieu au sujet des affaires d'Espagne, le gouvernement s'est complètement démis de son rôle naturel. Au lieu de parler de dignité politique, d'alliance de principes, de prévoyance, d'avenir, il est venu lui-même égorger la politique sur l'autel de l'économie quand même et de la paix à tout prix; c'était, de gaîté de cœur, se faire la doublure de la Chambre. Le gouvernement se plaint quelquefois du peu de ménagement qu'on lui témoigne, et de l'esprit d'envahissement de la chambre; les difficultés et les humiliations qu'il endure ne seraient-elles pas l'expiation et la conséquence de l'abandon qu'il a fait lui-même, à propos de l'Espagne, de son rôle, de sa mission, de son esprit?

Pour me résumer sur cette question d'Espagne que l'opinion fatiguée commence à délaisser, je crois

Que la prolongation de la guerre civile en Espagne conduirait ce pays à une demi-barbarie honteuse pour la France et pour l'Europe ;

Que les rivalités qui existent entre les provinces et l'Espagne, jointes à la crainte des réactions, empêcheront pour longtemps, pour jamais peut-être les Basques de se soumettre ;

Que la France a le plus grand intérêt, commercialement et politiquement, à ne pas souffrir plus longtemps sur sa frontière le drapeau de D. Carlos ;

Qu'en se portant médiatrice entre les provinces et Madrid pour la reconnaissance des *fueros*, et en appuyant ses négociations par une démonstration énergique, elle pourrait facilement amener la fin de la guerre ;

Je crois enfin que l'Europe subirait en Espagne la décision concertée de la France et de l'Angleterre ;

Et que, si le gouvernement prenait lui-même l'initiative, les Chambres, loin de l'entraver, lui rendraient en crédit, en considération, en discipline tout ce qu'il aurait gagné en énergie et en dignité.

Ce n'est point un vain désir de mouvement qui nous porte à faire des vœux pour l'intervention ; mais il serait, nous le croyons, d'une bonne politique de ne pas laisser les difficultés s'amonceler les unes sur les autres. Deux questions préoccupent déjà en ce moment la diplomatie européenne : la question belge et la question espagnole. Le désir universel qu'on a de conserver la paix a jusqu'ici prévenu tout conflit; mais si les nuages qui se forment en Orient venaient à s'épaissir, si quelques uns des hommes d'État ou des souverains sur lesquels repose la paix de l'Europe venaient à manquer, que faudrait-il pour engager une guerre générale ? et, dans ce cas, la France n'aurait-elle pas lieu de se repentir de n'avoir pas employé la paix dont elle jouit aujourd'hui à purger ses frontières et à étouffer un à un tous les germes de conflit ?

Mais d'ailleurs, une fois à l'abri du côté de l'Espagne, et élevée dans l'estime de l'Europe par une politique modérée, mais ferme et hardie, la France pourrait peut-être beaucoup pour la paix du monde. Elle-même, après avoir marché, pendant des siècles, à la tête des nations guerrières, elle semble vouloir se frayer une nouvelle route; l'industrie, les arts de la paix, l'affranchissement, non plus théorique, mais réel des classes pauvres par l'éducation et par le travail, la reconstitution définitive d'un pouvoir empreint d'un caractère plus conforme à ses nouvelles destinées; que dirai-je? l'espoir de voir un jour l'esprit religieux se poser au sommet de l'édifice et renouer entre le ciel et la terre des communications depuis trop longtemps interrompues, telles sont les brillantes perspectives que la France peut voir dès aujourd'hui s'ouvrir devant elle. C'est ce travail intérieur qui germe dans son sein pour l'exemple et le bonheur du monde qu'il s'agit de protéger et de défendre contre les causes de trouble qui pourraient lui venir du dehors.

Tel est le sentiment que nous avons porté dans l'étude de la question espagnole, et qui nous fait désirer que la France intervienne pour terminer les maux intolérables d'une nation amie, et pour assurer le libre développement de ses propres destinées.

FIN.

TABLE.

		Pag.
Lettre I.	....	1
— II.	....	19
— III.	....	35
— IV.	....	51
— V.	....	69
— VI.	....	86
— VII.	....	105
— VIII.	....	121
— IX.	....	137
— X.	De la noblesse espagnole; son importance politique et territoriale................	155
— XI.	De la noblesse espagnole; son importance politique et territoriale................	173
— XII.	Le clergé. — Les couvents.................	189
— XIII.	Le clergé. — Les couvents.................	207
— XIV.	L'hiver à Madrid........................	225
— XV.	Madrid..................................	243
— XVI.	L'Escorial	261
— XVII.	Les courses de taureaux.................	279
— XVIII.	....	297
— XIX.	La Huerta de Valence...................	315
— XX.	....	333
— XXI.	La bourgeoisie constitutionnelle en Espagne.	349
— XXII.	Les biens nationaux. — La dîme...........	371
— XXIII.	La justice..............................	393
— XXIV.	Chances de D. Carlos...................	413
— XXV.	Des chances d'établissement d'un gouvernement régulier......................	431
— XXVI.	Conclusion.	461

IMPRIMERIE DE Mme HUZARD,
rue de Féneron, 7.

www.ingramcontent.com/pod-product-compliance
Lightning Source LLC
Chambersburg PA
CBHW050601230426
43670CB00009B/1218